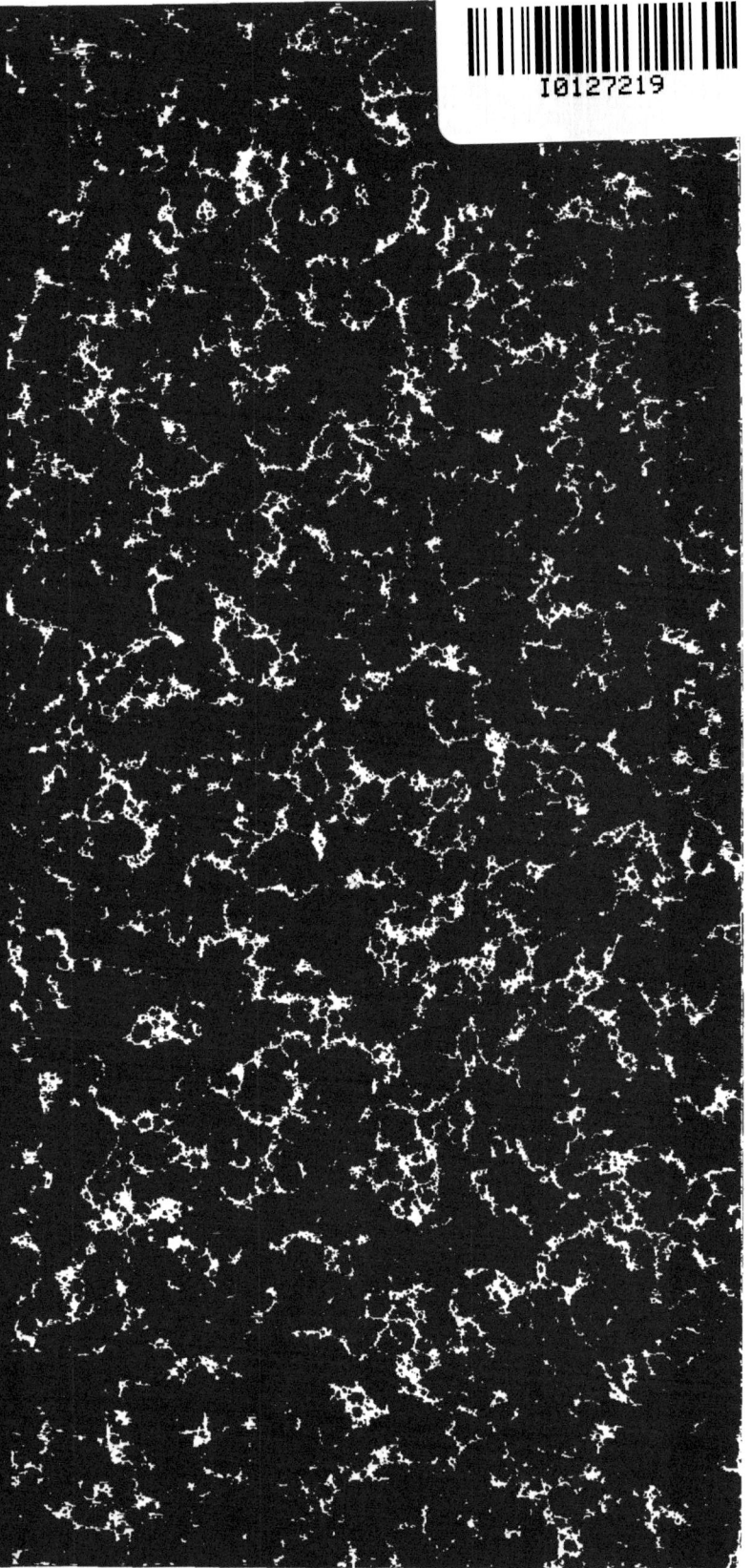

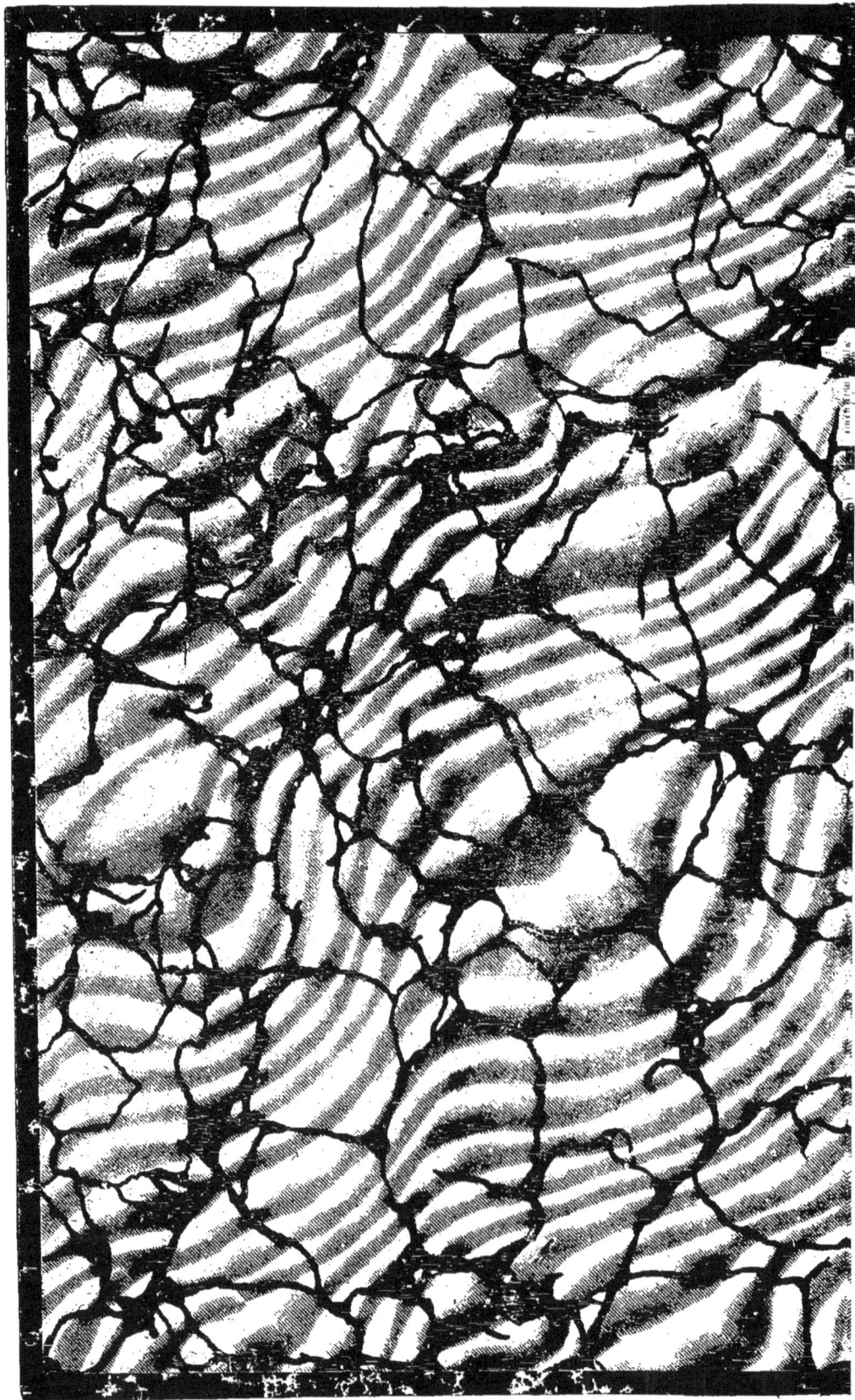

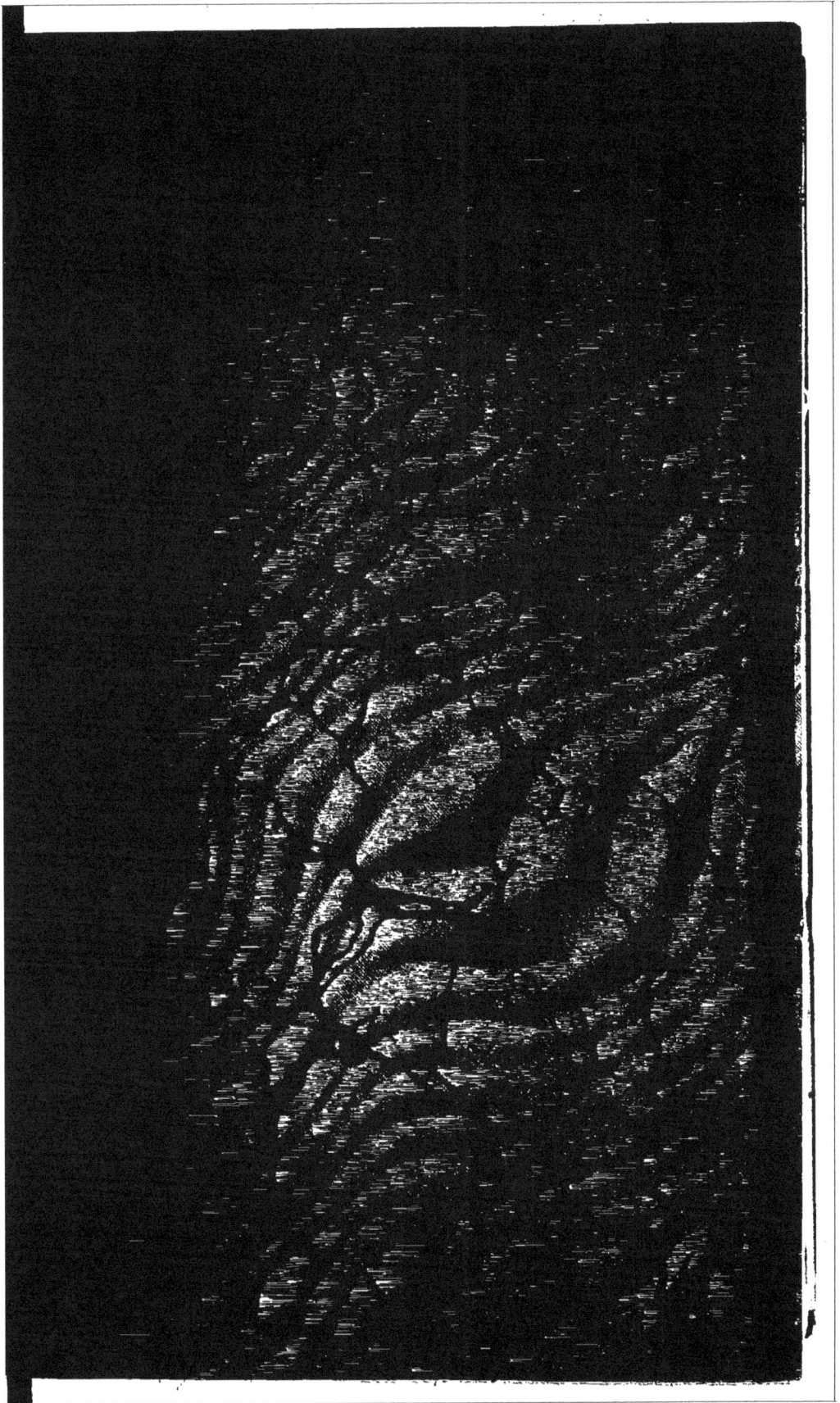

# GRAMMAIRE

## FRANÇOISE.

ADRIEN EGRON, IMPRIMEUR

DE SON ALTESSE ROYALE MONSEIGNEUR, DUC D'ANGOULÊME,

rue des Noyers, n. 37.

# GRAMMAIRE
## FRANÇOISE,

PAR

## M. L'ABBÉ CHEUCLE,

ANCIEN PROFESSEUR DE L'INSTITUT FONDÉ A SAINT-
PÉTERSBOURG PAR M. L'ABBÉ NICOLLE.

## PARIS,

LIBRAIRIE DE HENRI NICOLLE,

RUE DE SEINE, Nº 12;

## SAINT-PÉTERSBOURG,

DE SAINT-FLORENT, LIBRAIRE.

M. DCCC. XXI.

# LISTE

### DES

# SOUSCRIPTEURS.

——

Les anciens élèves et amis que M. l'abbé Cheucle a laissés en Russie, ayant appris qu'il se proposoit de publier sa *Grammaire Françoise*, ont ouvert une souscription pour hâter l'impression d'un ouvrage dont ils connoissent le prix. Ils veulent, en rendant ce service aux lettres, offrir à M. l'abbé Cheucle une preuve des sentiments qu'ils lui ont conservés (1).

| Noms des Souscripteurs. | Nombre des exemplaires. |
|---|---|
| M. le général Benkendorf. ................ | 5 ex. |
| Madame Bonnart, née Guthrie............ | 10 |
| M. Brochier. ......................... | 5 |
| M. Daser. ........................... | 5 |
| M. le colonel Davidoff (Basile). ........... | 10 |

(1) La souscription ouverte en Russie par les soins de M. l'abbé Nicolle, étoit précédée de cette note.　　　( L'Editeur. )

# LISTE

| Noms des Souscripteurs. | Nombre des exemplaires. |
|---|---|
| Madame de *** | 5 ex. |
| Madame FRÉDRO, née comtesse Golovin | 20 |
| Madame la princesse GAGARIN, née Soymonoff | 3 |
| M. le prince GAGARIN (André) | 10 |
| M. le prince GAGARIN (Paul) | 5 |
| M. le prince GAGARIN (Serge) | 20 |
| Madame GALAKOFF, née Nécludoff | 5 |
| Madame la princesse Alexis GALITZIN | 10 |
| Mademoiselle la princesse GALITZIN (Lise) | 5 |
| M. le prince GALITZIN (Paul) | 15 |
| M. le prince GALITZIN (Alexandre) | 10 |
| M. le Prince GALITZIN (Alexis) | 15 |
| M. le prince GALITZIN (André) | 15 |
| M. le prince GALITZIN (Michel) | 15 |
| M. le prince GALITZIN (Alexandre) | 10 |
| M. le comte et madame la comtesse GOLOVIN | 7 |
| M. le général comte GOURIEFF | 10 |
| M. le comte GOURIEFF (Nicolas) | 10 |
| M. le général HOURKO | 10 |
| M. KOTSCHOUBEY (Damian) | 10 |
| M. KOTSCHOUBEY (Alexandre) | 10 |
| Madame KOUTOUSOFF, née Nécludoff | 5 |
| M. le prince LABANOFF (Alexandre) | 20 |
| M. le prince LABANOFF (Alexis) | 20 |

| Noms des Souscripteurs. | Nombre des exemplaires. |
|---|---|
| M. l'abbé LEMERI. | 10 ex. |
| M. le prince LUBOMIRSKI (Constantin) | 11 |
| M. l'abbé MANGUIN. | 10 |
| M. NARICHKIN, grand chambellan de Sa Majesté l'Empereur de Russie. | 30 |
| Madame NARICHKIN. | 30 |
| M. le général Léon NARICHKIN | 6 |
| M. Cyrille NARICHKIN, maréchal de la cour de Sa Majesté l'Empereur. | 20 |
| M. le colonel NÉCLUDOFF. | 15 |
| Mademoiselle NÉCLUDOFF (Sophie) | 5 |
| Madame la comtesse ORLOFF. | 25 |
| M. le général major ORLOFF (Alexis) | 20 |
| M. le général ORLOFF (Michel) | 20 |
| M. le colonel ORLOFF (Grégoire). | 10 |
| M. PIERLING (Joseph) | 5 |
| Madame PITT. | 5 |
| M. le colonel POTEMKIN (Alexandre) | 20 |
| M. le comte POTEMKIN (Serge) | 30 |
| Madame la comtesse POTOSKA, née comtesse Golovin. | 10 |
| M. le comte Ivan POUCHKIN, général major | 10 |
| M. le général Alexis POUCHKIN. | 10 |
| Madame la comtesse RASTOPCHIN | 6 |

**LISTE DES SOUSCRIPTEURS.**

# A Messieurs les Souscripteurs.

## Messieurs,

La Souscription à laquelle vous avez daigné prendre part excite vivement la reconnaissance de l'Auteur : car il est persuadé qu'elle a eu pour objet moins de vous procurer un ouvrage, qu'il vous eût été si facile de remplacer par beaucoup d'autres sur la même matière, que de continuer à son auteur la bienveillance dont vous l'avez honoré pendant tout le temps

qu'il a demeuré parmi vous. Aussi es=
père=t=il que vous voudrez bien accepter
les sincères remerciements

de

Votre très-humble et très-
obéissant serviteur,

Cheucle.

# ABRÉVIATIONS.

acc. . . . . . *abréviation de* accent.
acc. circ. . . . . . . . accent circonflexe.
acc. gr. . . . . . . . accent grave.
adj. . . . . . . . . . adjectif.
adj. dém. . . . . . . . adjectif démonstratif.
adj. poss. . . . . . . . adjectif possessif.
adv. . . . . . . , . . adverbe.
cond. . . . . . . . . conditionnel.
conj. . . . . . . . . conjonction.
diphth. . . . . . . . diphthongue.
fém. *ou* f. . . . . . . féminin.
gér. . . . . . . . . gérondif.
imparf. . . . . . . . imparfait.
impér. . . . . . . . impératif.
indic. *ou* ind. . . . . . indicatif.
infin. *ou* inf. . . . . . . infinitif.
interj. . . . . . . . . interjection.
masc. *ou* m. . . . . . . masculin.
parf. . . . . . . . . parfait.
parf. déf. *ou* p. d. . . . . parfait défini.
pers. . . . . . . . . personne.
phr. . . . . . . . . phrase.
plur. *ou* pl. . . . . . . pluriel.
prép. . . . . . . . . préposition.
prés. *ou* pr. . . . . . . présent.
pron. . . . . . . . . pronom.
pr. dém. . . . . . . . pronom démonstratif.
pr. poss. . . . . . . . pronom possessif.
prononc. . . . . . . . prononciation.

**ABREVIATIONS.**

| | |
|---|---|
| prop. | proposition. |
| rég. | régime. |
| rég. dir. | régime direct. |
| rég. ind. | régime indirect. |
| s. | sorte. |
| sing. *ou* s. | singulier. |
| subj. | subjonctif. |
| subst. | substantif. |
| t. | terme. |
| termin. *ou* term. | terminaison. |
| v. | verbe. |

GRAMMAIRE

# GRAMMAIRE
## FRANÇOISE.

La *Grammaire* est l'art de parler et d'écrire correctement.

La partie de la Grammaire qui traite spécialement de la manière d'écrire les mots d'une langue, s'appelle *orthographe*.

Généralement parlant, les mots sont composés de *lettres* et de *syllabes*.

Les *lettres* sont les caractères de l'alphabet, *a*, *b*, *c*... Il y en a de deux sortes : *a*, *e*, *i*, *o*, *u* et *y*, que l'on nomme *voyelles*, parce que seules elles forment un son ; *b*, *c*, *d*, *f*, ... qu'on appelle *consonnes* ( 1 ),

---

(1) Nous avons deux manières d'appeler les consonnes.

| CONSONNES. | APPELLATION ancienne. | APPELLATION moderne. | CONSONNES. | APPELLATION ancienne. | APPELLATION moderne. |
|---|---|---|---|---|---|
| B, | *bé*, | *be.* | M, | *emme*, | *me,* |
| C dur, | *cé*, | *ke.* | N, | *enne*, | *ne.* |
| C doux, | *cé*, | *ce.* | Gn, | *gé enne*, | *gne.* |
| Ch, | *cé ache*, | *che.* | P, | *pé*, | *pe.* |
| D, | *dé*, | *de.* | Q, | *ku*, | *ke.* |
| F, ph, | *effe, pé ache*, | *fe.* | R, | *erre*, | *re.* |
| G dur, | *gé*, | *gue.* | S, | *esse*, | *se ou ze.* |
| G doux, | *gé*, | *ge.* | T, | *té*, | *te* |
| J, | *ji, i consonne*, | *je.* | V, | *vé*, | *ve.* |
| K, | *ka*, | *ke.* | X, | *ikce*, | *kce ou gze.* |
| L, | *elle*, | *le.* | Z, | *zède*, | *ze.* |

Il y a environ un siècle et demi que l'appellation moderne a été parce qu'elles ne forment un son qu'avec le secours des voyelles.

On appelle *syllabe*, une voyelle ou seule, ou jointe à une autre lettre, ou jointe à d'autres lettres que l'on prononce par une seule émission de voix. Exemple : *a mi cal.*

On appelle *monosyllabes*, les mots qui n'ont qu'une syllabe : *dé*, *rat*, sont des monosyllabes.

Les mots de deux, de trois, de plusieurs syllabes, sont nommés *dissyllabes*, *trissyllabes*, *polysyllabes*. Tels sont les mots *bon té*, *vé ri té*, *a bon dan ce*, *en jo li ve ment.*

### Des Voyelles.

On compte au moins treize voyelles ou sons simples dans la langue françoise. Pour les représenter, on emploie les huit lettres *a*, *e*, *i*, *o*, *u*, *y*, *m*, *n*, et trois petites marques qu'on nomme *accents*, *l'accent aigu* ( ´ ), *l'accent grave* ( ` ) et *l'accent circonflexe* ( ^ ).

### Voyelles de la Langue Françoise.

1° *A.*

2° *E muet*, comme dans *besoin*, *fortune.*

3° *E fermé*, qu'on représente par la lettre *e*, sur laquelle on met ordinairement l'accent aigu, comme dans *blé*, *été*, *réunion.*

Dans plusieurs mots, les deux lettres *ai* ont le son de l'*e fermé*. Ex. : *aigu. Voyez* à la première colonne de la conjugaison du verbe *avoir.*

---

indiquée dans la *Grammaire générale et raisonnée* de Port-Royal. Elle est préférable à l'ancienne, parce qu'en rapprochant, le plus qu'il est possible, la prononciation des consonnes de leur valeur, elle facilite beaucoup la lecture aux enfants.

4.° *E ouvert*, qu'on représente par *e*, sur lequel on met souvent l'accent grave, et quelquefois l'accent circonflexe. Exemple : *chef, hiver, cabinet, modèle, planète, succès, intérêt.*

*Nota.* e, qui est ouvert dans *chef*, est fermé dans *chef-d'œuvre*; prononcez : *ché-d'œuvre*.

**On** représente encore l'*e ouvert* par *ai*, *ei*, *oi*. Exemple : *palais, peine, paroître.*

*Remarque.* e, dans la pénultième (avant-dernière) syllabe d'un mot, est toujours *ouvert*, lorsque dans la dernière syllabe il y a un *e muet* précédé d'une consonne. Il arrive même de là que tel *e fermé* ou *muet* se transforme en *e ouvert*. Par ex. :
l'*e fermé* de la première syllabe de *céder*,
l'*e muet* de. . . . . . . . . . . . . . . . . *lever*,
se transforment en *e* ouverts dans *il cède, il lève.*

5.° *I*, qu'on représente quelquefois par *y*.

*Remarque première.* Au commencement, à la fin des mots, et dans le corps des mots à la suite d'une consonne, *y* ne vaut qu'un *i*. Ex. : *yacht, dey, style, symétrie.*
Lorsque, dans le corps des mots, *y* n'est pas précédé d'une consonne, il équivaut à deux *i*. Ex. : *pays, essuyer*,
qu'on prononce comme s'il y avoit *pai is, essui ier.*

*Remarque seconde.* Il y a des mots, les uns formés des autres, où, à la même place, il faut écrire tantôt *i*, tantôt *y*. On écrit *y*, lorsque deux *i* sont nécessaires pour la prononciation; on écrit *i*, lorsque la prononciation n'en demande qu'un. Par exemple, on écrit avec *y appuyer, balayer, envoyer, joyeux, rayer*; et avec *i appui, il appuie, balai, envoi, joie, raie.*

6.° *O*, qui est souvent représenté par *au*, *eau*, comme dans *chaumière, berceau.*

7° *U*.

8° *EU*. C'est la voyelle qui se fait entendre dans *feu*, *fleurir*, *tubéreuse*.

9° *OU*. C'est la voyelle qui se fait entendre dans *fou*, *jalousie*.

10° *A nasal* (1), que l'on représente

par *am*. Exemple : *ambassadeur*, *campagne*.

par *em*. Exemple : *embarras*, *emporter*, *emmener*.

par *an*. ⎫
par *en*. ⎭ Exemple : *enfant*.

11° *E nasal*, que l'on représente

par *im*. Exemple : *imbiber*, *simple*.

par *in*. Exemple : *incendie*, *festin*.

par *en*, toutes les fois que cette voyelle est précédée de *i*, comme dans *bien*, *soutien*, ou d'un *e fermé* pénultième, comme dans *Manichéen*, *Saducéen*, *Vendéen*.

L'*e nasal* s'écrit

*aim*, dans les quatre mots, *daim*, *essaim*, *étaim* (la partie la plus fine de la laine cardée), *faim*.

*ain*, dans *bain*, *certain*, *étain* (métal), *sainteté*, *terrain*....

*eim*, dans *Reims* (nom d'une ville).

*ein*, dans *ceinture*, *frein*, *peinture*, *plein*, *teint*....

*ym*, dans *cymbale*, *nymphe*, *thym*....

*yn*, dans *syncope*, *syntaxe*, *apocyn* (sorte de plante)....

12° *O nasal*, que l'on représente

par *om*. Exemple : *ombrage*, *pompe*.

par *on*. Exemple : *oncle*, *factoton*, *donjon*.

L'*o nasal* s'écrit *eon* dans *esturgeon*, *pigeon*....

_____

(1) *Nasal*, terme de grammaire, qui se dit d'un son modifié par le nez.

13° *U nasal*, que l'on représente
par *um*, dans *humble*, *parfum*.
par *un*. Ex. : *brun*, *emprunt*.

Il s'écrit *eun* dans *à jeun*.

On a dû observer que les voyelles nasales sont écrites
tantôt avec *m*, tantôt avec *n*.

### *Règles sur l'emploi de* m *ou de* n, *pour écrire une nasale non finale.*

1° Si la voyelle nasale est suivie d'une des lettres *b*,
*m*, *p*, écrivez-la avec *m*. Ex. : *timbales*, *plomb*, *emménager*, *impôt*, *triomphe*.

2° Si la voyelle nasale est suivie d'une autre lettre,
écrivez-la avec *n*. Ex. : *bandeau*, *engager*, *ennui*, *ingrat*, *tronc*.

### *Mots exceptés des règles précédentes.*

On écrit la nasale non finale
avec *m*, dans *comte*, *vicomte*, *comtat*, *Reims*, *Samson*.
avec *n*, dans *bonbanc*, *bonbon*, *bonbonnière*, *néanmoins*,
et dans la seconde syllabe d'*embonpoint*. *Voyez* à la sixième
colonne du tableau des conjugaisons, *înmes*, terminaison
propre au parf. déf. des verbes *tenir*, *venir* et leurs composés.

### *Emploi de* m *ou de* n, *pour écrire une nasale finale.*

La nasale finale s'écrit presque toujours avec *n*.

On l'écrit avec *m*, dans *Adam*, *Absalom*, *daim*, *dam*,
*essaim*, *étaim*, *faim*, *Joachim*; dans *nom* et ses composés,
*prénom*, *pronom*, *renom*, *surnom*; dans *parfum*, *pensum*
( en composant un *e nasal*, *um* un *o nasal* ), *quidam*
et *thym*.

## Des voyelles brèves et des voyelles longues.

Les voyelles brèves sont celles sur lesquelles on n'appuie point en les prononçant. Les voyelles longues sont celles sur lesquelles on appuie. L'accent circonflexe, qu'on met sur un grand nombre de celles-ci, sert à les faire distinguer.

*A* est bref dans *patte, tache* ( marque qui salit ).
*A* est long dans *pâte, tâche* ( portion de travail ).
*E ouvert* est bref dans *brèche, sonnette, trompette.*
*E ouvert* est long dans *bêche, honnête, tempête.*
*I* est bref dans *petite, pupitre;* long dans *gîte, épître.*
*U* est bref dans *culbute,* long dans *flûte.*
*Eu* est bref dans *jeune* ( qui n'est guère avancé en âge );
long dans *jeûne* ( abstinence ).
*Ou* est bref dans *route,* long dans *croûte.*

## Des diphthongues.

Une *diphthongue* est la réunion de deux voyelles en une syllabe. Quand on prononce *pied, puits, bien,* j'entends prononcer par la même émission de voix, dans le premier mot, le son *i* et le son de l'*e fermé;* dans le second, le son *u* et le son *i;* dans le troisième, le son *i* et le son de l'*e nasal.*

## Des consonnes.

Il y a une distinction à faire entre les consonnes et les caractères ou signes qui les représentent. Quoiqu'il y ait dix-neuf caractères pour représenter les consonnes, et que l'on puisse compter le même nombre de consonnes, il n'en faudroit pas conclure qu'à chaque consonne corresponde son caractère propre et unique. En effet,

1° Une même consonne est représentée par plusieurs caractères ou signes. Par exemple, dans les mots

cabaret, kabak, qualité, c, k, qu,
citation, situation, c, s, t,                  } représentent la même
rouget, projet, juge, g et j,                      consonne.
musette, gazette, s et z,

2° Un même caractère représente deux consonnes différentes. Par exemple :

c dans caducité
g dans gage
l dans lentille       } représentent deux consonnes différentes.
s dans saison
t dans pétition

### Remarques sur la lettre h.

La lettre *h*, placée après *c* et avant une voyelle, forme ordinairement avec cette lettre *c* une consonne particulière, celle qui se fait entendre dans la première syllabe de *chaleur*.

Placée après *p*, la lettre *h* fait aussi partie d'une consonne ; *ph* sont un signe composé de la consonne *f* dans *philosophie*, *triomphe*, et beaucoup d'autres mots tirés des langues anciennes.

On ne peut considérer la lettre *h* comme faisant elle seule une consonne, que lorsqu'elle fait prononcer du gosier la voyelle qui la suit, comme dans *haine*, *hasard*, *enhardir*, *s'aheurter* ; et alors elle est *aspirée*.

Quand la lettre *h* n'est ni consonne, comme dans les mots précédents, ni partie d'une consonne, comme dans *chaleur*, *philosophie*, elle n'est plus qu'une lettre sans valeur, qui ne sert qu'à retracer l'étymologie (l'origine) de certains mots tirés des langues anciennes, et qui n'a pas plus d'influence sur la prononciation que si elle n'étoit point écrite. On prononce *athlète*, *histoire*, *inhumanité*, *rhétorique*, comme s'il y avoit *atlète*, *istoire*, *inumanité*; et alors la lettre *h* s'appelle *muette*.

### Consonnes de la langue françoise.

1° *B.*

2° *C dur. C* a le son dur lorsqu'il est placé avant *a*, *o*, *u* ou une consonne. Ex. : *caricature*, *colombe*, *cuvette*, *éclat.*

On représente aussi le *c dur* par *k* et *qu*. Ex. : *kiosque.*

Dans quelques mots, le *c dur* est représenté par *ch*. *Voyez* la page suivante.

3° *C doux. C* a le son doux lorsqu'il précède immédiatement *e* ou *i*. Ex. : *ceci.*

Pour donner le son doux à la lettre *c*, placée avant l'une des lettres *a*, *o*, *u*, on met sous le *c* la petite marque suivante ( ‚ ), qu'on appelle *cédille*. Ex. : *façade*, *façonner*, *reçu.*

On représente aussi le *c doux* par *s* et par *t*. Ex. : *pensée*, *éducation*, *ineptie.*

Dans les mots où l'étymologie ou bien l'usage demandent que le *c doux* soit représenté par *s*, cette lettre doit être doublée, lorsqu'avant et après la consonne il y a une des six lettres *a*, *e*, *i*, *o*, *u* et *y*. Ex. : *assurer*, *boussole*, *châssis*, *possession*, *dissyllabe.*

Quelques mots sont exceptés de la règle précédente. *S*, représentant le *c doux*, ne se double pas dans *décasyllabe*, *monosyllabe*, *polysyllabe*, *désuétude*, *entresol*, *parasol*, *préséance*, *présupposer*, *tournesol*, *vésicatoire*, *vraisemblable*....

4° *Ch.* C'est la consonne qui se fait entendre dans *chaleur*, *chiche*, *chuchoter.*

*Remarque.* Dans plusieurs mots qui nous viennent des

langues anciennes , *ch* représentent le *c dur*. Ces mots sont :

1° Tous ceux où les lettres *ch* sont suivies d'une consonne, comme *Arachné*, *chlamyde*, *chrême* ( huile mêlée de baume, laquelle sert à des cérémonies religieuses ), *Christ*, *chronologie*, *chrysalide*...

2° Tous ceux où les lettres *ch* sont suivies de l'une des lettres *a, o, u*, comme *Achab*, *archange*, *Chanaan*, *chaos*, *eucharistie*, *anachorète*, *archonte*, *chœur*, *chorus*, *catéchumène*.

Quant aux mots tirés de ces mêmes langues, qui ont *e* ou *i* après *ch*, dans les uns, *ch* équivalent à un *c dur*. C'est ce qui a lieu dans *Achéloüs* ( fleuve ), *archétype*, *chélidoine*, *Chersonèse*, *Michel-Ange*, *orchestre*, *archiépiscopal*, *chiromancie*, *Melchisédec*....

Mais on prononce *ch* à la françoise dans *Achéron*, *archevêché*, *archevêque*, *chérubin*, *Michel*, *archidiacre*, *archiprêtre*, *catéchisme*, *monarchie*, *oligarchie*, *schisme*, *stomachique*....

5° **D.**

6° **F** qu'on représente par *ph* dans quelques mots.

7° **G Dur.** *G* a le son dur, lorsqu'il est placé avant *a*, *o*, *u* ou une consonne. Ex. : *gâteau*, *gosier*, *argument*, *gloire*.

On représente le *g dur* par *gu*, lorsqu'il suit une des lettres *e, i*. Ex. : *bègue*, *figue*, *guérison*, *onguent*, *anguille*, *guide*, *guise*.

8° **G doux.** *G* a le son doux, quand il précède immédiatement *e* ou *i*. Ex. : *gingembre*.

Dans plusieurs mots le *g doux* se représente par *j*. Ex. : *jardin*, *sujet*, *joli*, *judicieux*.

Pour donner le son doux à la lettre *g* placée avant l'une des lettres *a*, *o*, *u*, on met *e* entre *g*, et celle des lettres *a*, *o*, *u* qui doit suivre; *ge* sont alors considérés comme l'équivalent de *j*.

On écrit *vengeance*, *gageons*, *gageure* :

On prononce *venjance*, *gajons*, *gajure*.

9° *H aspirée*. Cette lettre, que nous mettons au nombre des consonnes, plusieurs la regardent seulement comme un signe d'aspiration.

Comme la plupart des mots où *h* est aspirée commencent par cette consonne, il est facile d'en former le catalogue. Aux mots dans lesquels le dictionnaire indique que *h* initiale s'aspire, ajoutez les suivants : *aheurtement*, *s'aheurter*, *chathuant*, *déhâler*, *déhanché*, *enhardir*, *enharnacher*, *déharnacher*, *rehausser*, et vous aurez la liste presque complète des mots où *h* est aspirée (1).

Quoique *h* soit *aspirée* dans *héros*, elle ne l'est pas dans *héroïde*, *héroïne*, *héroïque*, *héroïsme*.

### 10° *L.*

Dans beaucoup de mots, après *e ouvert*, on écrit deux *l*; mais, lorsque dans un mot de la même famille ce même *e* est *muet*, on ne doit y écrire *l* qu'une fois. Nous doublons *l* après l'*e ouvert* dans *cervelle*, *échelle*, *étincelle*.... Nous ne l'écrivons qu'une fois après l'*e muet* dans *écervelé*, *échelon*, *étincelant*.

### 11° *L mouillée.*

On n'écrit qu'une fois le caractère qui représente cette consonne, quand elle termine le mot, ou quand la lettre qui

---

(1) *H* est *aspirée* dans *Henri* et dans presque tous les noms de pays et de villes. *H* s'aspire dans *Hainaut*, *Hollande*, *Hongrie*, *Hambourg*..... On peut dire cependant *toile d'Hollande*, *fromage d'Hollande*, *vin d'Hongrie*....

la suit immédiatement n'est pas une voyelle. Ex. : *éventail*, *péril*, *éventails*, *gentilhomme*.

Mais on écrit deux *l*, lorsqu'une voyelle suit immédiatement. Ex. : *éventailliste*, *gentillesse*, *périlleux*.

12° *M.*

13° *N.*

14° *GN* ou *N mouillée.* C'est la consonne qui se fait entendre dans *dignité*, *ignorance*, *magnanime*.

*Remarque.* Les lettres *g* et *n* sont deux consonnes distinctes, et se prononcent séparément, *g* comme *g dur*, et *n* avec sa valeur ordinaire, dans tous les mots qui commencent par *gn*, comme *gnome*, *gnomon*, dans *agnat* ... *cognat*.... *agnus-castus*, *diagnostique*, *ignée*, *ignicole*, *ignition*, *inexpugnable*, *Progné*, *regnicole*, *stagnant*, *stagnation*.

15° *P.*

Lorsque *b* est immédiatement suivi d'un *c doux* ou d'un *t*, on le prononce, sans qu'on y pense, comme un *p*. Nous écrivons *abcès*, *absence*, *absolution*, *abstinence*, *obtenir*, et nous prononçons, *apcès*, *apsence*, *apsolution*, *apstinence*, *optenir*. Ainsi l'on peut dire que la consonne *p* est représentée par *b* dans quelques mots.

16° *R.*

17° *T.*

Nous devons faire ici une remarque semblable à celle que nous avons faite sur la lettre *t*.

Dans plusieurs mots, après *e ouvert*, on double *t*; mais lorsque dans un mot de la même famille cet *e* est *muet*, on ne doit y écrire *t* qu'une fois. Nous écrivons deux *t* après l'*e ouvert* dans *étiquette*, *lunette*; nous n'en écrivons qu'un après l'*e muet* dans *étiqueté*, *lunetier*.

18° *V.*

19° *Z*. Toutes les fois qu'un mot commence par cette consonne, on la représente par son caractère propre, *zèle*, *zéphyr*, *zizanie*, *zodiaque*.

Le même caractère la représente aussi dans *Amazone, azimut*, *azote*, *azur*, *azyme*, *bizarre*, *dizaine*, *gaze*, *gazelle*, *gazette*, *gazon*, *gazouiller*, *horizon*, *topaze*, *trapèze*, et quelques autres.

Dans les autres mots, en bien plus grand nombre, cette consonne est représentée par *s*.

Voyez les remarques sur *x*, ci-après, p. 316, 317.

*Nota*. Les consonnes s'appellent aussi *articulations*, parce qu'elles servent comme de jointure aux voyelles. Par ex., les trois voyelles *a*, *i*, *é*, sont jointes, dans *animé*, par *n* et *m*, dans *attiré* par *t* et *r*, dans *avisé* par *v* et *s*.

Nous n'avons jusqu'ici considéré dans les mots que des sons qui frappent l'oreille. Nous allons maintenant considérer les mots comme signes de nos pensées.

Sous ce rapport on compte dix sortes de mots dans la langue françoise : le *nom*, l'*article*, l'*adjectif*, le *pronom*, le *verbe*, le *participe*, la *préposition*, l'*adverbe*, la *conjonction* et l'*interjection*.

Il y a outre cela certains mots que les grammairiens nomment *particules*.

## DU NOM.

Le *Nom* est le mot qui sert à désigner les personnes ou les choses. Tels sont les mots *Alexandre*, *Elisabeth*, *Paris*, la *Seine*, *homme*, *femme*, *ville*, *rivière*, *cheval*, *rose*....

On appelle *noms communs* ou *appellatifs* les noms *homme*, *femme*, *ville*, *rivière*, *cheval*, *rose*, et semblables, qui conviennent à tous les individus ou à toutes les choses de la même espèce.

Les autres noms, *Alexandre*, *Elisabeth*,... s'appellent noms propres.

Un nom ne laisse pas d'être un nom propre, quoiqu'il convienne à plusieurs personnes ou à plusieurs choses.

Pour qu'un nom soit mis dans la classe des noms propres, il suffit qu'il ne convienne point à tous les individus ou à toutes les choses de la même espèce. ar exemple, quoique plusieurs hommes aient porté et portent encore le nom d'*Alexandre*, ce mot est un nom propre, parce que tous les hommes ne le portent pas.

On range dans la classe des noms communs les *noms collectifs*.

Le nom collectif est celui qui désigne plusieurs personnes ou plusieurs choses, soit comme faisant un tout, soit comme faisant partie d'un tout.

Dans le premier cas, le nom s'appelle *collectif général*. Chacun des mots *peuple*, *armée*, *flotte*, *forêt*, est un collectif général.

Dans le second cas, le nom s'appelle *collectif partitif*.

On le compose de plusieurs mots. *Une troupe de , une foule de , une quantité de , la plupart....*

Les noms sont aussi appelés *substantifs;* et on leur a donné ce nom , parce que , bien que quelques-uns désignent des choses qui n'existent que dans l'entendement , comme *vérité , justice , blancheur , mouvement ,* tous néanmoins *subsistent* dans le discours , sans avoir besoin , pour être entendus , d'être joints à un autre mot.

Les noms sont susceptibles de nombres et de genres.

### *Des nombres considérés dans les noms.*

Il y a deux nombres dans les noms , le singulier et le pluriel.

Quand un nom ne désigne qu'une seule personne ou une seule chose , ce nom est au sing. Ex. : *un magistrat , une fleur.*

Quand un nom désigne plusieurs personnes ou plusieurs choses , ce nom est au pluriel. Ex. *des magistrats, des fleurs.*

### *Comment se forme le pluriel dans les noms?*

#### RÈGLE.

Pour former le pluriel dans les noms , il faut ajouter *s* à la fin.

Singulier. *Un livre , une loi.*
Pluriel.     *Des livres , des lois.*

Cette règle générale souffre beaucoup d'exceptions. Nous établirons en règles particulières les exceptions susceptibles d'être établies en règles. Quant aux autres , elles seront la matière de quelques remarques.

### *Règle concernant les noms terminés par s , z ou x.*

Dans les noms qui se terminent au singulier par une

des lettres *s*, *z*, *x*, le pluriel est semblable au singulier.

Sing. *Un bras, un fils, un lis, un nez, une voix.*
Pl. *Des bras, des fils, des lis, des nez, des voix.*

*Règle concernant les noms terminés par* au, eu.

Dans les noms terminés au singulier par *au*, *eu*, il faut ajouter *x* au lieu de *s*.

Sing. *Un bateau, un tuyau, un lieu, un vœu.*
Pl. *Des bateaux, des tuyaux, des lieux, des vœux.*

*Exception.* Le mot *bleu* (que l'on emploie et comme nom et comme adjectif) prend *s* au plur. *Il y a plusieurs sortes de bleus.*

*Remarque sur les noms en* ou.

Huit noms en *ou* prennent aussi *x* au pluriel. *Bijou, caillou, chou, genou, glouglou, hibou, joujou, pou,* font au pluriel *bijoux, cailloux, choux, genoux, glouglous, hiboux, joujoux, poux.*

Les autres noms en *ou* prennent *s*, conformément à la règle générale. Ainsi on écrit au pl. *clous, écrous, filous, licous, matous, sous, trous, verrous....*

*Règle concernant les noms en* al.

Dans les noms en *al* on change *al* en *aux*. Sing. *Un canal.* Pl. *Des canaux.*

Il faut excepter *bal, cal, carnaval, pal, régal,* qui font au pluriel *bals....*
*Carnaval, régal,* sont peu usités au pluriel.

*Remarque sur les noms en* ail.

Dans six noms en *ail* cette terminaison du singulier se change en *aux*. *Bail, corail, émail, soupirail, tra-*

*vail*, *ventail*, font au pl. *baux*, *coraux*, *émaux*, *soupiraux*, *travaux*, *ventaux*.

*Nota.* On dit les *travails* d'un ministre, en parlant des comptes, des projets qu'il présente au Souverain.

*Travail* ( machine de bois à quatre piliers, entre lesquels les maréchaux attachent les chevaux vicieux pour les ferrer ou pour les panser ) fait aussi au pluriel *travails*.

Le pluriel de *ail* est *aulx*.

Les autres noms en *ail* prennent *s* au pluriel, conformément à la règle générale. Ainsi on écrit au pluriel *camails*, *détails*, *éventails*....

*Bercail* et *bétail* n'ont point de pluriel.

Le mot *bestiaux* est un nom pluriel qui signifie la même chose que *bétail*.

*Remarques sur les noms* ciel, œil, aïeul, aïeux.

Le mot *cieux* est le plur. de *ciel*, pris dans son acception ordinaire. ( On appelle *acception* le sens dans lequel un mot se prend. ) Mais si le mot *ciel* signifie la partie supérieure d'un lit, le pluriel est *ciels;* et en peinture on dit des *ciels*, pour désigner les nuages peints dans un tableau.

Le pluriel de *œil* est *yeux;* mais *œil de bœuf* ( terme d'architecture ) fait au pluriel *œils de bœuf.*

*Aïeul* fait au pluriel *aïeuls.*

Le mot *aïeux* est un nom qui n'a point de singulier et qui désigne, 1° ceux qui ont vécu dans les siècles passés, 2° les parents qui ont précédé les personnes d'une naissance distinguée.

*Remarques sur les noms en* ant, ent.

On peut écrire le pluriel des noms en *ant*, *ent*, qui ont plus d'une syllabe, ou en ajoutant *s* au singulier, conformément à la règle générale, ou en changeant *t* final en *s*.

Ainsi pour les noms *géant*, *ornement*,
on écrira au pluriel . . *géants*, *ornements*,
ou bien . . . . . . . . . *géans*, *ornemens*.

La première manière est plus régulière; la seconde
est plus usitée. On peut adopter l'une ou l'autre; mais il
faut suivre constamment celle à laquelle on aura donné
la préférence.

Quant aux noms en *ant*, *ent*, qui ne sont que d'une
syllabe, il n'y a qu'une manière d'en écrire le pluriel :
ils suivent la règle générale. Ainsi *chant*, *gant*, *plant*,
*dent*, *vent*, doivent s'écrire au pl. *chants*, *gants*, *plants*,
*dents*, *vents*.

*Nota.* Le mot *gens*, nom pluriel, quoique monosyllabe
s'écrit sans *t*.

### Noms qui ne prennent point la marque du pluriel.

1° Certains noms empruntés des langues anciennes ne
prènent point cette marque. Nous écrivons sans *s* le pluriel
des noms *accessit*, *alibi*, *alinéa*, *alléluia*, *aparté*, *avé*,
*déficit*, *duplicata*, *errata*, *pater*, *quiproquo*, *solo*, *duo*....
*ut*, *ré*.....

On écrit aussi sans *s* au plur. *concetti*, *lazzi*, *piano*, noms
empruntés de la langue italienne.

2° Les noms propres des personnes, employés au pluriel,
n'en prennent point la marque, quand ils servent à distinguer
les personnes par leur nom. *Les deux* Corneille *n'ont pas
cultivé l'art dramatique avec un succès égal.*

Mais ces mêmes noms propres prennent *s* au pluriel, lorsqu'ils sont employés comme noms communs. *Quand nous
sera-t-il donné d'entendre des* Démosthènes, *des* Bossuets ?
Dans cet exemple, *Démosthènes*, *Bossuets*, sont mis pour
*grands orateurs*, tels que l'ont été *Démosthène*, *Bossuet*.

Quelques autres noms s'écrivent sans *s* au pluriel. *Voyez* l'article *noms de nombre*, et la règle sixième des noms composés.

2

*Substantifs qui n'ont que le singulier ou le pluriel.*

Plusieurs noms ne se disent qu'au singulier, entre autres les suivants : *candeur, décence, équité, estime, fidélité, foi, probité, pudeur, adolescence, vieillesse, faim, soif, sommeil, agriculture, astronomie, chimie, chirurgie, cérémonial, or, argent, cuivre, fer, plomb....* (Si l'on dit : *des fers, des plombs....* c'est que ces métaux sont considérés comme mis en œuvre et divisés en plusieurs parties.

D'autres noms, au contraire, n'ont que le pluriel, comme *accordailles, fiançailles, épousailles, agrès, ancêtres, annales, armoiries, arrérages, besicles, broussailles, broutilles, confins, décombres, dépens, entours, entrailles, fonts, frais, funérailles, obsèques, ossements, mânes, hardes, matériaux, matines, vêpres, complies, mœurs, mouchettes, pleurs, prémices, proches, relevailles, ténèbres, vitraux....*

### Des genres considérés dans les noms.

La langue françoise admet deux genres, le genre masculin et le genre féminin.

Les noms d'homme ou de mâle, comme *roi, lion, cerf, sanglier,* sont du genre masculin.

Les noms de femme ou de femelle, comme *reine, lionne, biche, laie,* sont du genre féminin.

Cependant cela n'est pas général ; car, 1° parmi les noms d'animaux, il y en a plusieurs qui, étant du genre masculin, servent à désigner la femelle aussi bien que le mâle. Tels sont les noms masculins, *éléphant, rat, aigle, rossignol.*

2° Il y a en aussi qui, étant du genre féminin, servent à nommer le mâle aussi bien que la femelle. Tels sont les noms féminins, *baleine, souris, autruche, alouette.*

Le genre masculin et le genre féminin ont été de plus attribués par l'usage, et arbitrairement, à ce qui n'est ni mâle ni femelle. C'est ainsi que l'usage a voulu que *soleil, pré, bâtiment, portrait,* fussent du genre masculin, et que *lune, prairie, maison, peinture,* fussent du genre féminin.

### *Des noms masculins qui ont le féminin.*

*Comment se forme le féminin dans les noms qui se terminent au masculin par un* e *muet?*

1° Dans un grand nombre de noms qui se terminent au masculin par un *e muet,* le féminin est semblable au masculin.

Masc. *Un élève, un propriétaire.*
Fém. *Une élève, une propriétaire.*

2° Plusieurs noms qui se terminent au masculin par un *e muet* ont le féminin en *esse.* Les noms *âne, hôte, ivrogne, maître, prêtre, prince, prophète, tigre,...* font au féminin *ânesse, hôtesse, ivrognesse....*

*Comment se forme le féminin dans les noms qui ne se terminent pas au masculin par un* e *muet?*

### RÈGLE.

Dans les noms qui ne se terminent pas au masculin par un *e muet,* il faut ajouter *e muet* au masculin pour avoir le féminin.

Masc. *Ami, berger, marchand.*
Fém. *Amie, bergère, marchande.*

Beaucoup de noms ne suivent pas cette règle générale. Ce sont les noms en *eau,* en *ien,* en *on,* en *et,* la plupart des noms en *eur* et quelques autres.

*Règle concernant les noms en* eau.

Dans les noms terminés au masc. par *eau*, il faut, pour avoir le féminin, changer *eau* en *elle*. Masc. *pastoureau ;* fém. *pastourelle.*

*Règle concernant les noms en* ien, on.

Dans les noms terminés au masc. par *ien, on*, il faut, pour avoir le féminin, doubler *n*, et ajouter l'*e muet.* Masc. *chien, lion ;* fém. *chienne, lionne. Paysan* fait au féminin *paysanne.*

*Exceptions : Compagnon, larron*, font au fém. *compagne, larronesse.*

*Règle concernant les noms en* et.

Dans les noms terminés au masc. par *et*, il faut, pour avoir le féminin, doubler *t* et ajouter l'*e muet.* Masc. *minet ;* fém. *minette.*

*Chat, vieillot,* doublent aussi au féminin *t final ;* on écrit au féminin *chatte, vieillotte.*

*Remarques sur les noms en* eur.

Parmi les noms en *eur*, il n'y a que *supérieur, prieur, mineur* ( celui qui est dans l'âge de la minorité ), qui fassent régulièrement au féminin, *supérieure, prieure, mineure.*

Quant aux autres noms en *eur*, les uns ont le fém. en *euse,* comme *chanteur, chasseur, danseur, quêteur,...* qui font au fém. *chanteuse, chasseuse* (1), *danseuse, quêteuse.* D'autres ont le fém. en *rice.* Tel est le nom *ambassadeur,* qui fait au fém. *ambassadrice.*

---

(1) En poésie *chasseresse.*

Cette dernière terminaison est celle du féminin de plusieurs noms en *teur*. *Accusateur, acteur, bienfaiteur, calomniateur, coadjuteur, conducteur, conservateur, consolateur, corrupteur, directeur, dissipateur, distributeur, électeur, exécuteur, fondateur, imitateur, instituteur, inventeur, lecteur, libérateur, opérateur, perturbateur, protecteur, spectateur, testateur, tuteur, usurpateur.....* font au féminin *accusatrice, actrice, bienfaitrice....*

Aux noms masculins *bailleur* ( celui qui donne à ferme ), *demandeur, défendeur, vendeur* ( termes de procédure ), *empereur, enchanteur, gouverneur, pêcheur, procureur, vengeur,* répondent les noms féminins *bailleresse, demanderesse, défenderesse, venderesse, impératrice, enchanteresse, gouvernante, pécheresse, procuratrice* ( pour désigner celle qui a pouvoir d'agir pour autrui ), *procureuse* ( pour désigner la femme d'un procureur par état ), *vengeresse* ( ce dernier mot n'est que du style soutenu ).

Quand *demandeur, vendeur,* ne sont pas des termes de procédure, et qu'ils signifient celui qui fait métier de *demander,* celui qui fait métier de *vendre,* le féminin est alors *demandeuse, vendeuse.*

*Auteur* se dit également d'un homme et d'une femme. *Madame des Houlières est l'auteur de l'idylle des Moutons.*

Il en est de même du nom *témoin.* On peut dire d'un homme ou d'une femme : *Il est* ou *elle est un bon* témoin de ce qui s'est passé.

Aux noms masculins *abbé, bailli, canard, chevreuil, devin, duc, époux, favori, levrier, loup, quidam, roi, sacristain....* correspondent les noms féminins *abbesse, baillive cane, chevrette, devineresse, duchesse, épouse, favorite levrette, louve, quidane, reine, sacristine....*

## DE L'ARTICLE.

L'*ARTICLE* est le mot qui précède le plus ordinairement les noms communs.

Il n'y a qu'un article en françois (1), *le* pour le sing. masc., dont on a fait *la* pour le sing. fém., et *les* pour le plur. des deux genres. *Le jour, la nuit; les jours, les nuits.*

### Remarque première.

On retranche *e* du mot *le*, *a* du mot *la*, lorsque le mot suivant commence par une voyelle ou par *h muette;* et au-dessus de la place que la lettre supprimée occuperait, on met cette petite marque (') qui s'appelle *apos-*

---

(1) Quelques grammairiens, en appelant *article défini* l'article *le, la, les,* en admettent un autre auquel ils donnent le nom d'*article indéfini : un,* pour le singulier masculin, *une,* pour le singulier féminin; et ils regardent le mot *des* comme une sorte de pluriel de cet article. Selon eux, dans ces phrases : *Un homme m'a parlé, une femme m'a parlé, des hommes m'ont dit.... un, une, des,* sont article.

Mais la plupart des grammairiens ne reconnoissent comme article que *le, la, les,* et mettent *un, une* dans la classe des adjectifs. Quant au mot *des,* prétendu pluriel de *un* et de *une,* ce n'est autre chose que la particule *de* unie par contraction avec l'article *les.*

La fonction de cette particule est de faire prendre ce qui la suit dans un sens partitif. Ainsi, quand je dis : *Des savants ont éclairci cette difficulté,* je ne parle point de tous les savants, mais seulement d'une partie des savants. C'est comme si je disois : *Quelques savants ont éclairci cette difficulté.*

*trophe.* Ainsi, au lieu d'écrire : *le arbre, la histoire,* on écrit : *l'arbre, l'histoire.*

### *Remarque seconde.*

L'Article est souvent précédé des mots *à, de. Fruit* de *l'arbre; hommage* à la *vertu.*

Or, de ces mots *à, de* et de l'article qui suit, on ne fait souvent qu'un seul et même mot, qui renferme *à* ou *de* et l'article.

1° Avant un nom singulier masculin qui commence par une consonne ou une *h aspirée,* au lieu de *à le,* on met *au,* au lieu de *de le,* on met *du.* On ne dit point : *palais* de le *roi, s'exposer* à le *hasard;* on dit : *palais* du *roi, s'exposer* au *hasard.*

2° Avant un nom pluriel, masculin ou féminin, au lieu de *à les, de les,* nous mettons *aux, des.* Nous ne disons point : *soumission* à les *lois, équité* de les *magistrats;* nous disons : *soumission* aux *lois, équité* des *magistrats.*

## DE L'ADJECTIF.

L'*ADJECTIF* est un mot que l'on ajoute au nom pour en marquer la qualité. Dans les ex. : *bonne mère, beau jardin, fruit délicieux ;* les mots *bonne, beau, délicieux,* sont des adjectifs qui sont joints aux noms *mère, jardin, fruit,* et qui en marquent la qualité.

Les adjectifs ont les deux genres et les deux nombres.

### *Des genres considérés dans les adjectifs.*

*Comment se forme le féminin dans les adjectifs qui se terminent au masculin par un* e *muet?*

#### RÈGLE.

Dans tous les adjectifs terminés au masculin par un *e muet*, le féminin est semblable au masculin.

Masc. *Ami     fidèle,    travail utile, discours équivoque.*
Fém.   *Femme fidèle, lecture utile, parole   équivoque.*

*Comment se forme le féminin dans les adjectifs qui ne se terminent pas au masculin par un* e *muet?*

#### RÈGLE.

Dans les adjectifs qui ne se terminent pas au masculin par un *e muet*, il faut ajouter *e muet* au masculin pour avoir le féminin.

Masc. *Civil,   égal,   nu,   poli,   vert,   vrai.*
Fém.   *Civile, égale, nue, polie, verte, vraie.*

Il y a beaucoup d'adjectifs qui ne suivent pas cette règle

générale. Ce sont les adjectifs terminés au masculin par *el*, *eil*, *ien*, *on*, la plupart des adjectifs en *et*, quelques adjectifs terminés par *s*, tous ceux dont le masculin se termine par *f*, presque tous ceux dont le masculin se termine par *x*, plusieurs adjectifs en *eur*, et quelques autres.

### *Règle concernant les adjectifs en* el, eil.

Dans les adjectifs qui se terminent au masculin par *el* ou *eil*, il faut, pour avoir le féminin, doubler *l*, et ajouter l'*e muet*. Masc. *continuel, pareil;* fém. *continuelle, pareille.*

*Vieux* fait au féminin *vieille*, à cause de *vieil*, autre forme du masculin de cet adjectif. *Vieil* ne se dit qu'au singulier et ne s'emploie qu'avant un nom qui commence par une voyelle ou une *h muette.*

*Nota.* Le vieil *homme* étant une expression consacrée pour signifier *l'homme pécheur*, il faut, quand il est question d'âge, dire *vieux homme.*

### *Remarques sur les adjectifs en* eau.

Les adjectifs *beau, nouveau, jumeau*, font au fém. *belle, nouvelle, jumelle.*

*Beau, nouveau*, font encore au masc. *bel, nouvel*, lorsque le nom qu'ils qualifient les suit immédiatement, et que ce nom commence par une voyelle ou par une *h muette*, comme dans *bel homme, nouvel an.*

On dit aussi *bel et bon.*

### *Autres adjectifs qui prennent deux* l *au féminin.*

Masc. *fou* ou *fol, mou, gentil, nul;* fém. *folle, molle, gentille, nulle.*

On n'emploie *fol* que lorsque cet adjectif est suivi du

nom qu'il qualifie, et que ce nom commence par une voyelle ou une *h muette. Fol amour, fol hymen.*

### *Règle concernant les adjectifs en* ien, on.

La règle est la même que celle des substantifs qui ont les mêmes terminaisons. Pour avoir le féminin, doublez *n*, et ajoutez l'*e muet.* Masc., *ancien, bon ;* fém., *ancienne, bonne.*

### *Règle concernant les adjectifs en* et.

Pour avoir le féminin des adjectifs terminés au masc. par *et*, on double *t*, et l'on ajoute l'*e muet.* Masc. *fluet, net ;* fém. *fluette, nette.*

Cette règle est, comme on voit, la même que celle qui concerne les noms en *et*, et avec cette différence qu'elle ne s'étend point à tous les adjectifs de cette terminaison ; car

Les neuf adjectifs, *complet, incomplet, replet, concret, discret, indiscret, secret, inquiet, suret,* rentrent dans la règle générale et font au fém. *complète....*

*Sot* fait au féminin *sotte.* Les autres adjectifs en *ot* suivent la règle générale.

### *Règles concernant les adjectifs terminés par* s.

1° Quand *s* doit se prononcer au fém. comme *c doux*, il faut doubler *s* et ajouter l'*e muet.* C'est ce qui a lieu dans les adjectifs *bas, épais, gras, gros*,... qui font au fém. *basse, épaisse, grasse, grosse....*

2° Lorsque *s* doit se prononcer au fém. comme *z*, on suit la règle générale. Masc. *ras, niais, gris ;* fém. *rase, niaise, grise.*

*Règle concernant les adjectifs terminés par* f.

Dans les adjectifs terminés au masculin par *f*, il faut, pour avoir le fém., changer *f* en *v*, et ajouter l'*e muet*. *Actif, bref, naïf, neuf, veuf,...* font au fém. *active, brève, naïve, neuve, veuve....*

Ce dernier mot est plus ordinairement employé comme nom.

*Règle concernant les adjectifs terminés par* x.

Vous aurez le féminin des adjectifs terminés par *x*, en changeant *x* en *s*, et en ajoutant l'*e muet*. *Généreux, majestueux, officieux,... jaloux*, font au fém. *généreuse, majestueuse, officieuse,... jalouse.*

Sont exceptés les adjectifs *doux, roux, faux*, dont le fém. s'écrit *douce, rousse, fausse*, et l'adjectif *préfix*, qui fait au féminin *préfixe*, conformément à la règle générale.

*Remarques sur les adjectifs en* eur.

Les adjectifs *supérieur, inférieur, intérieur, extérieur, antérieur, postérieur, citérieur, ultérieur, majeur, mineur, meilleur*, ont le fém. régulier en *eure*.

Les autres ont le fém. en *euse* ou en *rice*. Masc. *trompeur, accélérateur*; fém. *trompeuse, accélératrice.*

*Créatrice, motrice*, sont des adjectifs féminins formés, *créatrice* de *créateur* (substantif et adjectif), *motrice* de *moteur* (substantif seulement).

Le substantif *vengeur* est aussi un adjectif dont le féminin *vengeresse* ne se dit que dans le style soutenu.

*Remarques sur les adjectifs en* c dur.

Dans la plupart des adjectifs en *c dur*, cette consonne finale s'écrit *que* au masculin et au féminin.

Mais elle s'écrit *c* au masculin dans *ammoniac*, *caduc*, *public*, et le féminin est *ammoniaque*, *caduque*, *publique*.

*Nota.* L'adjectif *ammoniac* ne s'emploie qu'avec les mots *sel*, *gomme*.

Les mots *Grec*, *Turc* (noms et adjectifs), font au féminin *Grecque* ou *Grèque*, *Turque*.

*Sèche* est le féminin de *sec*.

*Autres adjectifs où le féminin est irrégulier.*

*Blanc*, *franc*, *frais*, *bénin*, *malin*, *coi*, *long*, *muscat*, *tiers*, font au féminin *blanche*, *franche*, *fraîche*, *bénigne*, *maligne*, *coite*, *longue*, *muscade*, *tierce*.

### Des nombres considérés dans les adjectifs.

*Comment se forme le pluriel dans les adjectifs?*

#### RÈGLE.

On forme le pluriel dans les adjectifs comme dans les noms; on ajoute *s* à la fin du singulier.

Sing. *Docile*, *grand*, *grande*, *poli*, *polie*.
Plur. *Dociles*, *grands*, *grandes*, *polis*, *polies*.

Cette règle générale n'a point d'exceptions pour le pluriel féminin. Nous établirons en règles particulières celles qui ont lieu pour le pluriel masculin.

### Règle concernant les adjectifs terminés au singulier masculin par s ou par x.

Les adjectifs terminés au sing. masc. par *s* ou par *x*, ne changent point de forme au plur.

Sing. masc. *Mur épais*, *habit gris*, *peuple heureux*.
Plur. masc. *Murs épais*, *habits gris*, *peuples heureux*.

### Règle concernant les adjectifs en eau.

Les adjectifs en *eau* prennent au plur. masc. *x* au lieu

de s. *Beau, nouveau, jumeau,* font au pl. masc. *beaux, nouveaux, jumeaux.*

### Remarque sur les adjectifs en al.

Beaucoup d'adjectifs en *al* n'ont pas le plur. masc. Ce sont les suivants, *amical, austral, automnal, boréal, canonial, colossal, conjugal, fatal, filial, final, frugal, glacial, idéal, jovial, initial, natal, naval, virginal....*

### Règle concernant les adjectifs en al qui ont le pluriel masculin.

Dans les adjectifs en *al* qui ont le pluriel masculin, il faut, pour avoir ce pluriel, changer *al* du singulier en *aux.* Sing. masc. *égal;* plur. masc. *égaux.*

*Exceptions.* On dit des *cierges pascals;* on lit *théâtrals* dans La Harpe.

*Floraux, pénitentiaux, sapientiaux,* sont des adjectifs qui n'ont que le pluriel masculin. Le premier se dit des jeux que les anciens célébroient en l'honneur de Flore. Le second ne se dit que de certains psaumes et de certains canons de la primitive église. On n'emploie *sapientiaux* qu'avec le mot *livres,* pour désigner quelques livres de l'Ancien Testament.

Il y a des adjectifs de cette terminaison qui n'ont guère que le féminin, et qui ne s'emploient qu'avec de certains noms. En voici plusieurs avec les noms auxquels l'usage a voulu qu'ils appartinssent spécialement.

*Dominicale. Oraison dominicale. Lettre dominicale.*

*Instrumentale. Cause instrumentale. Musique instrumentale.*

*Lustrale. Eau lustrale.*

*Marginale. Notes marginales.*

*Mentale. Oraison mentale. Restriction mentale.*

*Murale. Couronne murale.*

*Orale. Loi orale. Tradition orale.*

*Philosophale. Pierre philosophale.*

*Pluviale. Eaux pluviales.*

*Régale. Eau régale.*

*Rostrale. Colonne rostrale. Couronne rostrale.*

*Sidérale. Année sidérale.*

*Succursale. Eglise succursale. Paroisse succursale.*

*Théologale. Vertus théologales.*

*Vocale. Prière vocale. Musique vocale.*

### *Remarque sur les adjectifs en* ant, ent.

Ce qui a été dit ci-dessus, page 16, au sujet du plur. masc. des noms en *ant, ent*, regarde aussi les adjectifs qui ont les mêmes terminaisons.

Ainsi pour les adjectifs *obligeant, prudent,* on écrira au plur. masc. *obligeants, prudents,* ou bien . . . . . . . . . *obligeans, prudens.*

Mais qu'on suive constamment la manière d'orthographier qu'on aura préférée.

L'adjectif monosyllabe *lent* doit s'écrire au pluriel *lents*, par la raison que les substantifs monosyllabes en *ant, ent*, conservent toujours la lettre *t* (1).

### *Remarque sur l'adjectif* tout.

Le *t* final du singulier masculin *tout* se change en *s* au pluriel. Sing. masc. *tout homme;* plur. masc. *tous les hommes.*

*Nota.* L'article, qui précède ordinairement et nom et adjectif, se laisse précéder de l'adjectif *tout.*

Il cède aussi le pas aux mots qualificatifs *monsieur,*

---

(1) Lorsque l'adjectif numéral *cent* prend la marque du pluriel, *comme monosyllabe il conserve* t. *Voyez* p. 34.

*madame, monseigneur,... Monsieur le duc, madame
la comtesse, monseigneur l'archevêque.*

Il y a des adjectifs que les grammairiens désignent par des
dénominations particulières.

Certains adjectifs sont appelés *possessifs*. Il y en a un que
les grammairiens appellent *démonstratif*, un autre qu'ils
nomment *interrogatif*. Plusieurs sont nommés *adjectifs numéraux*.

Ces différentes dénominations indiquent des points de vue
différents, sous lesquels ces adjectifs font considérer les noms
auxquels ils sont joints.

### Adjectifs possessifs.

| SINGULIER. | | PLURIEL. | SINGULIER. | PLURIEL. |
|---|---|---|---|---|
| Masc. | Fém. | Masc. et Fém. | Masc. et Fém. | Masc. et Fém. |
| *Mon,* | *Ma,* | *Mes.* | *Notre,* | *Nos.* |
| *Ton,* | *Ta,* | *Tes.* | *Votre,* | *Vos.* |
| *Son,* | *Sa,* | *Ses.* | *Leur,* | *Leurs.* |

Les mots précédents sont *adjectifs*, parce qu'ils sont
toujours joints à des noms. Ces adjectifs sont nommés
*possessifs*, parce qu'ils marquent la possession. *Ma maison*, c'est-à-dire *la maison dont je suis possesseur*.

*Remarque. Mon, ton, son*, s'emploient pour le fém.,
lorsque le mot qui suit commence par une voyelle ou
par une *h muette*. Au lieu de *ma âme, ta humeur, sa
aimable compagne*, on dit par euphonie : *mon âme,
ton humeur, son aimable compagne*.

### Adjectif démonstratif.

| SINGULIER. | | PLURIEL. |
|---|---|---|
| Masculin. | Féminin. | Masculin et Féminin. |
| *Cet* ou *ce,* | *Cette,* | *Ces.* |

Cet adjectif, on l'appelle *démonstratif*, parce qu'il met, pour ainsi dire, sous les yeux l'objet dont on parle. Quand je dis : *Ouvrez* cet *appartement ;* ces *fleurs charment la vue;* avec les mots *cet, ces,* je montre, pour ainsi dire, l'*appartement*, les *fleurs* dont je parle.

On met *ce* avant les mots qui commencent par une consonne ou une *h* aspirée. *Ce village, ce hameau.*

*Remarque.* Le nom précédé de l'adjectif démonstratif est quelquefois suivi d'une des particules *ci, là :* alors on doit joindre le nom et la particule par un trait. *Ce livre-ci, cet homme-là, cette robe-ci, ces arbres-là.*

On emploie *ci* pour indiquer un objet plus présent ou plus proche. On emploie *là*, lorsque l'objet est moins présent ou plus éloigné.

## *Adjectif interrogatif.*

| SINGULIER. | | PLURIEL. | |
|---|---|---|---|
| Masculin. | Féminin. | Masculin. | Féminin. |
| *Quel,* | *Quelle,* | *Quels,* | *Quelles.* |

*Par* quelle *route êtes-vous venu ?*

On donne à cet adjectif la qualification d'*interrogatif*, parce que le plus souvent on s'en sert pour interroger. On l'emploie aussi sans interrogation.

> *Que, s'il se peut, ma fille, à jamais abusée,*
> *Ignore à* quel *péril je l'avois exposée.*

## *Adjectifs de nombre ou numéraux.*

Nous avons quatre sortes d'*adjectifs numéraux*, les *adjectifs numéraux cardinaux*, les *adjectifs numéraux ordinaux*, les *adjectifs numéraux multiplicatifs*, et les *adjectifs numéraux partitifs.*

*Adjectifs numéraux cardinaux.*

Ces adjectifs ne sont autre chose que les nombres

| | |
|---|---|
| Un, | Vingt et un, |
| Deux, | Vingt-deux.... |
| Trois, | Trente.... |
| Quatre, | Quarante..... |
| Cinq, | Cinquante...:. |
| Six, | Soixante.... |
| Sept, | Soixante et dix, |
| Huit, | Soixante et onze.... |
| Neuf, | Quatre-vingt, |
| Dix, | Quatre-vingt-un.... |
| Onze, | Quatre-vingt-dix.... |
| Douze, | Cent, |
| Treize, | Cent un.... |
| Quatorze, | Mille, |
| Quinze, | Mille un.... |
| Seize, | Dix mille.... |
| Dix-sept.... | Cent mille.... |
| Vingt, | Un million un.... |

La table précédente suffit pour faire connoître les nombres entre lesquels le mot *et* doit être écrit, et ceux entre lesquels il faut mettre le trait d'union.

### *Remarque sur* un.

De tous les adjectifs cardinaux, *un* est le seul qui, employé au féminin, en prenne la terminaison. *Un melon, une pêche.*

5

*Adjectifs cardinaux qui prennent la marque du pluriel.*

Il n'y a que les nombres *quatre-vingt*, *cent*, *million*, *billion* (1), *trillion*.... qui prennent la marque du pluriel; encore *quatre-vingt* et *cent* ne la prennent pas toujours.

1° *Quatre-vingt* et *cent* (quoique exprimant plusieurs centaines), s'écrivent sans *s* toutes les fois qu'ils sont suivis d'un autre nombre. Ainsi il faut écrire : *quatre*-vingt-*douze hommes*, *trois* cent *vingt-neuf volumes*. *Combien y a-t-il de ducats dans cette boîte?* — *Il y en a deux* cent *seize*.

2° *Quatre-vingt* et *cent* (exprimant plusieurs centaines) s'écrivent avec *s* lorsqu'ils ne sont suivis d'aucun nombre. Ainsi on écrira : *quatre*-vingts *hommes*, *trois* cents *volumes*. *Combien y a-t-il de ducats dans cette boîte?* — *Il y en a deux* cents.

On écrit toujours avec *s* l'adjectif *six-vingts*, parce que cet adjectif, que l'on emploie quelquefois au lieu de *cent vingt*, n'est jamais suivi d'un autre nombre.

*Nota. Million*, *billion*, *trillion*.... ne sont adjectifs que lorsqu'ils sont suivis d'autres nombres. *Il a deux* millions *trois cent cinquante mille francs dans sa caisse. La population de Londres se monte à plus d'un* million *d'habitants. Million* est un nom dans le second de ces exemples; dans le premier, le nombre *deux* millions *trois cent cinquante mille* sert d'adjectif au substantif *francs*.

## Adjectifs numéraux ordinaux.

Les adjectifs numéraux ordinaux expriment le rang, l'ordre des personnes ou des choses.

---

(1) On dit *milliard* quand il est question de numéraire.

| *Adjectifs cardinaux.* | *Adjectifs ordinaux correspondants.* |
|---|---|
| Un, | Premier. |
| Deux, | Second ou deuxième. |
| Trois, | Troisième. |
| Quatre, | Quatrième. |
| Cinq, | Cinquième. |
| Six, | Sixième. |
| Sept, | Septième. |
| Huit, | Huitième. |
| Neuf, | Neuvième. |
| Dix, | Dixième. |
| Onze, | Onzième. |
| Dix-sept, | Dix-septième. |
| Vingt, | Vingtième. |
| Vingt et un, | Vingt et unième. |
| Trente, | Trentième. |
| Soixante et dix-sept, | Soixante et dix-septième. |
| Quatre-vingt-dix-neuf, | Quatre-vingt-dix-neuvième. |
| Cent, | Centième. |
| Mille, | Millième. |

On voit par la table précédente,

1° Qu'à l'exception des adjectifs *premier, second*, les adjectifs ordinaux ont une terminaison commune;

2° Que cette terminaison remplace l'*e muet* des adjectifs cardinaux qui finissent par cette voyelle;

3° Que la terminaison *ième* n'affecte que le dernier mot d'un adjectif ordinal composé de plusieurs.

*Remarque première.* Les adjectifs cardinaux sont souvent employés à la place des adjectifs ordinaux. Par exemple, on dit : *Il est* six *heures, Louis* douze, *l'an* mille, au lieu de dire : *Il est la* sixième *heure, Louis* douzième, *l'an* millième.

*Nota.* 1° Après les noms des souverains ou des princes,

on ne dit point *un*, *deux* ; il faut dire *premier*, *second :* *Henri second succéda à François premier.*

*Nota.* 2° On dit *Charles cinq* en parlant de Charles le Sage, roi de France ; *Clément cinq*, en parlant d'un pape contemporain de Philippe le Bel ; mais on dit *Charles Quint*, en parlant de l'empereur d'Allemagne contemporain de François premier, et *Sixte Quint*, en parlant du pape Sixte cinquième du nom.

*Remarque seconde.* Quand il est question de dater les années de l'ère chrétienne, à moins qu'il ne s'agisse précisément de l'an *mille*, on écrit *mil*. *L'an mil un*, *l'an mil huit cent.*

Dans ce dernier exemple, le mot *cent* est écrit sans *s*, parce que le nombre *mil huit cent* est, sous la forme d'un adjectif cardinal, un véritable adjectif ordinal qui qualifie *an*.

*Remarque troisième.* Les noms auxquels se rapportent les adjectifs cardinaux, employés comme adjectifs ordinaux, sont souvent sous-entendus. Par exemple, au lieu de dire : *le troisième* jour *du mois*, *le quatorzième* jour *de la lune*, *en l'année mille huit cent dix-huitième*, on dit équivalemment et plus brièvement : *le trois du mois*, *le quatorze de la lune*, *en mil huit cent dix-huit.*

*Nota.* En parlant du premier jour d'un mois, on ne dit pas *le un*, il faut dire le *premier ;* mais on dit *le deux*, *le trois....* en parlant des autres jours.

### *Adjectifs numéraux multiplicatifs.*

*Double*, *triple*, *quadruple*, *quintuple*, *sextuple*, *septuple*, *octuple*, *nonuple*, *décuple*, *dodécuple*, *centuple*, sont les seuls *adjectifs numéraux multiplicatifs* usités dans notre langue ; et même quelques-uns ne le sont que par les mathématiciens.

### *Adjectifs numéraux partitifs.*

Les *adjectifs numéraux partitifs* sont les mêmes mots

que les adjectifs numéraux ordinaux, à commencer par l'adjectif *cinquième* (1). Ils en diffèrent seulement par le sens. *Saint Louis est le* neuvième *roi de la troisième race. La* neuvième *partie de trente-six est quatre.* Dans le premier exemple, *neuvième* est adjectif numéral ordinal ; il est adjectif numéral partitif dans le second.

### Noms de nombre.

Premièrement, les nombres cardinaux sont de véritables noms, quand ils ne se rapportent à aucun substantif dont ils marquent la quantité.

Cinq *et* quatre *font* neuf ; *ôtez* deux, *reste* sept.

*Nota.* Excepté *vingt* et *cent*, les autres noms de nombre cardinaux, employés au pluriel, n'en prennent point la marque. *Deux* zéro *à la suite d'un nombre, le rendent cent fois plus grand. Trois* un *de suite font cent onze. Les quatre* sept *étoient dans son jeu. Les* seize *composoient une espèce de ligue particulière pour Paris.*

Nous avons de plus des *noms de nombre collectifs,* des *noms de nombre multiplicatifs*, et des *noms de nombre partitifs.*

Les *noms de nombre collectifs* sont les noms par lesquels on désigne plusieurs personnes ou plusieurs choses sous un nom singulier qui en marque le nombre. Tels sont les mots *couple, tercet, quatrain, sixain, huitain, huitaine, neuvaine, dizaine, douzaine, quinzaine, vingtaine, trentaine, quarantaine, cinquantaine, soixantaine, millier, million....*

---

(1) On dira plutôt *le quart* que *la quatrième partie.* On ne dit ni *la troisième partie* pour *le tiers*, ni *la deuxième partie* pour *la moitié.*

*Nota.* Les mots *cent, demi-cent*, peuvent se dire à la place de *centaine, cinquantaine*, lorsqu'il s'agit de denrées qu'il est d'usage de vendre au nombre. Par exemple, on pourra dire également : *La* centaine *d'œufs coûte tant. Le* cent *d'œufs coûte tant. J'ai acheté une* cinquantaine *ou un* demi-cent *de pommes.*

Les *noms de nombre multiplicatifs* sont les adjectifs numéraux multiplicatifs suivants, précédés de l'article : *le double, le triple, le quadruple, le quintuple, le sextuple, le septuple, le décuple, le centuple.*

Les *noms de nombre partitifs* sont ceux qui expriment les parties d'un tout, comme *la moitié, le tiers, le quart, le cinquième, le sixième....*

Du mot *quart* on a fait *quarteron*, qui signifie, pour les denrées qui se vendent au poids, la quatrième partie d'une livre, et pour les denrées qui se vendent au compte, la quatrième partie de *cent quatre.*

Les mots *décime, centime*, doivent aussi être considérés comme des noms de nombre partitifs. Un *décime* est le dixième d'un franc, et un *centime* en est le centième.

### Degrés de signification dans les adjectifs.

Les adjectifs expriment la qualité des noms ou *absolument*, c'est-à-dire, sans comparaison, ou *relativement*, c'est-à-dire, avec comparaison.

Quand je dis : *Pierre est sage*, je parle de la *sagesse de Pierre*, sans la comparer avec celle d'aucun autre : alors l'adjectif *sage* exprime la qualité *absolument.*

Mais quand je dis : *Pierre est plus sage que Paul, Paul est plus heureux que sage*; dans le premier ex. je compare la *sagesse* de *Pierre* à celle de *Paul*; dans le second je compare le *bonheur* et la *sagesse* de *Paul*;

et dans les deux ex. les adjectifs *sage* et *heureux* expriment la qualité *relativement*.

### Des adjectifs, lorsqu'ils expriment la qualité absolument.

Les adjectifs, considérés comme exprimant la qualité absolument, ont trois degrés de signification : le *positif*, le *superlatif absolu* et le *diminutif*.

L'adjectif est au *positif*, quand il exprime simplement la qualité : *Habile ouvrier*.

L'adjectif est au *superlatif absolu*, lorsqu'il exprime la qualité avec une signification plus étendue qu'au positif. *Cet ouvrier est* bien habile ; *il est* très-adroit *et* fort intelligent.

*Excellentissime*, *grandissime*, *habilissime*, sont, en un seul mot, des superlatifs absolus *d'excellent*, de *grand*, d'*habile;* mais ces superlatifs ne sont que du style familier. *Il nous a donné d'*excellentissime *vin*.

L'adjectif est au *diminutif*, quand il exprime la qualité avec une signification moins étendue qu'au positif. *Ce fruit est* un peu sur.

### Des adjectifs, lorsqu'ils expriment la qualité relativement.

Quand on qualifie un objet *relativement* à un autre ou à d'autres, il y a entre ces objets ou un rapport de supériorité, ou un rapport d'égalité, ou un rapport d'infériorité, ou enfin un rapport de prééminence.

Dans les trois premiers cas, l'adjectif qui exprime le rapport s'appelle *comparatif*. De là trois *comparatifs :* le *comparatif de supériorité*, le *comparatif d'égalité* et le *comparatif d'infériorité*.

Pour marquer le *comparatif de supériorité*, on met *plus* avant l'adjectif. *La sagesse est* plus précieuse *que l'or.*

Pour marquer le *comparatif d'égalité*, on met *aussi* avant l'adjectif. *La lecture de ce livre est* aussi agréable *qu'utile. Il est* aussi grand *que son aîné.*

Pour marquer le *comparatif d'infériorité*, on met *moins* avant l'adjectif. *L'Afrique est* moins grande *que l'Asie.*

Le mot *que*, lequel est une conjonction, sert à joindre les objets que l'on compare.

*Remarque.* Nous avons trois adjectifs qui seuls expriment une comparaison, *meilleur* au lieu de *plus bon*, qui ne se dit pas (1), *moindre* au lieu de *moins grand*, *pire*, au lieu de *plus mauvais. La vertu est* meilleure *que la science. La partie est* moindre *que le tout. Le remède est* pire *que le mal.*

Si dans la comparaison on veut exprimer la prééminence d'une personne ou d'une chose sur toutes les autres avec lesquelles on la compare, on met l'article avant le comparatif de supériorité ; et le comparatif de supériorité précédé de l'article s'appelle alors *superlatif relatif. La basilique de Saint-Pierre de Rome est la* plus belle *église du monde.*

Si dans la comparaison on veut dire qu'un objet est dans le degré le plus bas relativement à tous les autres auxquels on le compare, on met l'article avant le com—

---

(1) *Plus bon* ne se dit pas lorsque *bon* doit être pris dans le sens qu'il a ordinairement ; mais on peut dire *plus bon* lorsque *bon* signifie *crédule*, *simple*. Par exemple, celui à qui on diroit : *Vous êtes bien* bon *de croire de pareilles sottises*, pourroit répliquer : *Et vous, vous êtes bien* plus bon *de vous imaginer que j'y ajoute foi.*

paratif d'infériorité. *De tous les meubles qu'on m'a montrés, celui-ci est* le moins cher.

*Remarque.* Lorsqu'avant un comparatif de supériorité ou d'infériorité se trouve l'un des mots *du, des, au, aux,* ce comparatif est un véritable superlatif relatif. En effet, puisque *du, des, au, aux,* sont la même chose que *de le, de les, à le, à les* (voyez p. 23), il s'ensuit que tout comparatif qui est précédé de l'un des mots *du, des, au, aux,* est par cela même précédé de l'article.

L'adjectif est encore au superlatif relatif toutes les fois que le comparatif est précédé de l'un des adjectifs possessifs, parce que ces adjectifs renferment l'article dans leur signification. On peut s'en convaincre facilement en tournant l'exemple : *Je suis* votre plus fidèle *ami,* de la manière suivante : *Je suis* le plus fidèle *de vos amis.* On y voit l'article *le* avant le comparatif *plus fidèle,* et par conséquent l'adjectif *fidèle* au superlatif relatif.

*Remarque.* Un adjectif ne doit exprimer la qualité relativement que lorsque la qualification convient aux deux termes de la comparaison. Par exemple, en parlant de deux jeunes personnes, on ne dira point que *l'une est* plus vieille que *l'autre;* on ne dira pas non plus : *C'est* la moins vieille *qui est la plus raisonnable,* parce que l'adjectif *vieille* ne peut se dire ni de l'une ni de l'autre. On dira que *l'une est* plus âgée que *l'autre.* On dira : *C'est* la moins âgée, ou *c'est* la plus jeune *qui est la plus raisonnable.*

*Remarque.* Il y a des adjectifs qui ne peuvent être employés ni au comparatif de supériorité, ni au comparatif d'infériorité, ni au superlatif absolu, ni au diminutif, ni au superlatif relatif. Ce sont ceux qui ne peuvent avoir différents degrés de signification. Tels sont les adjectifs *éternel, immense, infini, universel.... carré, double, triple....*

## DU PRONOM.

L<small>E</small> *Pronom* est un mot qui tient la place du nom et qui sert à en éviter la répétition.

Si l'on me fait, par exemple, l'interrogation suivante : *Voyez-vous ce portrait ?* Au lieu de répondre : *Je vois* ce portrait. *Comme* ce portrait *est ressemblant !* je dirai : *je le vois. Comme* il *est ressemblant !* Il est facile de voir que dans la seconde réponse les mots *le*, *il*, tiennent la place du mot *portrait*, et qu'ils servent à en éviter la répétition.

Au lieu de dire : *nulle* classe *d'hommes n'est plus utile que la* classe *des* laboureurs. *C'est aux* laboureurs *que nous sommes redevables des choses nécessaires à notre subsistance.* Je dirai, pour éviter la répétition des mots *classe*, *laboureurs* : *nulle* classe *d'hommes n'est plus utile que* celle *des* laboureurs. *C'est à* eux *que....*

Au lieu de dire : *vous m'avez prêté un* livre ; *je lis ce* livre. Je dirai : *je lis le* livre que *vous m'avez prêté ;* phrase où *que* sert à éviter la répétition de *livre*.

Nous avons des *pronoms personnels*, des *pronoms possessifs*, des *pronoms démonstratifs*, des *pronoms relatifs*, des *pronoms absolus*, *interrogatifs*, *indéfinis*.

### *Pronoms personnels.*

On compte trois *pronoms personnels*, le *pronom de la première personne*, le *pronom de la seconde personne* et le *pronom de la troisième personne*.

### *Pronom de la première personne.*

Les grammairiens appellent ainsi les quatre mots *je*, *moi*, *me*, *nous*, qu'une personne qui parle emploie pour se désigner elle-même ou seule par les mots *je*, *moi*, *me*, ou en société avec d'autres par le mot *nous*. Quand une personne dit : nous *allons sortir ;* par le mot *nous* elle se désigne elle-même, et en même temps les autres personnes qui vont sortir avec elle.

Ce pronom est des deux genres.

### *Pronom de la seconde personne.*

Les grammairiens donnent ce nom aux quatre mots *tu*, *toi*, *te*, *vous*, dont on se sert pour désigner la personne ou les personnes à qui on adresse la parole.

Ce pronom est aussi des deux genres.

### *Remarque sur l'emploi du mot* vous.

Le mot *vous* est ordinairement employé au singulier au lieu de *tu*, *toi*, *te*. Le tutoiement n'est guère en usage que de maître à valet, ou entre des personnes qui vivent très-familièrement entre elles.

Cependant, en s'adressant à Dieu ou à quelque personnage d'un rang éminent, les poëtes et les orateurs se permettent d'employer *tu*, *toi*, *te* et les adjectifs possessifs qui en dérivent. C'est en usant de cette liberté que Racine fait dire à Esther :

> *O mon souverain roi,*
> *Me voici donc tremblante et seule devant toi !*
> *Mon père mille fois m'a dit dans mon enfance*
> *Qu'avec nous tu juras une sainte alliance,*
> *Quand, pour te faire un peuple agréable à tes yeux,*
> *Il plut à ton amour de choisir nos aïeux.*

*Pronom de la troisième personne.*

On appelle ainsi les mots suivants, qu'on emploie pour tenir la place des noms par lesquels on désigne les personnes ou les choses dont on parle.

| SINGULIER. | | PLURIEL. | |
|---|---|---|---|
| Masculin. | Féminin. | Masculin. | Féminin. |
| Il, lui, le (1), | Elle, la, | Ils, eux, les, | Elles, les. |
| *Des deux genres.* | | *Des deux genres.* | |
| Lui. Je lui *parle ( je parle* à lui, à elle ). | | Leur (2). Je leur *parle ( je parle* à eux, à elles ). | |

*Pronom réfléchi de la troisième personne.*

*Soi*, *se*, des deux genres.

*Se* est des deux nombres. *Il* se *flatte. Ils* se *font une loi.... Elle se flatte. Elles* se *font une loi....*

*Soi* est seulement du nombre singulier.

---

(1) On a un moyen facile de distinguer *le*, *la*, *les* ( pronom ), de *le*, *la*, *les* ( article ). Un des mots *le*, *la*, *les*, précède-t-il un verbe? c'est un pronom. Précède-t-il un nom? c'est l'article. *Qui casse les verres*, *les paye.*

(2) On distingue de la même manière *leur* ( pronom personnel, de *leur* ( adjectif possessif ). Le mot *leur* précède-t-il un verbe? c'est un pronom personnel ; et il ne prend jamais la lettre *s*. Est-il suivi d'un nom? c'est un adjectif possessif. *On* leur *fera remettre* leur *argent.*

### Pronoms possessifs.

| SINGULIER. | | PLURIEL. | |
|---|---|---|---|
| Masculin. | Féminin. | Masculin. | Féminin. |
| *Le mien,* | *La mienne,* | *Les miens,* | *Les miennes.* |
| *Le tien,* | *La tienne,* | *Les tiens,* | *Les tiennes.* |
| *Le sien,* | *La sienne,* | *Les siens,* | *Les siennes.* |

Des deux genres.

| | | | |
|---|---|---|---|
| *Le nôtre,* | *La nôtre,* | *Les nôtres.* | |
| *Le vôtre,* | *La vôtre,* | *Les vôtres.* | |
| *Le leur,* | *La leur,* | *Les leurs.* | |

Les pronoms possessifs tiennent la place des noms et des adjectifs possessifs. *Il ne faut point disputer des goûts ; chacun a* le sien : *le sien*, c'est-à-dire, *son goût*.

Remarquez que *o* est bref dans les adjectifs possessifs *notre*, *votre ;* qu'il est long et marqué de l'accent circonflexe dans les pronoms possessifs *le nôtre*,... *le vôtre*...

### Pronoms démonstratifs.

| SINGULIER. | | PLURIEL. | |
|---|---|---|---|
| Masculin. | Féminin. | Masculin. | Féminin. |
| *Celui,* | *Celle,* | *Ceux,* | *Celles.* |
| *Celui-ci,* | *Celle-ci,* | *Ceux-ci,* | *Celles-ci.* |
| *Celui-là,* | *Celle-là,* | *Ceux-là,* | *Celles-là.* |
| *Ce, ceci, cela.* | | | |

### Remarques sur le pronom celui.

1° Tantôt ce pronom tient la place d'un nom déjà exprimé :

> *C'est un méchant* métier *que* celui *de médire,*
> *L'esprit qu'on veut avoir gâte* celui *qu'on a.*

2° **Tantôt** ce pronom tient la place d'un nom qui n'est exprimé qu'après. *Cueillez* ceux *de ces* fruits *qui vous paroîtront les plus mûrs. Elle lègue la somme de... à* celles *de ses* femmes *qui l'ont soignée dans sa maladie.*

3° Tantôt il tient la place d'un nom qui n'est pas exprimé, mais qui est déterminé par la suite du discours :

> *Celui qui met un frein à la fureur des flots,*
> *Sait aussi des méchants-arréter les complots.*

### Remarques sur le pronom ce.

1° *Ce* est souvent employé pour le mot *chose.*

> *On affoiblit toujours ce que l'on exagère.*

*Ce*, c'est-à-dire, *la chose*, ou *les choses.*

2° *Ce* est quelquefois employé pour des noms exprimés précédemment. *Voulez-vous avoir une idée juste de la véritable éloquence? Lisez* Démosthène, Cicéron, Bossuet : ce *sont les plus grands orateurs qui aient paru.* Dans cet exemple, *ce* est mis pour *Bossuet, Cicéron* et *Démosthène.*

3° *Ce* tient quelquefois lieu d'une partie de phrase. Louer les grands des vertus qu'ils n'ont point, c'*est les railler impunément. Ce* rappelle la première partie de la phrase : *louer les...*

### Remarque sur les pronoms celui-ci, celui-là.

Ces pronoms sont le pronom *celui*, allongé des particules *ci* ou *là*. *Ci* sert à désigner des objets qui sont plus présents ou plus proches. *Là* s'emploie pour désigner des objets qui sont moins présents ou plus éloignés. Turenne et Condé *tiennent un rang distingué parmi les plus grands capitaines :* celui–ci *avoit une valeur plus brillante*, celui-là *une valeur plus sage et plus réfléchie.*

*Celui-ci* tient la place de *Condé*, dont on a parlé plus prochainement : *celui-là* tient la place de *Turenne*, parce que ce nom est plus éloigné que celui de *Condé* des pronoms employés pour représenter l'un et l'autre.

*Ceci* indique pareillement quelque chose de plus présent que *cela*. *Laissez* cela ; *venez voir* ceci.

### Pronoms relatifs.

| Des deux nombres et des deux genres. | SINGULIER. | | PLURIEL. | |
|---|---|---|---|---|
| | Masculin. | Féminin. | Masculin. | Féminin. |
| Qui, que, Dont. | Lequel, | laquelle, | lesquels, | lesquelles. |
| | Duquel, | de laquelle, | desquels, | desquelles. |
| | Auquel, | à laquelle, | auxquels, | auxquelles. |

*Remarque première.* Ce pronom s'emploie pour toutes les personnes. *C'est* moi qui *ai fait cela. C'est* toi qui *auras la première place.* Nous qui *honorons la vertu... C'est à* vous qui *êtes le plus âgé à être le plus raisonnable. Le* bonheur dont *nous jouissons vient de la bonne* éducation que *nous avons reçue. La* science *à* laquelle *je m'applique...*

*Remarque seconde.* On appelle *antécédent* le nom ou le pronom auquel le relatif se rapporte. Dans les exemples précédents, *moi*, *toi*, *nous*, *vous*, sont les antécédents de *qui*; *dont* a *bonheur* pour antécédent ; *éducation* est l'antécédent de *que*, et *science* celui de *laquelle.*

*Remarque troisième.* L'antécédent du *qui* relatif est quelquefois sous-entendu comme dans les exemples suivants : *Voilà* qui *vous en dira des nouvelles*, c'est-à-dire, *voilà une* personne qui *vous en dira des nouvelles.*

*Est bien fou* qui *prétend contenter tout le monde ;*

C'est-à-dire , *est bien fou* celui qui *prétend....*

*Quoi* est aussi pronom relatif, lorsqu'il a un antécédent; il ne se dit que des choses. *C'est un* vice *à* quoi *il est sujet. Telles sont les* conditions, *sans* quoi *la chose n'eût pas été conclue.*

### Particules relatives.

Nous appelons ainsi les trois mots *y*, *en*, *où*, quand ils renferment dans leur signification quelque nom ou quelque pronom auquel ils ont rapport.

*Y.* Cette particule se dit des choses, et quelquefois des personnes. *J'ai reçu votre* lettre; *j'y répondrai demain*, c'est-à-dire, *je répondrai demain* à votre lettre. *C'est un honnête* homme; *fiez-vous-*y, c'est-à-dire, *fiez-vous* à cet homme.

*En.* Cette particule se dit des personnes et des choses. *Nous vous renvoyons votre* enfant; *nous n'en pouvons rien faire*, c'est-à-dire, *nous ne pouvons rien faire* de votre enfant.

*Aimez-vous la muscade? On* en *a mis partout.*

*On a mis partout* de la muscade.

*Où.* Cette particule ne se dit que des choses. *Le* siècle où *nous vivons*, c'est-à-dire, dans lequel *nous vivons*.

### Pronoms absolus.

Ce sont les mots *qui*, *que*, *quoi*, lorsqu'on les emploie sans rapport à un nom; et comme on s'en sert souvent dans les phrases interrogatives, on les appelle aussi *pronoms interrogatifs*.

*Qui*, pronom absolu, ordinairement singulier masc., signifie *quelle personne*. Qui *est venu me demander?* (quelle personne *est venue....?*) Qui *demandez-vous?*

*A* qui *pensez-vous parler? Je ne sais* qui *m'a dit cela. Si l'avare savoit pour* qui *il amasse tant d'argent.*

Ce pronom est quelquefois féminin et pluriel. Qui *choisissez-vous pour compagnes?*

*Que*, pronom absolu, signifie *quelle chose*. Il ne s'emploie qu'au singulier. Que *faut-il faire?* ( quelle chose *faut-il faire?* ) Que *demandez-vous?* Que *vous en semble? Il ne sait plus* que *faire ni* que *dire.*

*Quoi*, pronom absolu, signifie *quelle chose* ou *quelque chose. De* quoi *est-il question?* ( de quelle *chose est-il?...* ) *Dites-moi en* quoi *je puis vous servir. A* quoi *vous occupez-vous? On ne sait à* quoi *s'occuper.* Quoi *qu'il fasse, il ne sauroit réussir* ( quelque chose *qu'il fasse, il ne....* )

Il est aisé de distinguer *qui*, *que* ( pronoms absolus ), de *qui*, *que* (pronoms relatifs). *Qui* est pronom absolu quand il peut se tourner par *quelle personne. Que* est pronom absolu lorsqu'il peut se tourner par *quelle chose. Qui* et *que* sont pronoms relatifs quand on peut les tourner par *lequel, laquelle, lesquels, lesquelles.*

## Remarque.

On supprime la dernière lettre des pronoms *je, me, te, le, la, se, ce, que* ( pronom relatif ), *que* ( pronom absolu ), et l'on remplace cette lettre par l'apostrophe, lorsque le mot qui suit commence par une voyelle ou une *h muette*. Au lieu d'écrire : je approuve *le zèle qui* la anime, on écrira : j'approuve *le zèle qui* l'anime. On n'écrira point : *voilà le discours* que il me a *tenu; je ne sais* que en *penser.* On mettra : *voilà le discours* qu'il *m'a tenu; je ne sais* qu'en *penser.*

## Pronoms indéfinis.

*On*, pronom singulier, ordinairement masc., marque

indéfiniment une ou plusieurs personnes. On *vient de sonner.* On *n'est point des* esclaves (1) *pour essuyer de si mauvais traitements.*

*Remarque. On* s'emploie quelquefois au féminin. Je pourrois dire, par exemple, en parlant d'une jeune personne : On *est quelquefois* paresseuse.

A cause des rapports que les deux pronoms suivants ont entre eux, nous les ferons marcher de front.

*Quelqu'un,* lorsqu'il n'a rapport à aucun nom, signifie *quelque personne;* et il ne s'emploie qu'au masculin.

*Prenez* quelqu'un *pour vous accompagner.* Quelques-uns (2) *ont assuré....*

Quand ce pronom a rapport à un nom, il a les deux genres; il se dit des personnes et des choses : des personnes, au singulier et au pluriel; des choses, au pluriel seulement.

SINGULIER.

| Masculin. | Féminin. |
|---|---|
| *Quelqu'un,* | *Quelqu'une.* |

PLURIEL.

*Quelques-uns, quelques-unes.*

*Connoissez-vous* quelqu'une de ces dames? *Voilà des* livres bien conditionnés; *aussi en acheterai-je* quelques-uns.

*Chacun,* lorsqu'il n'a rapport à aucun nom, signifie *chaque personne;* et il n'a que le singulier masculin.

Chacun *croit aisément ce qu'il craint ou désire.*

Quand ce pronom a rapport à un nom, il se dit des personnes et des choses : il a les deux genres; mais il n'a point de pluriel.

SINGULIER.

| Masculin. | Féminin. |
|---|---|
| *Chacun,* | *Chacune.* |

*Payez le salaire convenu à* chacun *de vos ouvriers. Mettez* ces gravures, chacune *à sa place.*

_____

(1) Nous voyons, par cet exemple, que ce pronom est quelquefois accompagné d'un pluriel, quoiqu'il ne se joigne jamais qu'avec la troisième personne singulière du verbe.

(2) Ce pronom n'a le pluriel que comme sujet.

*Quiconque*, pronom ordinairement masculin, n'a point de pluriel : il ne se dit que des personnes ; et il signifie *toute personne qui....*

> Quiconque *est riche est tout : sans sagesse il est sage ;*
> *Il a, sans rien savoir, la science en partage.*

Ce pronom peut aussi s'employer au fém. *Nous comblerions de bénédictions* quiconque *de vous*, mesdames, *seroit assez charitable pour se charger de cette orpheline.*

*Autrui.* Ce pronom ne se dit que des personnes : il signifie *un autre, les autres. Ne faites point à* autrui *ce que vous ne voudriez point qu'on vous fît à vous-même.*

*Personne ne* ou *ne.... personne,* pron. masc. sans plur., ne se dit que des personnes : il signifie *aucune personne ne* ou *ne.... aucune personne.*

*Personne ne vient. Il ne vient* personne.

Lorsque ce pronom n'est pas accompagné de *ne*, il signifie *quelqu'un.*

*Personne a-t-il mieux montré le néant des choses humaines que Bossuet* (1) ?

*Rien ne* ou *ne.... rien,* pronom masculin sans pluriel, ne se dit que des choses : il signifie *aucune chose ne* ou *ne.... aucune chose.*

*Rien ne lui plaît davantage. Tu* ne *fais rien.*

Lorsque ce pronom n'est pas accompagné de *ne*, il signifie *quelque chose.*

*Y a-t-il* rien *de préférable à l'amitié ?*

(1) Les deux pronoms suivants, composés chacun de quatre mots, ont quelques rapports aux précédents.

*Qui que ce soit,* pron. sing. masc., ne se dit que des personnes.

Employé avec la particule *ne*, il signifie *personne. On* ne *doit jamais parler mal de qui que ce soit.*

Employé sans la particule *ne*, il signifie *quelque personne que ce soit. Qui que ce soit qui vous ait écrit cela, c'est un véritable ami.*

*Quoi que ce soit,* pronom sing. masc., ne se dit que des choses.

Employé avec la particule *ne*, il signifie *rien. Il n'aura quoi que ce soit de cette succession.*

Employé sans la particule *ne*, il signifie *quelque chose que ce soit. Quoi que ce soit que vous fassiez, faites-le avec soin.*

*Remarque.* Le mot *rien* est quelquefois substantif ; alors il a un pluriel. *Un* rien *lui fait peur. C'est ne rien faire que de faire des* riens.

### Adjectifs employés comme pronoms.

Les adjectifs qui sont le plus souvent employés comme pronoms, sont *un*, *autre*, *tel*, *tout*, *même*, *plusieurs*, *aucun*, *nul*.

Joints à des noms, ces mots sont adjectifs.

> Une chute *toujours attire* une autre chute.
> *Telle vie*, *telle fin* : *tel maître*, *tel valet.*
> Toute puissance *est foible, à moins que d'être unie.*

**Tous** *les* goûts *ne se rapportent pas.* Tous (1) chemins *vont à Rome.*

> *La* même loi , *partout suivie,*
> *Nous soumet tous au* même *sort.*
> *Le premier moment de la vie*
> *Est le premier pas vers la mort.*

*Ces* mêmes faits *sont rapportés par* plusieurs historiens.

Aucun motif ne *doit nous empêcher de faire notre devoir.*

*L'homme cherche partout le bonheur, et* ne *le rencontre* nulle part.

( Les adjectifs *aucun* et *nul*, dans la signification d'*aucun*, ne s'emploie qu'au singulier. )

---

(1) Un mot, soit l'article, soit un adjectif possessif, soit l'adjectif démonstratif, sépare presque toujours l'adjectif pluriel *tous....* du nom auquel il se rapporte. Il n'y a guère d'exceptions que dans le proverbe : Tous chemins *vont à Rome*, et dans les phrases suivantes : *Aller*, *courir*, *s'enfuir à* toutes jambes ; *prendre à* toutes mains ; *gagner*, *perdre à* tous coups ; *tomber à* tous coups ; *de* tous côtés ; *de* toutes parts.

Les mots *un*, *autre*, *tel*,.... tiennent-ils la place des noms; alors ce sont des pronoms.

*L'un*, *l'une*, *les uns*, *les unes; l'autre*, *les autres*.

Ce pronom se dit des personnes et des choses.

> Dorilas *et* Damon, *ces deux fameux poëtes*,
> *Sur leurs vers ne sont pas d'accord.*
> *On ne peut, sans bâiller, lire ce que vous faites*,
> *Dit* l'un. *En vous lisant*, *répond* l'autre, *on s'endort.*
> *L'un* a raison, *et* l'autre *n'a pas tort.*

*L'un* tient la place de *Dorilas*, et *l'autre* de *Damon*.

*Voilà des* perles : les unes *sont fines;* les autres *sont fausses. Faites-en le triage.*

*Remarque.* Le pluriel *les autres*, employé sans rapport à un nom, signifie *les autres hommes*.

> *Si tu veux qu'on t'épargne, épargne aussi* les autres.

*Tel* signifie *quelqu'un* indéterminément. Ce pronom n'a guère que le singulier masculin.

> Tel *repousse aujourd'hui la misère importune*,
> *Qui tombera demain dans la même infortune.*
> Tel *qui rit vendredi, dimanche pleurera.*

*Tous, toutes. Trois cents* Spartiates *ont combattu aux Thermopyles :* tous *ont péri, à l'exception d'un seul. Il y a eu beaucoup de* musiciennes *à ce concert :* toutes *ont fort bien chanté.*

*Remarque.* Le mot *tous*, quand il n'a rapport à aucun nom, signifie *tous les hommes. Il a fallu qu'un seul périt pour le salut de* tous.

*Même.* Ce mot, employé comme pronom, prend l'article. Il se dit des personnes et des choses. *Vous devez reconnoître cet* homme-*là : c'est* le même *que nous rencontrâmes hier en tel endroit. Changerons-nous d'al-lée ? — Non ; promenons-nous dans* la même.

*Plusieurs.* Ce mot, lorsqu'il a rapport à un nom, se dit des personnes et des choses. *Cinquante* hommes *d'é-quipage étoient sur ce vaisseau au moment qu'il fut assailli de la tempête ;* plusieurs *ont péri. Choisissez parmi ces* pêches ; *car* plusieurs *ne sont pas mûres.*

*Remarque.* Le pronom *plusieurs,* sans rapport à un nom, ne se dit que des personnes. *Il ne faut pas que* plusieurs *pâtissent pour un seul.*

*Aucun...ne* ou *ne... aucun, nul... ne,* pronoms sans pluriel. *Avez-vous vu ces* dames ? — *Je n'en ai vu* aucune ; aucune *de ces* dames, nulle *de ces* dames n'*a encore paru.*

*Aucun ne, ne... aucun,* pronoms, doivent toujours se rapporter à un nom. On ne dira point absolument : Aucun ne *m'a vu ; je n'ai vu* aucun : il faut dire : Personne ne *m'a vu ; je* n'*ai vu* personne.

*Nul ne* peut être employé sans rapport à un nom. Alors il n'a que le masc., et il équivaut à *personne ne.*

> Nul n'*est content de sa fortune,*
> *Ni mécontent de son esprit.*

*Pas,* joint avec le mot *un,* signifie *nul.* Pas un ne *le dit.*

# DU VERBE ET DU PARTICIPE.

Le *Verbe* est le mot qui sert à exprimer l'état ou l'action des personnes ou des choses.

Quand je dis : *Pierre repose ; l'eau dort ;* le mot *repose* exprime l'état de *Pierre ;* le mot *dort* marque l'état de l'*eau.*

Quand je dis : *Pierre frappe ; le* vent agite *les flots; frappe* exprime l'action de *Pierre ; agite* désigne l'action du *vent.*

L'action exprimée par le verbe est considérée, ou comme faite, ou comme reçue. Lorsque je dis : *Pierre frappe,* l'action est faite par *Pierre.* Si je dis : *Pierre est frappé,* l'action est reçue ou soufferte par *Pierre.*

### Du sujet ou nominatif.

La personne ou la chose dont on exprime l'état ou l'action par le moyen d'un verbe, s'appelle le *sujet* ou le *nominatif* de ce verbe. Dans les exemples précédents, *Pierre* est le sujet ou nominatif des verbes *repose, frappe, est frappé; l'eau* est le sujet du verbe *dort;* le *vent* celui du verbe *agite.*

### Trouver le sujet d'un verbe.

Mettez *qui est-ce qui* avant le verbe ; la réponse à la question indique le sujet.

Ex. : *Le cheval galope.*

*Qui est-ce qui galope?* Réponse, *le cheval.*

Le mot *cheval* est le sujet du verbe *galope.*

*Remarque.* Les pronoms *je*, *tu*, *il*, *ils*, sont toujours sujets : aussi , quand on peut mettre avant un mot l'un de ces pronoms, ce mot est-il un verbe.

## Des personnes et des nombres considérés dans les verbes.

1° Si la personne qui parle exprime son état ou une action faite ou reçue par elle , le verbe est à la première personne du singulier. *Je repose. Je frappe. Je suis frappé.*

2° Si l'on exprime l'état de la personne à laquelle on parle, ou une action faite ou reçue par elle , le verbe est à la seconde personne du singulier. *Tu reposes* ou *vous reposez. Tu frappes* ou *vous frappez. Tu es frappé* ou *vous êtes frappé.*

3° Si , en parlant d'une personne ou d'une chose , on en exprime l'état ou une action faite ou reçue, le verbe est à la troisième personne du singulier. *Il repose. Le soleil est fixe. Il frappe. Le vent agite la mer. Il est frappé. Le vaisseau est battu de la tempête.*

4° Lorsque plusieurs personnes expriment le même état , ou une action qui leur est commune, soit qu'elles parlent toutes ensemble, soit qu'une seule parle au nom des autres, le verbe est à la première personne du pluriel. *Nous reposons. Nous frappons. Nous sommes frappés.*

5° Lorsqu'en parlant à plusieurs personnes on exprime leur état ou une action commune à toutes, le verbe est à la seconde personne du pluriel. *Vous reposez. Vous frappez. Vous êtes frappés.*

6° Le verbe est à la troisième personne du pluriel, s'il indique ou sert à indiquer l'état de plusieurs personnes ou de plusieurs choses dont on parle , ou s'il exprime une action commune à ces personnes ou à ces choses. *Ils reposent. Les étoiles sont fixes. Ils frappent. Les vents agitent la mer. Ils sont frappés. Les vaisseaux sont battus de la tempête.*

## Des modes ou mœufs.

Il y a dans les verbes différents modes, c'est-à-dire, différentes manières d'exprimer ce qu'ils signifient. Nous avons cinq modes, l'*infinitif*, l'*indicatif*, le *conditionnel*, le *subjonctif* et l'*impératif*.

L'*infinitif* est un mode par lequel on exprime l'état ou l'action en général, sans désigner les personnes. Trahir *la vérité, c'est se* rendre *coupable.*

Nous rapportons à l'infinitif le *gérondif* ( que quelques-uns appellent *participe présent* ), dont la fonction est de désigner une action simultanée du sujet.

*Nos* braves *s'accrochant se prennent aux cheveux.*

Ou des habitudes du sujet.

*Les anciens* solitaires *menoient une vie fort dure*, dormant *peu*, travaillant *beaucoup*, *ne se* nourrissant *que de racines.*

Ou le fondement de l'action.

*Le général*, jugeant *qu'il pouvoit être dangereux de poursuivre l'ennemi, rappela ses troupes.*

Le gérondif est précédé de la préposition *en*, lorsqu'il indique

Une circonstance de l'action. *C'est* en jouant *qu'il s'est blessé.*

Ou le moyen de parvenir à une fin. *C'est* en étudiant *qu'on acquiert de l'instruction.*

L'indicatif est un mode qui sert à exprimer avec affirmation l'état ou l'action du sujet. *Pierre repose. Démosthène a composé de belles harangues. Les coupables seront punis.* Dans ces exemples, on affirme de *Pierre*, qu'*il repose ;* de *Démosthène*, qu'*il a composé de belles harangues;* des *coupables*, qu'*ils seront punis.*

Le *conditionnel* sert à exprimer l'état ou l'action du sujet dépendamment d'une condition. *Je me* promene-rois, *s'il faisoit beau temps.*

Le *subjonctif* est ainsi appelé, parce qu'il est subor-donné à un autre verbe. Il sert à achever le sens de la phrase; et, séparé de ce qui précède son sujet, il ne formeroit plus de sens. *Nous souhaitons que vous* sa-chiez *cela. Je consens qu'il* vienne. *Je veux qu'il* vienne. *Il n'est pas sûr qu'il* vienne. *On craignoit qu'ils ne s'en* souvinssent. *On craignoit qu'ils ne s'en* souvinssent *pas. Je doute qu'il* connoisse *tous ses devoirs. Je serois étonné qu'il* allât *à la campagne. J'aurai fini avant que vous* ayez commencé. *Nous leur avons envoyé une voiture, afin qu'ils* arrivassent *plus tôt.*

Avec le subjonctif, chacune des phrases précédentes est complète; et les mots *vous sachiez cela, il vienne, ils s'en souvinssent, ils ne s'en souvinssent pas, il connoisse tous ses devoirs, il allât à la campagne, vous ayez commencé, ils arrivassent plus tôt*, séparés de ce qui précède, ne formeroient plus de sens (1).

L'*impératif* est un mode dont on se sert pour exprimer Un ordre. Faites *ce que je vous dis;* obéissez.

Une défense. *Ne* répliquez *pas.*

Une exhortation. Conduisez-*vous bien.*

Une prière. Accordez-*moi cette grâce.*

### Des temps.

Les *temps* sont des terminaisons qui font connoître

---

(1) Dans la phrase : *Je désire qu'il arrive*, les deux mots *il arrive* formeroient un sens complet s'ils signifioient : *Il est arrivant;* mais ici ces mots signifient : *Il soit arrivant;* et l'on voit clairement que ce dernier équivalent, séparé de *je désire que*, ne forme aucun sens.

si l'état, l'action que le verbe exprime, se rapportent au présent, au passé ou à l'avenir.

*Des temps que renferme chaque mode.*

Les temps de l'indicatif sont :

1° Le *présent*. Ce temps marque,

1° Qu'une chose est ou se fait au temps où l'on parle. *Je* suis *malade. Nous* dînons.

2° Qu'une chose est ou se fait habituellement. *Je me* promène *quand il fait beau. Il* consacre *sept heures par jour à l'étude des mathématiques.*

3° On se sert aussi du présent pour exprimer des propositions d'éternelle vérité, des propositions qui sont les mêmes dans tous les temps. *Deux et deux* font *quatre. Chez les courtisans, la haine pour les favoris n'est autre chose que l'amour de la faveur.*

2° L'*imparfait* ou *présent relatif* qui marque l'action, l'état comme présents dans un temps passé. *Je* lisois *quand Louis est entré.* L'action de *lire* est passée ; mais elle est marquée comme présente, relativement à l'entrée de Louis.

On emploie encore l'imparfait en parlant d'actions habituelles ou souvent réitérées dans un temps passé. *A la campagne, nous* déjeunions *à neuf heures ; nous* faisions *ensuite une promenade; nous* dînions *à trois heures, et nous* soupions *à dix.*

3° Le *parfait défini*, nommé aussi *prétérit défini. Je* lus. *Je tombai.*

4° Le *parfait indéfini*, appelé aussi *prétérit indéfini. J'ai lu. Je suis tombé.*

*Emploi des parfaits définis et des parfaits indéfinis.*

On ne doit employer le parfait défini que lorsqu'il

est question d'un temps absolument écoulé, et dont il ne reste plus rien. *Il* partit *hier. Il y* eut *hier quinze jours que je* commençai *cet ouvrage. Je* travaillai *beaucoup la semaine passée. Il* fit *une grande chaleur l'été dernier. Ce* fut *le siècle dernier que la chose* arriva. *Il* fut *un temps que...*

Toutefois, quand le temps dont il ne reste plus rien fait partie du jour où l'on est, on ne doit pas employer le parfait défini. On s'exprimeroit mal en disant : *Je ne* dormis *point la nuit dernière. Je* reçus *ce matin la visite de...* Il faut dire avec le parfait indéfini : *Je n'*ai *point* dormi *la nuit dernière. J'*ai reçu *ce matin la visite de...*

Le parfait défini est le temps qui est employé le plus souvent par les historiens et ceux qui écrivent des voyages, des récits d'aventures. C'est l'usage fréquent qu'on en fait dans le style historique qui a donné lieu de l'appeler *parfait historique.*

Quant au parfait indéfini,

1° On l'emploie pour marquer une chose passée ou faite dans un temps qu'on ne désigne point. *Mon frère* a été *malade. J'*ai lu *les meilleurs auteurs.*

2° On doit nécessairement s'en servir, lorsqu'il est question d'une chose faite ou passée dans un temps dont il reste encore une partie à écouler. *Il* est parti *aujourd'hui. Il y a quinze jours que j'*ai commencé *cet ouvrage. J'*ai travaillé *beaucoup cette semaine, ce mois-ci. Jusqu'ici nous n'*avons pas eu *d'hiver. Il y a un siècle qu'on ne vous* a vu.

Il y a cette différence entre le parfait défini et le parfait indéfini, que le premier ne peut jamais être employé en parlant d'un temps dont il reste une partie à écouler, au lieu que le parfait indéfini peut s'employer pour un temps passé dont il ne reste plus rien. On ne pourra jamais dire : *Je le* vis aujourd'hui *au moment de son départ;* mais on pourroit dire : *je l'*ai vu hier *au moment de son départ.*

Nous croyons cependant qu'il vaut mieux se servir du parfait défini, quand il y a dans la phrase une expression qui marque un temps entièrement écoulé. On s'en servira surtout lorsque, dans une phrase, on doit exprimer, avec un temps dont il ne reste rien, un temps dont il reste quelque chose. *Si nous* fûmes *témoins d'événemens extraordinaires dans le* siècle précédent, *nous n'en* avons *pas* vu *de moins étonnants dans* celui-ci.

*Remarque.* Quelquefois on emploie le présent pour représenter les choses passées, comme si elles étoient actuellement devant les yeux. La Fontaine a peint ainsi les efforts de *Borée,* qui veut contraindre un voyageur bien enveloppé dans son manteau, à en dégarnir ses épaules.

> *Notre souffleur à gage*
> *Se* gorge *de vapeurs, s'enfle comme un ballon,*
> *Fait un vacarme de démon,*
> *Siffle, souffle, tempête, et brise en son passage*
> *Maint toit qui n'en peut mais, fait périr maint bateau,*
> *Le tout au sujet d'un manteau.*
> *Le cavalier eut soin d'empêcher que l'orage*
> *Ne se pût engouffrer dedans.*
> *Cela le préserva. Le vent perdit son temps.*

Dans cet exemple, *gorge, enfle, fait, siffle, souffle, tempête, brise, fait,* sont mis pour *gorgea, enfla, fit, siffla, souffla, tempéta, brisa, fit.*

5° Le *parfait antérieur défini.* Ce temps marque une chose faite ou passée avant une autre faite ou passée aussi dans un temps dont il ne reste plus rien. *Dès que*

*nous* eûmes déjeuné, *nous partîmes.* J'eus *hier* achevé
*ma lettre avant quatre heures.*

6° Le *parfait antérieur indéfini* (1) qui marque une
chose passée avant une autre chose, toutes deux passées
dans un temps dont il reste encore quelque partie à
écouler. *Il reste ordinairement au salon; mais aujour-
d'hui il en est sorti dès qu'il a eu dîné. Ce matin, à huit
heures, j'ai eu achevé ma lettre.*

7° Le *plusque-parfait.* Ce temps désigne une chose
faite ou arrivée dans un temps plus éloigné qu'un autre
passé aussi. *J'avois dîné à cinq heures.*

Le plusque-parfait est, comme on voit, une sorte de
parfait antérieur. Il diffère toutefois des temps précédents.

Quand avec un parfait antérieur il y a un autre verbe
dans la même phrase, ce qui est exprimé par le parfait
antérieur est subordonné à ce qui est exprimé par l'autre
verbe. Dans les exemples : *Dès que nous* eûmes déjeuné,
*nous partîmes; dès que nous* avons eu déjeuné, *nous
sommes partis :* ce qui est exprimé par les parfaits anté-
rieurs est subordonné à ce qui est exprimé par le parfait
défini ou par le parfait indéfini. On veut principalement
parler du départ ; le déjeuner antérieur n'est qu'une
circonstance de la principale action.

A l'égard du plusque-parfait, c'est le contraire. Le
principal consiste dans ce qui est exprimé par ce temps.
*Pourquoi me rendez-vous ce livre?* — *Je l'avois* lu
*avant que vous m'eussiez envoyé votre exemplaire.* Ce
qu'on a surtout à répondre, c'est qu'on a lu le livre.

---

(1) La qualification d'*indéfini* est donnée au second *parfait antérieur*, parce qu'il est relatif au *parfait indéfini.*

Cela est si vrai, qu'on pourroit supprimer le reste de la réponse, et dire seulement : *je l'avois lu.*

8° Le *futur.* Ce temps marque qu'une chose sera ou se fera. *Vous* viendrez *la semaine prochaine, et nous* terminerons *l'affaire.*

*Remarque.* Quand un futur est prochain, on emploie quelquefois le présent pour marquer ce futur. *Je* reviens *dans un moment. Nous* partons *demain.*

9.° Le *futur antérieur,* qui marque qu'une chose sera faite ou sera arrivée avant une autre qui doit aussi se faire ou arriver. *Dès que j'*aurai reçu *cette somme, je vous la prêterai. J'*aurai fait *cette course demain à midi.*

*Le soin que j'*aurai pris *de soins m'exemptera.*

*Remarque.* Le parfait indéfini a quelquefois la signification du futur antérieur. Avez-*vous bientôt* fini ? — *Oui, j'*ai fini *dans dix minutes.*

Le conditionnel a deux temps :

1° Le *conditionnel présent,* qui marque qu'une chose seroit ou se feroit, si certaine condition avoit lieu. *Je* lirois, *si j'avois des livres. On* s'épargneroit *bien de l'ennui, si l'on savoit s'occuper.*

2° Le *conditionnel passé,* qui marque qu'une chose auroit été ou auroit été faite, si certaine condition avoit eu lieu. *Si vous m'aviez envoyé plus d'argent, j'en* aurois dépensé *davantage.*

*Remarque.* Les phrases : Voudriez-*vous me parler ?* L'auriez-*vous* cru *capable de manquer à sa parole ?* signifient : Voulez-*vous me parler ?* L'avez-*vous* cru *capable de manquer à sa parole ?* Ainsi, dans la première phrase, le conditionnel présent est mis pour le présent de l'indicatif ; et, dans la seconde, le conditionnel passé pour le parfait indéfini.

Le subjonctif a quatre temps, un *présent*, un *imparfait*, un *parfait* et un *plusque-parfait. Il n'est pas heureux, quoiqu'il* ait *de la fortune. La pluie empêcha qu'on ne s'*allât *promener. Je suis ravi qu'il* ait gagné *son procès. Il* auroit *fallu que vous* eussiez fini *votre lettre avant midi.*

Le présent, l'imparfait, le parfait, le plusque-parfait du subjonctif, désignent souvent un futur. *Croyez-vous qu'il* vienne *demain? Si je savois qu'il* arrivât *ce soir. Je ne vous prêterai point les derniers volumes que vous n'*ayez lu les *premiers. Je voudrois que demain à midi vous* eussiez écrit *votre mémoire. Vienne, arrivât,* désignent un futur simple; *ayez lu, eussiez écrit*, désignent un futur antérieur.

Dans un grand nombre de verbes, l'impératif a deux temps,

1° Le *Futur. Sortez*, c'est-à-dire, *vous* sortirez; *je vous l'ordonne.*

2° Le *futur antérieur,* qui marque que la chose ordonnée ou demandée sera faite avant une autre qui doit aussi avoir lieu. *Lorsque je reviendrai*, ayez lu *ce livre.*

Ces deux temps marquent un présent, par rapport à l'action de celui qui ordonne, qui défend, qui exhorte, ou qui prie.

L'infinitif a deux temps,

1° Le *présent. Donner, recevoir.*

2° Le *parfait. Avoir donné, avoir reçu.*

Il y a deux temps dans le gérondif,

1° Le *présent. Donnant, recevant.*

2° Le *passé. Ayant donné, ayant reçu.*

Assembler, réciter de suite les différents modes d'un verbe avec tous leurs temps, cela s'appelle conjuguer ce verbe.

Avant de donner les modèles des conjugaisons, nous parlerons

### DES DIFFÉRENTES ESPÈCES DE VERBES.

### Verbes actifs.

On appelle proprement *actifs*, les verbes qui signifient une action faite, à laquelle est opposée une action reçue ou soufferte, comme *labourer*, *frapper*, *connoître*, auxquels sont opposés *être labouré*, *être frappé*, *être connu*.

### Du régime direct des verbes actifs.

Le nom qui marque l'objet auquel se termine l'action du verbe actif, et qui s'unit à ce verbe sans le secours d'une préposition intermédiaire, s'appelle *régime direct*. Dans la phrase : *Noé a construit l'arche* ; le mot *arche* est le régime direct de *a construit*, parce qu'il est uni directement à ce verbe, et qu'il marque l'objet auquel se termine l'action que ce verbe exprime.

On trouve facilement le régime direct d'un verbe actif en cherchant le mot qui réponde à l'une des questions *qui ?* ou *quoi ?* placée après le sujet et le verbe de la phrase. Si l'on veut connoître, par exemple, le régime du verbe dans chacune des phrases suivantes : *Alexandre a vaincu les Perses ; il a renversé l'empire fondé par Cyrus ;* on dit :

*Alexandre a vaincu...* Qui ? Réponse, *les Perses.* Le mot *Perses* est le régime direct du verbe *a vaincu.*

*Il a renversé...* Quoi ? Réponse, *l'empire.* Le mot *empire* est le régime direct du verbe *a renversé.*

*Nota.* Lorsqu'un nom n'est dans une phrase ni sujet ni régime, il est au *vocatif.* C'est ainsi qu'on appelle le

5

nom , quand on s'en sert pour désigner les personnes ou les choses personnifiées auxquelles on adresse la parole.

Cieux , *écoutez ma voix ;* Terre , *prête l'oreille :*
*Ne dis plus , ô Jacob , que ton Seigneur sommeille.*
Pécheurs , *disparoissez ; le Seigneur se réveille.*

### Verbes passifs.

Les *verbes passifs* sont ceux qui expriment une action reçue ou soufferte par le sujet. *Les bons* seront récompensés, *et les méchans* seront punis.

Les verbes actifs peuvent devenir passifs. Prenez le régime direct du verbe actif ; faites-en le sujet du verbe passif. Par exemple, vous aurez tourné par le passif les phrases suivantes : *Le sage* prévoit *les* événemens ; *on* estime *la* vertu ; en disant : *Les* événemens sont prévus *par le sage ; la* vertu est estimée.

### Verbes neutres.

Les verbes neutres sont ceux qui expriment ou l'état du sujet , ou une action du sujet qui n'a point d'objet direct auquel elle se termine. *Reposer, dormir, dîner, parler, voltiger, tomber,* sont des verbes neutres.

Dans *parler à un ami* , l'action de parler a bien un objet ; mais le mot qui exprime cet objet , uni au verbe par la préposition *à* , n'a avec le verbe qu'un rapport indirect , n'étant régi directement que par la préposition.

### Remarque.

Lorsqu'un verbe neutre a un régime direct , il n'est plus neutre ; il est actif. Ainsi , *parler,* qui est un verbe neutre , est actif dans la phrase suivante : *Cet homme* parle *bien sa* langue.

Pareillement , un verbe actif , lorsqu'il n'a point de régime direct , n'est plus actif ; il est neutre. Par ex. :

*battre*, qui est un verbe actif, est neutre dans cette phrase : *Le cœur* bat *à tous les animaux.*

Un verbe neutre qui a un régime direct peut s'appeler *verbe neutre pris activement.* On appellera *verbe actif pris neutralement* le verbe actif qui n'a point de régime direct.

### Verbes impersonnels.

Les grammairiens nomment *verbes impersonnels* ceux qui n'ont point de personne, quoiqu'ils se présentent sous la forme de la troisième du singulier. *Il faut. Il importe. Il pleut. Il neige. Il grêle.*

Un verbe est impersonnel, ou est employé impersonnellement, quand le mot *il*, dont il est précédé, ne tient la place d'aucun nom. Dans les phrases : Il convient *que vous soyez modeste; il tonne; convient, tonne*, sont des verbes impersonnels.

Les mêmes mots ne sont pas employés impersonnellement dans ces autres phrases : *J'ai vu cet* homme, il *me* convient *fort : Quand ce* prédicateur *prêche*, il tonne *contre le vice;* parce que le mot *il* tient la place du nom *homme* dans le premier exemple, du nom *prédicateur* dans le second.

### Verbes pronominaux.

Les *verbes pronominaux* sont ceux qui se conjuguent avec deux pronoms de même personne.

*Je me repens. Tu te fâches. Il se blesse.*

*Nous nous tutoyons. Vous vous parlerez. Ils se taisent.*

### Verbes réfléchis.

Les *verbes pronominaux* s'appellent *réfléchis*, lorsqu'ils expriment une action qui retombe sur le sujet même qui la fait. *Caton* s'est frappé ; *il* s'est donné *la mort.* Caton a fait l'action de *frapper*, l'action de *donner la mort ;* et c'est sur lui - même que ces actions sont retombées.

### Verbes réciproques.

Les *verbes pronominaux* s'appellent *réciproques* quand ils expriment l'action de deux sujets qui agissent l'un sur l'autre, ou de plusieurs sujets qui agissent les uns sur les autres. Rappelons les exemples précédents : *Nous nous tutoyons. Vous vous parlerez.* Il y a réciprocité dans chaque action. *Nous nous tutoyons.* ( Je le tutoie, i! me tutoie. ) *Vous vous parlerez.* ( Vous lui parlerez : il vous parlera.) Les verbes sont aussi réciproques dans l'exemple suivant : *Ces quatre hommes s'en-tre-battoient et se disoient des injures.*

### Remarque.

Pour qu'un verbe réciproque ne soit pas pris pour un verbe réfléchi, il faut souvent y ajouter les mots *l'un l'autre*, *réciproquement* ou *mutuellement. Ces deux fats se louent l'un l'autre sans pudeur.* Otez *l'un l'autre*, vous aurez une phrase qui signifiera aussi que *chaque* fat *a l'impudeur de* se louer *lui - même.* Laissez *l'un l'autre ;* il n'y a plus d'équivoque.

### Remarque.

Il est aisé de voir que les verbes réciproques, exprimant l'action ou de deux sujets qui agissent l'un sur l'autre, ou de plusieurs sujets qui agissent les uns sur les autres, ne peuvent avoir que le pluriel, à moins que le sujet ne soit le pronom indéfini *on*, ou un nom collectif. *Personne ne s'est mêlé de notre affaire ;* nous nous sommes réconciliés *de nous-mêmes. Où* vous êtes-vous rencontrés ? *Où se sont-ils vus ? De part et d'autre* on s'est battu *en désespérés. Vos mauvais discours sont cause que toute votre* société se querelle *sans cesse.*

## Verbes auxiliaires.

Nous avons deux verbes que nous appelons *auxiliaires*, parce qu'ils servent à conjuguer les autres. Ce sont les verbes *avoir* et *être.*  →

### Remarque.

Ces deux verbes ne s'emploient pas toujours pour le compte des autres.

Le premier est souvent actif. *Il* a du bien. *J'*ai eu *la* fièvre. *Vous* avez *la* raison *de votre côté.*

Dans quelques phrases, *être* signifie *exister. Je pense; donc je* suis.

Ce verbe sert souvent à lier au sujet son attribut. ( **On** appelle *attribut* ce qui s'affirme ou ce qui se nie du sujet. ) *Dieu* est *tout-puissant. Les hommes ne* sont *point infaillibles.*

Dans la première proposition, on affirme que la toute-puissance appartient à Dieu ; dans la seconde, on nie que l'infaillibilité appartienne aux hommes ; et les mots *est, sont,* servent à lier les attributs *tout-puissant, infaillibles,* aux sujets *Dieu, hommes,* affirmativement dans la première proposition, négativement dans la seconde.

Le verbe *être,* employé pour lier l'attribut au sujet, se nomme *verbe substantif.*

*Être* et *avoir* s'emploient aussi impersonnellement.

Il est *des contre-temps qu'il faut qu'un sage essuie.*

Il *y* a *tout à espérer.*

Employé impersonnellement, *avoir* est toujours accompagné de *y.*

## VERBE AUXILIAIRE.

| INFINITIF. | INDICATIF. | |
|---|---|---|
| *Présent.* | *Présent.* | *Parfait antérieur.* |
| Avoir. | J'ai (2). | J'eus eu. |
| | Tu as. | Tu eus eu. |
| *Parfait.* | Il ( elle ) a. | Il eut eu. |
| | Nous avons. | Nous eûmes eu. |
| Avoir eu (1). | Vous avez. | Vous eûtes eu. |
| | Ils ( elles ) ont. | Ils eurent eu. |
| *Gérondif présent.* | | |
| | *Imparfait.* | *Plusque-parfait.* |
| Ayant. | | |
| | J'avois. | J'avois eu. |
| *Gérondif passé.* | Tu avois. | Tu avois eu. |
| | Il avoit. | Il avoit eu. |
| Ayant eu. | Nous avions. | Nous avions eu. |
| | Vous aviez. | Vous aviez eu. |
| | Ils avoient. | Ils avoient eu. |
| | *Parfait défini.* | *Futur.* |
| | J'eus. | J'aurai. |
| | Tu eus. | Tu auras. |
| | Il eut. | Il aura. |
| | Nous eûmes. | Nous aurons. |
| | Vous eûtes. | Vous aurez. |
| | Ils eurent. | Ils auront. |
| | *Parfait indéfini.* | *Futur antérieur.* |
| | J'ai eu. | J'aurai eu. |
| | Tu as eu. | Tu auras eu. |
| | Il ( elle ) a eu. | Il aura eu. |
| | Nous avons eu. | Nous aurons eu. |
| | Vous avez eu. | Vous aurez eu. |
| | Ils ( elles ) ont eu. | Ils auront eu. |

(1) Dans ce verbe, les deux lettres *eu* ont le son de l'*u*.

(2) Dans *j'ai*, *j'au-rai*, les deux lettres *ai* ont le son de l'*e fermé*. On prononce aussi comme *e fermé* la terminaison *ai* dans tous les verbes. *Je serai. Je donnai. Je donnerai. Je finirai. Je recevrai. Je rendrai.*

## AVOIR.

| CONDITIONNEL. | SUBJONCTIF. | IMPÉRATIF. |
|---|---|---|

*Conditionnel présent.* | *Présent.* | Point de prem. pers.

| CONDITIONNEL | SUBJONCTIF | IMPÉRATIF |
|---|---|---|
| *Conditionnel présent.* | *Présent.* | Point de prem. pers. |
| J'aurois. | Que j'aie. | Aie. |
| Tu aurois. | Que tu aies. | Qu'il ait. |
| Il auroit. | Qu'il ait. | Ayons. |
| Nous aurions. | Que nous ayons. | Ayez. |
| Vous auriez. | Que vous ayez. | Qu'ils aient. |
| Ils auroient. | Qu'ils aient. | |
| *Conditionnel passé.* | *Imparfait.* | |
| J'aurois eu. | Que j'eusse. | |
| Tu aurois eu. | Que tu eusses. | |
| Il auroit eu. | Qu'il eût. | |
| Nous aurions eu. | Que nous eussions. | |
| Vous auriez eu. | Que vous eussiez. | |
| Ils auroient eu. | Qu'ils eussent. | |
| *Autrement.* | *Parfait.* | |
| J'eusse eu. | Que j'aie eu. | |
| Tu eusses eu. | Que tu aies eu. | |
| Il eût eu. | Qu'il ait eu. | |
| Nous eussions eu. | Que nous ayons eu. | |
| Vous eussiez eu. | Que vous ayez eu. | |
| Ils eussent eu. | Qu'ils aient eu. | |
| | *Plusque-parfait.* | |
| | Que j'eusse eu. | |
| | Que tu eusses eu. | |
| | Qu'il eût eu. | |
| | Que nous eussions eu. | |
| | Que vous eussiez eu. | |
| | Qu'ils eussent eu. | |

## VERBE AUXILIAIRE.

| INFINITIF. | INDICATIF. | |
|---|---|---|
| *Présent.* | *Présent.* | *Parfait antérieur.* |
| Être. | Je suis. | J'eus été. |
| | Tu es. | Tu eus été. |
| *Parfait.* | Il ( elle ) est. | Il eut été. |
| Avoir été. | Nous sommes. | Nous eûmes été. |
| | Vous êtes. | Vous eûtes été. |
| *Gérondif présent.* | Ils ( elles ) sont. | Ils eurent été. |
| Étant. | *Imparfait.* | *Plusque-parfait.* |
| *Gérondif passé.* | J'étois. | J'avois été. |
| Ayant été. | Tu étois. | Tu avois été. |
| | Il étoit. | Il avoit été. |
| | Nous étions. | Nous avions été. |
| | Vous étiez. | Vous aviez été. |
| | Ils étoient. | Ils avoient été. |
| | *Parfait défini.* | *Futur.* |
| | Je fus. | Je serai. |
| | Tu fus. | Tu seras. |
| | Il fut. | Il sera. |
| | Nous fûmes. | Nous serons. |
| | Vous fûtes. | Vous serez. |
| | Ils furent. | Ils seront. |
| | *Parfait indéfini.* | *Futur antérieur.* |
| | J'ai été. | J'aurai été. |
| | Tu as été. | Tu auras été. |
| | Il ( elle ) a été. | Il aura été. |
| | Nous avons été. | Nous aurons été. |
| | Vous avez été. | Vous aurez été. |
| | Ils ( elles ) ont été. | Ils auront été. |

## ÊTRE.

| CONDITIONNEL. | SUBJONCTIF. | IMPÉRATIF. |
|---|---|---|

*Conditionnel présent.*     *Présent.*

Point de prem. pers.

Je serois.          Que je sois.        Sois.
Tu serois.          Que tu sois.      Qu'il soit.
Il seroit.           Qu'il soit.          Soyons.
Nous serions.      Que nous soyons.    Soyez.
Vous seriez.       Que vous soyez.   Qu'ils soient.
Ils seroient.       Qu'ils soient.

*Conditionnel passé.*     *Imparfait.*

J'aurois été.       Que je fusse.
Tu aurois été.     Que tu fusses.
Il auroit été.      Qu'il fût.
Nous aurions été.   Que nous fussions.
Vous auriez été.    Que vous fussiez.
Ils auroient été.    Qu'ils fussent.

*Autrement.*         *Parfait.*

J'eusse été.        Que j'aie été.
Tu eusses été.     Que tu aies été.
Il eût été.         Qu'il ait été.
Nous eussions été.   Que nous ayons été.
Vous eussiez été.   Que vous ayez été.
Ils eussent été.     Qu'ils aient été.

*Plusque-parfait.*

Que j'eusse été.
Que tu eusses été.
Qu'il eût été.
Que nous eussions été.
Que vous eussiez été.
Qu'ils eussent été.

*Remarque première.*

On nomme *temps simples* les temps où *avoir* et *être* n'entrent pas comme auxiliaires. Les temps dans la composition desquels ils entrent sont les *temps composés*.

*Remarque seconde.*

Le dernier mot des temps composés est ce qu'on appelle Le participe. C'est la sixième espèce de mots. Dans les exemples suivans : *Ils ont* été; j'*ai* parlé; *vous avez* lu; *vous vous êtes* plaint; *nous avons été* surpris; les mots *été, parlé, lu, plaint, surpris,* sont des participes.

Le participe est ainsi appelé, parce qu'il participe de la nature du verbe et de celle de l'adjectif. Dans la phrase suivante : *Bien* reçu *partout*, fêté *de tout le monde*, *cet* homme *doit se plaire dans la société; reçu, fêté*, sont de véritables adjectifs qui se rapportent au substantif *homme.* Dans cette autre phrase : *On l'a bien* reçu *partout; il* a été fêté *de tout le monde; reçu, fêté*, font partie des verbes *a reçu, a été fêté*.

*Emploi des verbes auxiliaires.*

Le verbe *avoir* se sert d'auxiliaire à lui-même dans ses temps composés.

Ce verbe est aussi auxiliaire du verbe *être.*

Les verbes actifs ou pris activement se conjuguent avec *avoir* dans leurs temps composés.

Les verbes passifs se conjuguent dans tous leurs temps avec les temps correspondants du verbe *être.*

Les temps composés des verbes pronominaux ont *être* pour auxiliaire.

La plupart des verbes neutres se conjuguent avec *avoir*.

*Verbes neutres qui se conjuguent avec* être.

*Naître , mourir, décéder, choir, déchoir, échoir, éclore, arriver, venir, revenir, survenir, devenir, redevenir, disconvenir, intervenir, parvenir, provenir* (1), *entrer, rentrer, retourner, tomber, retomber.* Nous sommes nés pour mourir. Il est *bien* déchu *de son crédit. Cette lettre de change* est échue. Il est parvenu *à cet emploi : qu'en* est-*il* provenu *de bon ?* Nous sommes retournés *à notre poste. Le cheval* est tombé *dans un fossé.*

*Verbes neutres qui prennent* avoir *ou* être *, suivant la manière dont ils sont employés.*

*Accoucher* se conjugue avec *être. Elle* est accouchée *d'un garçon.*

On peut conjuguer ce verbe avec *avoir*, quand il est accompagné de quelque modificatif. *Elle* a accouché *très-courageusement.*

*Allé ,* participe d'*aller*, prend *être* pour auxiliaire. Mais ce participe ne peut être employé lorsque le sujet n'est plus dans le lieu qui a été le terme de son mouvement.

Pour suppléer à ce qui manque au verbe *aller*, on emprunte les temps composés du verbe *être. Louis* est allé *à Rome.* Cela signifie que Louis est sur le chemin pour aller à Rome, ou que, arrivé dans cette ville, il y

---

(1) *Contrevenir* et *subvenir*, verbes neutres composés de *venir*, prennent *avoir* pour auxiliaire. *Il prétend n'avoir point* contrevenu *à la loi. On* a subvenu *à ses besoins.*

séjourne encore. Mais je dirai : *Louis* a été *à Rome* pour faire entendre qu'il y est allé et qu'il n'y est plus, soit qu'il en soit revenu, ou qu'il soit allé ailleurs. Dans la phrase : *Je* serois allé *passer cette soirée chez un tel*, *si...* j'emploie le participe *allé*, parce que, la soirée durant encore, je ne serois pas encore sorti du lieu (1). Dans la phrase : *hier j'*aurois été *chez vous*, *si...* j'emploie le participe *été*, parce que je serois de retour de ma visite.

Ainsi on peut dire qu'*aller* prend les deux auxiliaires *être* avec *allé*, *avoir* avec *été*.

*Cesser* se conjugue avec *avoir*, 1° quand il a pour sujet un nom de personne : Aurez-vous *bientôt* cessé ? 2° quand il est suivi de la préposition *de ; La goutte* a cessé de *le tourmenter*. *Il* a cessé de *pleuvoir*.

Ce verbe prend encore *avoir* lorsque le sujet ( nom de chose ) n'a cessé d'agir que pour quelque temps. Il prend *être* si le sujet ( nom de chose ) a absolument cessé d'agir. Ainsi, en parlant d'une fièvre intermittente, on dira : *La fièvre* a cessé. En parlant d'une fièvre dont on ne craint point le retour, on dira : *La fièvre* est cessée.

*Convenir* ( être convenable ) prend *avoir*.

*Convenir* ( demeurer d'accord ) prend *être*.

*Celte maison m'*auroit *bien* convenu ; *mais le propriétaire et moi nous ne* sommes *pas* convenus *du prix*.

---

(1) Le participe *allé* ne peut que rarement être employé aux premières et aux secondes personnes. On voit pour quelle raison il est employé dans l'exemple précédent. La même raison veut qu'il le soit dans l'exemple suivant : *Si on vient nous demander, vous direz que nous* sommes allés *à tel endroit ; on nous y trouvera.*

*Demeurer* ( faire sa demeure ) se conjugue avec

| *avoir*, | *être*, |
|---|---|
| quand le sujet n'est plus dans le lieu dont il est question. | lorsque le sujet est encore dans le lieu dont il s'agit. |
| Lorsque je dis: *Mon frère a demeuré à Paris*, je fais entendre qu'il n'y demeure plus. La phrase : *J'aurois demeuré à Rome six mois de plus , si mes affaires l'eussent permis* , suppose que les six mois sont écoulés, et que je n'y demeurerois plus. | Quand je dis : *Mon frère est demeuré à Paris*, je fais entendre qu'il y demeure encore. La phrase: *Je serois demeuré à Rome six mois de plus , si mes affaires l'eussent permis* , suppose que les six mois ne sont pas écoulés, et que j'y demeurerois encore. |

*Rester* prend *avoir*, quand le sujet n'est plus dans le lieu. *Il* a resté *deux jours à Lyon.*

Dans quelque autre sens qu'on emploie *rester*, ce verbe se conjugue avec *être. Il* est resté *à Lyon. Il* est resté *le seul de son parti. J'en* étois resté *à vous dire que... Il* est resté *muet d'étonnement. Il* est resté *court au milieu de sa harangue. Il* est resté *sur la place. Voilà tout ce qui lui* est resté *de son bien.*

*Demeurer* ( employé pour *rester*, dans tout autre sens que celui qui demande que ces verbes prennent *avoir* ) se conjugue avec *être. A cette nouvelle je* suis demeuré *tout interdit. Il* est demeuré *court au milieu de sa harangue. Deux mille hommes* sont demeurés *sur le champ de bataille. Il ne lui* est *rien* demeuré *de tant de biens.*

*Demeurer* (tarder) prend *avoir. Vous* avez demeuré *long-temps à venir. Sa plaie* a demeuré *long-temps à guérir.*

*Échapper* se conjugue avec *être* , 1° lorsqu'il est employé impersonnellement ; 2° lorsqu'il est suivi de la préposition *de* ; 3° lorsqu'il signifie *sortir de*, *se sauver. Il lui* est échappé *des fautes, des négligences. Il m'*est échappé de *dire*, de *faire. Ma montre m'est échappée de la main. Il est échappé d'un grand danger. Le mot que vous venez de dire vous* est échappé, c'est-à-dire, *est sorti inconsidérément de votre bouche. Le prisonnier est* échappé.

*Échapper* prend *avoir*, quand il signifie *n'être pas saisi, aperçu, entendu. Le prisonnier* a échappé *aux gendarmes*, c'est-à-dire, *n'a pas été saisi par les gendarmes. Il faut que ces insectes soient bien petits, pour qu'ils* aient échappé *à sa vue. Le mot que vous venez de dire m'*a échappé, c'est-à-dire, *je ne l'ai pas entendu.*

*Expirer* ( rendre le dernier soupir ) prend *avoir. Il* a expiré *entre les bras de ses amis.*

*Expirer* ( prendre fin en parlant des choses ) se conjugue avec *être. Le temps* est expiré. *La trève* est expirée.

*Monter* se conjugue avec *avoir* lorsque le sujet n'est point resté dans le lieu. *Il* a monté *quatre fois à sa chambre pendant la journée.*

*Monter* prend *être*, lorsque le sujet est resté dans le lieu. *Il* est monté *dans sa chambre, et il y est resté.*

La phrase : *La rivière* a monté *à telle hauteur*, donne à entendre que les eaux ont baissé depuis. Cette autre : *La rivière* est montée *à telle hauteur*, signifie que les eaux sont actuellement à cette hauteur.

En disant : *Cet hiver, le blé* a monté *à tant la mesure;* je fais entendre qu'il a diminué de prix. Mais en disant : *Le blé* est monté *à tant la mesure*, je fais entendre qu'il se vend encore aussi cher.

Il y a une différence semblable entre ces phrases : *Les actions* ont monté : *Les actions* sont montées.

L'analogie demande que le verbe *descendre* soit assujetti à la même règle. La phrase : *Les montagnards* ont descendu *dans la plaine*, donne à entendre qu'ils ont regagné leurs montagnes. Et la phrase : *Les montagnards* sont descendus *dans la plaine*, signifie qu'ils y sont encore.

Si je dis : *Le thermomètre* a descendu *cette nuit de six degrés;* c'est qu'il est remonté depuis. Si je dis : *Le baromètre* est descendu *à vingt-six degrés;* c'est que le mercure s'est arrêté au vingt-sixième.

On dit d'un homme qu'*il* a monté *sur le théâtre*, pour dire qu'il a été comédien.

On dit que *la justice* a descendu *dans un lieu*, quand des magistrats y ont été pour quelque opération.

L'emploi de l'auxiliaire *avoir*, dans les deux exemples précédents, est une conséquence de ce qui a été dit plus haut.

*Partir* ( se mettre en chemin ) se conjugue avec *être*. *Il* est parti *pour Rouen. Il* est parti *comme un trait.*

*Partir* (sortir avec impétuosité, en parlant des choses) se conjugue avec *avoir. Le fusil* a parti *tout d'un coup.*

*Partir* ( émaner, tirer son origine ) prend *être. Ce conseil* est parti *de bon lieu.*

*Repartir* (retourner, ou se remettre en chemin ) prend le même auxiliaire que *partir. On ne le trouve plus; il faut qu'il* soit reparti.

*Repartir* ( répliquer ) se conjugue avec *avoir. Il ne nous* a reparti *que par des injures.*

*Passer* ( s'écouler, finir) se conjugue avec *être. L'hiver* est *bientôt* passé. *La fantaisie m'en* est passée. *Cette mode* est passée ( elle n'est plus suivie ).

*Passer* ( être admis, être reçu ) prend *avoir. Ce vers* a passé *en proverbe. Cette mode, toute ridicule qu'elle est*, a passé ( elle a pris faveur ).

*Passer*, dans sa première et plus naturelle acception, se conjugue avec

| *avoir*, | *être*, |
|---|---|
| toutes les fois qu'on exprime le lieu par où se fait le mouvement. | si l'on n'exprime point le lieu par où se fait le mouvement. |
| *C'est* par *le* Pas de Calais *qu'ils* ont passé *en Angleterre.* | *Ils* sont passés *en Angleterre depuis tel temps.* |
| *L'armée* a passé sur *le* pont. *L'armée* a passé *le* long des murs. | *L'armée* est passée *de l'autre côté du fleuve. L'armée* est passée. |
| *La procession* a passé par *cette* rue. *Elle* a passé sous *nos* fenêtres. | *La procession* est passée. |
| *La balle lui* a passé *bien* près *de la* tête (1). | |

Ce verbe prend *avoir*, quoique le lieu par où se fait le mouvement ne soit pas exprimé, pourvu qu'il y ait dans la phrase quelque expression qui marque de la rapidité dans le mouvement. *Il* a passé *comme un éclair.*

On conjugue avec *avoir, passer pour, en passer par, passer outre, passer plus avant. Il n'est pas ignorant; mais il* a passé pour *l'être. J'*en ai passé par *où il vous a plu. Nonobstant les défenses à lui faites, il* a passé outre. *Après l'avoir insulté, il* a passé plus avant; *il l'a battu.*

*Passer à un avis* prend *avoir. Pourquoi* avez-vous passé à l'avis *du préopinant?*

On dit qu'*une affaire* a passé *tout d'une voix*, pour dire que tous les juges ont été du même avis.

---

(1) Par analogie, on conjugue *passer* avec *avoir* dans les exemples suivants et semblables. *Il* a passé par *les* charges, par *divers* emplois. *Il* a passé par *de rudes* épreuves. *Cette affaire* a passé par *ses* mains. *Que de fantaisies lui* ont passé par *la* tête!

*Passer* ( terme de jeu ) se conjugue avec *avoir. J'*ai passé; *c'est à vous à parler.*

On dit qu'*un régiment* a passé *en revue,* pour dire qu'on en a fait la revue.

*Passer* ( mourir ) : voy. pag. suiv.

*Sonner* ( rendre un son ) prend *avoir. L'horloge* a sonné. *Les cloches* ont sonné. *On* a sonné *toute la matinée pour un tel.*

*Sonner* ( être indiqué, annoncé par quelque son ) se conjugue avec *être. Midi* est sonné. *Deux heures* sont sonnées. *Vêpres* sont sonnées.

*Sortir* prend *avoir* et *être.* Il prend *avoir,* quand le sujet est rentré ensuite. *Mon frère* a *déjà* sorti *deux fois.* Cela signifie qu'il est rentré autant de fois. *Mon frère* est sorti. Cela signifie qu'il n'est pas encore rentré.

*Sortir,* dans ses autres acceptions, se conjugue toujours avec *être. C'est le meilleur ouvrage qui* soit sorti *de la plume de cet auteur. Il* est sorti *des bornes de son devoir. Ce musicien* est sorti *de mesure. Vous en* êtes sorti *à votre honneur.*

*Verbes neutres qui reçoivent également* avoir *et* être.

*Aborder. Nous* avons abordé. *Nous* sommes abordés.

*Accourir. J'*ai accouru. *Je* suis accouru *à son secours.*

*Apparoître, disparoître. Dieu* a apparu, est apparu *à* Moïse. *J'avois des gants; ils* ont disparu, *ils* sont disparus.

*Croître* (1), *accroître, décroître, recroître.* Les *eaux* ont bien décru, sont *bien* décrues.

*Nota.* Il faut conjuguer le participe de *croître* avec *avoir,* lorsqu'il y auroit lieu de prendre ce participe pour l'adjectif

---

(1) *Croître* peut être actif en poésie.

    *Que ce nouvel honneur va* croître *son* audace !

6

*cru.* Ainsi je dirai : *Les eaux de la rivière* ont cru , plutôt que de dire : *Les eaux de la rivière* sont crues.

*Passer* ( mourir ). *Il* a passé. *Il* est passé.

*Périr. Tous ceux qui étoient sur ce vaisseau* ont péri , sont péris.

Lorsque ce verbe est suivi de la préposition *de*, il vaut mieux employer *avoir. Ils* ont péri de *misère.*

*Résulter. Qu'*a-*t-il* résulté *de là? Qu'en* est-*il* résulté?

### Remarque.

Parmi les verbes neutres dont il est parlé dans les articles précédents, il y en a que l'on emploie quelquefois activement. Comme verbes actifs, ils prennent alors l'auxiliaire *avoir. Nous* avons abordé *le* ministre. *Cette sage-femme* a accouché *madame une* telle. *Ses succès* ont accru *de beaucoup sa* puissance. Aurez-*vous bientôt* cessé *vos* plaintes? *Tu* l'as échappé *belle. Le domestique* a monté *le* bois. *On* a descendu *le* lustre *pour le nettoyer. Les bateliers* nous ont passés *de l'autre côté de la rivière. On* a sonné *le* tocsin. *Le cocher* a-*t-il* sorti *les* chevaux *de l'écurie?*

Les verbes uniquement impersonnels , c'est-à-dire les verbes qui ne sont qu'impersonnels , se conjuguent avec *avoir* dans leurs temps composés. *Donc il* a fallu *que.... De ce froid-là il* aura neigé *sur les montagnes.*

Quant aux verbes pris impersonnellement , on donne à chacun l'auxiliaire qui lui est propre. Il a couru *de mauvais bruits sur son compte. Il lui* est survenu *beaucoup d'affaires.*

### Conjugaisons des verbes.

Nous avons quatre conjugaisons.

On les distingue par la terminaison du présent de l'infinitif , qui est

*Er* pour la première conjugaison, *Donner ;*

*Ir* pour la seconde, *Finir ;*

*Oir* pour la troisième , *Recevoir ;*

*Re* pour la quatrième, *Rendre.*

Nous avons déjà considéré les temps des verbes relativement à ce qu'ils désignent. Si on les considère relativement à leur formation, on en distinguera de trois sortes, les *temps primitifs*, les *temps dérivés* et les *temps composés.*

Les *temps primitifs* sont ceux qui servent à former les autres temps. Il y en a cinq, le *présent de l'infinitif*, le *participe*, le *gérondif*, le *présent de l'indicatif* et le *parfait défini.*

On nomme *temps dérivés* les temps simples qui sont formés du présent de l'infinitif, du gérondif, du présent de l'indicatif, ou du parfait défini.

On sait ce qu'on entend par *temps composés.*

Le participe, le gérondif, le présent de l'indicatif et le parfait défini sont formés eux-mêmes du présent de l'infinitif. Par exemple, de *donner* on forme le

participe
gérondif        } en changeant *er* en {   *é.*
prés. de l'indic.                              *ant.*
parfait défini                                 *e.*
                                               *ai.*

Ainsi l'on a, pour les cinq temps primitifs, *donn er*, *donn é, donn ant, je donn e, je donn ai.*

Tout ce qui est séparé vers la droite dans chacun de ces mots est la terminaison, et est commun à tous les verbes qui se conjuguent sur le même modèle. C'est dans les quatre lettres *donn* que se trouve le radical du verbe *donner.*

Dans *finir*, dont les autres temps primitifs sont *fini*, *finissant, je finis, je finis*, les trois lettres *fin* sont le radical : *ir, i, issant, is, is*, sont des terminaisons communes aux verbes qui se conjuguent comme *finir.*

## TABLEAU

| | PREMIÈRE CONJUGAISON. |
|---|---|
| *Présent de l'infinitif.* | Donn er. |
| *Participe.* | Donn é. |
| *Gérondif.* | Donn ant. |
| *Présent de l'indicatif.* | Je donn e. |
| *Parfait défini.* | Je donn ai. |

| | |
|---|---|
| *Présent de l'infinitif.* | Donner. |
| *Parfait de l'infinitif.* | |
| Il est composé du présent de l'infinitif *avoir* et du *participe* du verbe que l'on conjugue. | Avoir donné. |
| *Gérondif présent.* | Donnant. |
| *Gérondif passé.* | |
| Il est composé du gérondif présent du verbe *avoir* et du *participe*. | Ayant donné. |

## DES QUATRE CONJUGAISONS.

| SECONDE CONJUGAISON. | TROISIÈME CONJUGAISON. | QUATRIÈME CONJUGAISON. |
| --- | --- | --- |

### TEMPS PRIMITIFS.

| | | |
| --- | --- | --- |
| Fin ir. | Recev oir (1). | Rend re. |
| Fin i. | Reç u. | Rend u. |
| Finiss ant. | Recev ant. | Rend ant. |
| Je fin is. | Je reç ois. | Je rend s. |
| Je fin is. | Je reç us. | Je rend is. |

### INFINITIF.

| | | |
| --- | --- | --- |
| Finir. | Recevoir. | Rendre. |
| Avoir fini. | Avoir reçu. | Avoir rendu. |
| Finissant. | Recevant. | Rendant. |
| Ayant fini. | Ayant reçu. | Ayant rendu. |

(1) *Recevoir* est irrégulier. Les irrégularités de ce verbe seront imprimées en caractères *italiques*, afin qu'on les distingue plus facilement.

*Présent de l'indicatif.*

Lorsque la première personne du singulier est terminée par un *e muet*, cet *e* est suivi de *s* à la seconde personne, et la troisième est semblable à la première.

Je donne.
Tu donnes.
Il (elle) donne.

Quand la première personne du singulier est terminée par *s* (ou par *x*), la seconde personne est semblable à la première, et, à la troisième, *s* (ou *x*) se change en *t*.

. . . . . . . . . . . . . .

*Exceptions*
*de la règle précédente.*

Quand les deux dernières lettres de la première personne du singulier sont *cs*, *ds* ou *ts*, à la troisième personne on supprime *s*, et l'on ne met rien à la place.

. . . . . . . . . . . . . .

Les trois personnes du pluriel se forment du *gérondif* en changeant la terminaison *ant* en *ons*, *ez*, *ent*.

Nous donnons.
Vous donnez.
Ils (elles) donnent.

## INDICATIF.

| | | |
|---|---|---|
| J'ouvre.<br>Tu ouvres.<br>Il ouvre. | | |
| Je finis.<br>Tu finis.<br>Il finit. | Je reçois.<br>Tu reçois.<br>Il reçoit.<br>Je veux.<br>Tu veux.<br>Il veut. | Je réduis.<br>Tu réduis.<br>Il réduit. |
| | | Je convaincs.<br>Tu convaincs.<br>Il convainc. |
| . . . . . . . . . . . . . . | . . . . . . . . . . . . . . | Je rends.<br>Tu rends.<br>Il rend. |
| | | Je bats.<br>Tu bats.<br>Il bat. |
| Nous finissons.<br>Vous finissez.<br>Ils finissent. | Nous recevons.<br>Vous recevez.<br>Ils *reçoivent* (1). | Nous rendons.<br>Vous rendez.<br>Ils rendent. |

(1) Dans *recevoir* et les verbes qui l'ont pour modèle, la troisième personne du pluriel du présent de l'indicatif ne se forme point du gérondif : elle est irrégulière.

Dans ces verbes, dans *tenir*, *venir* et leurs composés, dans *acquérir*, *conquérir*, *s'enquérir*, *requérir*, dans *mourir*, *mouvoir*, *émouvoir*, *pouvoir*, *vouloir* et *boire*, on forme cette personne du pluriel de la troisième personne du singulier, en changeant le *t* final

| *Imparfait de l'indicatif.* | Je donnois. |
|---|---|
| Il se forme du *gérondif* en changeant la terminaison *ant* en *ois, ois, oit, ions, iez, oient.* | Tu donnois. |
| | Il donnoit. |
| | Nous donnions. |
| | Vous donniez. |
| | Ils donnoient. |

| *Parfait défini.* | Je donnai. |
|---|---|
| | Tu donnas. |
| | Il donna. |
| | Nous donnâmes. |
| | Vous donnâtes. |
| | Ils donnèrent. |

| *Parfait indéfini.* | J'ai donné. |
|---|---|
| Il est composé du présent de l'indicatif du verbe *avoir* et du *participe.* | Tu as donné. |
| | Il (elle) a donné. |
| | Nous avons donné. |
| | Vous avez donné. |
| | Ils (elles) ont donné. |

| *Parfait antérieur défini.* | J'eus donné. |
|---|---|
| Il est composé du parfait défini du verbe *avoir* et du *participe.* | Tu eus donné. |
| | Il eut donné. |
| | Nous eûmes donné. |
| | Vous eûtes donné. |
| | Ils eurent donné. |

---

en *ent, lent, nent, vent,* selon que le gérondif est en *rant, lant, nant, vant.*

De *il acquiert, il veut, il tient, il boit,* on fait *ils acquièrent, ils veulent, ils tiennent, ils boivent.*

| | | |
|---|---|---|
| Je finissois. | Je recévois. | Je rendois. |
| Tu finissois. | Tu recevois. | Tu rendois. |
| Il finissoit. | Il recevoit. | Il rendoit. |
| Nous finissions. | Nous recevions. | Nous rendions. |
| Vous finissiez. | Vous receviez. | Vous rendiez. |
| Ils finissoient. | Ils recevoient. | Ils rendoient. |

| | | |
|---|---|---|
| Je finis. | Je reçus. | Je rendis. |
| Tu finis. | Tu reçus. | Tu rendis. |
| Il finit. | Il reçut. | Il rendit. |
| Nous finîmes. | Nous reçûmes. | Nous rendîmes. |
| Vous finîtes. | Vous reçûtes. | Vous rendîtes. |
| Ils finirent. | Ils reçurent. | Ils rendirent. |

*Tenir, venir* et leurs composés, ont pour terminaisons *ins, ins, int, inmes, intes, inrent.*

| | | |
|---|---|---|
| J'ai fini. | J'ai reçu. | J'ai rendu. |
| Tu as fini. | Tu as reçu. | Tu as rendu. |
| Il a fini. | Il a reçu. | Il a rendu. |
| Nous avons fini. | Nous avons reçu. | Nous avons rendu. |
| Vous avez fini. | Vous avez reçu. | Vous avez rendu. |
| Ils ont fini. | Ils ont reçu. | Ils ont rendu. |

| | | |
|---|---|---|
| J'eus fini. | J'eus reçu. | J'eus rendu. |
| Tu eus fini. | Tu eus reçu. | Tu eus rendu. |
| Il eut fini. | Il eut reçu. | Il eut rendu. |
| Nous eûmes fini. | Nous eûmes reçu. | Nous eûmes rendu. |
| Vous eûtes fini. | Vous eûtes reçu. | Vous eûtes rendu. |
| Ils eurent fini. | Ils eurent reçu. | Ils eurent rendu. |

*Parfait antérieur indéfini.*

Il est composé du parfait indéfini du verbe *avoir* et du *participe*.

> J'ai eu donné.
> Tu as eu donné.
> Il a eu donné.
> Nous avons eu donné.
> Vous avez eu donné.
> Ils ont eu donné.

*Plusque-parfait de l'indicatif.*

Il est composé de l'imparfait de l'indicatif du verbe *avoir* et du *participe*.

> J'avois donné.
> Tu avois donné.
> Il avoit donné.
> Nous avions donné.
> Vous aviez donné.
> Ils avoient donné.

*Futur.*

Il se forme du *présent de l'infinitif* en changeant *r* ou *re* en *rai*.

> Je donnerai.
> Tu donneras.
> Il donnera.
> Nous donnerons.
> Vous donnerez.
> Ils donneront.

*Futur antérieur.*

Il est composé du futur du verbe *avoir* et du *participe*.

> J'aurai donné.
> Tu auras donné.
> Il aura donné.
> Nous aurons donné.
> Vous aurez donné.
> Ils auront donné.

| | | |
|---|---|---|
| J'ai eu fini. | J'ai eu reçu. | J'ai eu rendu. |
| Tu as eu fini. | Tu as eu reçu. | Tu as eu rendu. |
| Il a eu fini. | Il a eu reçu. | Il a eu rendu. |
| Nous avons eu fini. | Nous avons eu reçu. | Nous avons eu rendu. |
| Vous avez eu fini. | Vous avez eu reçu. | Vous avez eu rendu. |
| Ils ont eu fini. | Ils ont eu reçu. | Ils ont eu rendu. |

| | | |
|---|---|---|
| J'avois fini. | J'avois reçu. | J'avois rendu. |
| Tu avois fini. | Tu avois reçu. | Tu avois rendu. |
| Il avoit fini. | Il avoit reçu. | Il avoit rendu. |
| Nous avions fini. | Nous avions reçu. | Nous avions rendu. |
| Vous aviez fini. | Vous aviez reçu. | Vous aviez rendu. |
| Ils avoient fini. | Ils avoient reçu. | Ils avoient rendu. |

| | | |
|---|---|---|
| Je finirai. | Je *recevrai*. | Je rendrai. |
| Tu finiras. | Tu *recevras*. | Tu rendras. |
| Il finira. | Il *recevra*. | Il rendra. |
| Nous finirons. | Nous *recevrons*. | Nous rendrons. |
| Vous finirez. | Vous *recevrez*. | Vous rendrez. |
| Ils finiront. | Ils *recevront*. | Ils rendront. |

| | | |
|---|---|---|
| J'aurai fini. | J'aurai reçu. | J'aurai rendu. |
| Tu auras fini. | Tu auras reçu. | Tu auras rendu. |
| Il aura fini. | Il aura reçu. | Il aura rendu. |
| Nous aurons fini. | Nous aurons reçu. | Nous aurons rendu. |
| Vous aurez fini. | Vous aurez reçu. | Vous aurez rendu. |
| Ils auront fini. | Ils auront reçu. | Ils auront rendu. |

*Conditionnel présent.*

Il se forme du futur en changeant *rai* en *rois.*

- Je donnerois.
- Tu donnerois.
- Il donneroit.
- Nous donnerions.
- Vous donneriez.
- Ils donneroient.

*Conditionnel passé.*

Il est composé du conditionnel présent du verbe *avoir* et du *participe.*

- J'aurois donné.
- Tu aurois donné.
- Il auroit donné.
- Nous aurions donné.
- Vous auriez donné.
- Ils auroient donné.

*Autrement.*

On le compose aussi de l'imparfait du subjonctif du verbe *avoir* et du *participe* (1).

- J'eusse donné.
- Tu eusses donné.
- Il eût donné.
- Nous eussions donné.
- Vous eussiez donné.
- Ils eussent donné.

---

(1) Le conditionnel passé, composé de cette seconde manière, ne s'emploie pas lorsque la phrase est interrogative. On dira bien : Auriez-*vous* perdu *votre argent?* On ne diroit pas : Eussiez-*vous* perdu *votre argent?* Cette dernière phrase n'est point françoise avec le point interrogatif. Otez ce point, elle signifiera : *Quand même il seroit arrivé* que *vous* eussiez perdu *votre argent.*

## CONDITIONNEL.

| | | |
|---|---|---|
| Je finirois. | Je recevrois. | Je rendrois. |
| Tu finirois. | Tu recevrois. | Tu rendrois. |
| Il finiroit. | Il recevroit. | Il rendroit. |
| Nous finirions. | Nous recevrions. | Nous rendrions. |
| Vous finiriez. | Vous recevriez. | Vous rendriez. |
| Ils finiroient. | Ils recevroient. | Ils rendroient. |

| | | |
|---|---|---|
| J'aurois fini. | J'aurois reçu. | J'aurois rendu. |
| Tu aurois fini. | Tu aurois reçu. | Tu aurois rendu. |
| Il auroit fini. | Il auroit reçu. | Il auroit rendu. |
| Nous aurions fini. | Nous aurions reçu. | Nous aurions rendu. |
| Vous auriez fini. | Vous auriez reçu. | Vous auriez rendu. |
| Ils auroient fini. | Ils auroient reçu. | Ils auroient rendu. |

| *Autrement.* | *Autrement.* | *Autrement.* |
|---|---|---|
| J'eusse fini. | J'eusse reçu. | J'eusse rendu. |
| Tu cusses fini. | Tu eusses reçu. | Tu eusses rendu. |
| Il eût fini. | Il eût reçu. | Il eût rendu. |
| Nous cussions fini. | Nous eussions reçu. | Nous eussions rendu. |
| Vous eussiez fini. | Vous eussiez reçu. | Vous eussiez rendu. |
| Ils eussent fini. | Ils eussent reçu. | Ils eussent rendu. |

| | |
|---|---|
| *Présent du subjonctif.*<br><br>Il se forme du *gérondif* en changeant la terminaison *ant* en *e* , *es* , *e* , *ions* , *iez* , *ent*. | Que je donne.<br>Que tu donnes.<br>Qu'il donne.<br>Que nous donnions.<br>Que vous donniez.<br>Qu'ils donnent. |
| *Imparfait du subjonctif.*<br><br>On le forme du *parfait défini* en changeant *ai* en *asse*, *is* en *isse* , *us* en *usse*, *ins* en *insse*, *insses*, *înt*, *inssions*, *inssiez*, *inssent*. | Que je donnasse.<br>Que tu donnasses.<br>Qu'il donnât.<br>Que nous donnassions.<br>Que vous donnassiez.<br>Qu'ils donnassent. |
| *Parfait du subjonctif.*<br><br>Il est composé du présent du subjonctif du verbe *avoir* et du *participe*. | Que j'aie donné.<br>Que tu aies donné.<br>Qu'il ait donné<br>Que n. ayons donné.<br>Que vous ayez donné.<br>Qu'ils aient donné. |
| *Plusque-parfait du subjonctif.*<br><br>Il est composé de l'imparfait du subjonctif du verbe *avoir* et du *participe*. | Que j'eusse donné.<br>Que tu eusses donné.<br>Qu'il eût donné.<br>Que n. eussions donné.<br>Que v. eussiez donné.<br>Qu'ils eussent donné. |

## SUBJONCTIF.

| | | |
|---|---|---|
| Que je finisse. | Que je *reçoive* (1). | Que je rende. |
| Que tu finisses. | Que tu *reçoives*. | Que tu rendes. |
| Qu'il finisse. | Qu'il *reçoive*. | Qu'il rende. |
| Que nous finissions. | Que nous recevions. | Que nous rendions. |
| Que vous finissiez. | Que vous receviez. | Que vous rendiez. |
| Qu'ils finissent. | Qu'ils *reçoivent*. | Qu'ils rendent. |

| | | |
|---|---|---|
| Que je finisse. | Que je reçusse. | Que je rendisse. |
| Que tu finisses. | Que tu reçusses. | Que tu rendisses. |
| Qu'il finît. | Qu'il reçût. | Qu'il rendît. |
| Que nous finissions. | Que n. reçussions. | Que nous rendissions. |
| Que vous finissiez. | Que vous reçussiez. | Que vous rendissiez. |
| Qu'ils finissent. | Qu'ils reçussent. | Qu'ils rendissent. |

| | | |
|---|---|---|
| Que j'aie fini. | Que j'aie reçu. | Que j'aie rendu. |
| Que tu aies fini. | Que tu aies reçu. | Que tu aies rendu. |
| Qu'il ait fini. | Qu'il ait reçu. | Qu'il ait rendu. |
| Que nous ayons fini. | Que n. ayons reçu. | Que n. ayons rendu. |
| Que vous ayez fini. | Que vous ayez reçu. | Que vous ayez rendu. |
| Qu'ils aient fini. | Qu'ils aient reçu. | Qu'ils aient rendu. |

| | | |
|---|---|---|
| Que j'eusse fini. | Que j'eusse reçu. | Que j'eusse rendu. |
| Que tu eusses fini. | Que tu eusses reçu. | Que tu eusses rendu. |
| Qu'il eût fini. | Qu'il eût reçu. | Qu'il eût rendu. |
| Que n. eussions fini. | Que n. eussions reçu. | Que n. eussions rendu. |
| Que v. eussiez fini. | Que v. eussiez reçu. | Que v. eussiez rendu. |
| Qu'ils eussent fini. | Qu'ils eussent reçu. | Qu'ils eussent rendu. |

(1) Dans le présent du subjonctif de *recevoir* et des verbes qui se conjuguent comme *recevoir*, il n'y a que la première et la seconde personne du pluriel qui se forment du gérondif : le reste est irrégulier.

Dans ces verbes, dans les verbes *tenir*, *venir* et leurs composés, dans *acquérir*, *conquérir*, *s'enquérir*, *requérir*, dans *mourir*, *mou-*

### Futur de l'impératif.

La seconde personne du singulier est semblable à la première personne du présent de l'indicatif : au présent de l'indicatif, *je donne ;* à l'impératif, *donne.*

La première et la seconde personne du pluriel sont semblables aux personnes correspondantes du présent de l'indicatif : au présent de l'indicatif, *nous donnons, vous donnez ;* à l'impératif, *donnons, donnez.*

Les troisièmes personnes sont les mêmes que les troisièmes personnes du présent du subjonctif.

Donne.
Qu'il donne.
Donnons.
Donnez.
Qu'ils donnent.

### Futur antérieur de l'impératif.

On le compose de l'impératif du verbe *avoir* et du *participe.*

Aie donné.
Qu'il ait donné.
Ayons donné.
Ayez donné.
Qu'ils aient donné.

---

*voir, émouvoir* et *boire,* la première personne du singulier du présent du subjonctif se forme de la troisième personne du pluriel du présent de l'indicatif, en retranchant *nt.*

Pour ce qui est des verbes *pouvoir, vouloir,* voyez leurs conjugaisons au tableau des verbes irréguliers.

## IMPÉRATIF.

| | | |
|---|---|---|
| Finis. | Reçois. | Rends. |
| Qu'il finisse. | Qu'il reçoive. | Qu'il rende. |
| Finissons. | Recevons. | Rendons. |
| Finissez. | Recevez. | Rendez. |
| Qu'ils finissent. | Qu'ils reçoivent. | Qu'ils rendent. |

| | | |
|---|---|---|
| Aie fini. | Aie reçu. | Aie rendu. |
| Qu'il ait fini. | Qu'il ait reçu. | Qu'il ait rendu. |
| Ayons fini. | Ayons reçu. | Ayons rendu. |
| Ayez fini. | Ayez reçu. | Ayez rendu. |
| Qu'ils aient fini. | Qu'ils aient reçu. | Qu'ils aient rendu. |

7

## Remarques
### sur les verbes de la première conjugaison.

Les verbes en *er* sont presque tous réguliers, et se conjuguent comme *donner*.

### Remarque sur *les verbes en* cer.

Dans les verbes en *cer*, lorsque la terminaison commence par *a* ou par *o*, il faut avoir l'attention de mettre une cédille sous le *c*.

| Prés. de l'ind. | Imp. de l'ind. | Parfait défini. | Imparf. du subj. |
|---|---|---|---|
| Je place. | Je plaçois. | Je plaçai. | Que je plaçasse. |
| Tu places. | Tu plaçois. | Tu plaças. | Que tu plaçasses. |
| Il place. | Il plaçoit. | Il plaça. | Qu'il plaçât. |
| Nous plaçons. | Nous placions. | Nous plaçâmes. | Que n. plaçassions. |
| Vous placez. | Vous placiez. | Vous plaçâtes. | Que v. plaçassiez. |
| Ils placent. | Ils plaçoient. | Ils placèrent. | Qu'ils plaçassent. |

### Remarque sur *les verbes en* ger.

Dans les verbes en *ger*, quand la terminaison commence par *a* ou par *o*, il faut intercaler un *e* entre le *g* et la terminaison.

| Prés. de l'ind. | Imp. de l'ind. | Parfait défini. | Imparf. du subj. |
|---|---|---|---|
| Je loge. | Je logeois. | Je logeai. | Que je logeasse. |
| Tu loges. | Tu logeois. | Tu logeas. | Que tu logeasses. |
| Il loge. | Il logeoit. | Il logea. | Qu'il logeât. |
| Nous logeons. | Nous logions. | Nous logeâmes. | Que n. logeassions. |
| Vous logez. | Vous logiez. | Vous logeâtes. | Que v. logeassiez. |
| Ils logent. | Ils logeoient. | Ils logèrent. | Qu'ils logeassent. |

### Remarque sur *les verbes en* éer, ier, uer, ouer.

Par le changement de *r* en *rai*, la terminaison du futur et celle du conditionnel présent se trouvent précédées d'un *e muet*. Or, cet *e* muet est compté pour rien dans la prononciation. D'*agréer* on forme j'*agréerai*, j'*agréerois*, qu'on prononce j'*agrérai*, j'*agrérois*.

*Ma foi! sur l'avenir bien fou qui se* fiera.

*Remarques sur les verbes en* yer.

1° **Dans les verbes en** *oyer*, **en** *uyer*, **on met** *i* **à la place de** *y*, **lorsqu'il suit immédiatement un** *e muet* (1).

| *Prés. de l'indicatif.* | *Futur et cond. prés.* | *Présent du subjonct.* |
|---|---|---|
| J'emploie. | J'emploierai, | Que j'emploie. |
| Tu emploies. | etc... | Que tu emploies. |
| Il emploie. | J'emploierois, | Qu'il emploie. |
| Nous employons. | etc... | Que n. employions. |
| Vous employez. | | Que v. employiez. |
| Ils emploient. | | Qu'ils emploient. |
| | | |
| J'appuie. | J'appuierai, | Que j'appuie. |
| Tu appuies. | etc... | Que tu appuies. |
| Il appuie. | J'appuierois, | Qu'il appuie. |
| Nous appuyons. | etc... | Que nous appuyions. |
| Vous appuyez. | | Que vous appuyiez. |
| Ils appuient. | | Qu'ils appuient. |

2° **Les verbes en** *ayer* **se conjuguent comme** *payer*.

| *Prés. de l'indicatif.* | *Futur et cond. prés.* | *Présent du subjonct.* |
|---|---|---|
| Je paye. | Je payerai, *ou* | Que je paye. |
| Tu payes. | Je paierai... | Que tu payes. |
| Il paye, *ou* | Je payerois, *ou* | Qu'il paye. |
| Il paie. | Je paierois... | Que nous payions. |
| Nous payons. | | Que vous payiez. |
| Vous payez. | | Qu'ils payent. |
| Ils payent, *ou* | | |
| Ils paient. | | |

(1) *Fuir, s'enfuir, voir, entrevoir, revoir, prévoir, pourvoir, surseoir, croire, traire, distraire, extraire, rentraire, retraire, soustraire*, qui ont le gérondif en *yant*, suivent la même règle dans les personnes formées du gérondif, et terminées en *e muet. Nous fuyons, vous fuyez, ils fuient. Que je fuie, que tu fuies, qu'il fuie, que nous fuyions, que vous fuyiez, qu'ils fuient.*

### Emploi des accents
### dans certains verbes de la première conjugaison.

Lorsque la terminaison est un *e muet*, que cet *e muet* est précédé d'une seule consonne et d'un *e* pénultième quelconque, cet *e* pénultième devient ouvert, et il prend l'accent grave. Voy. ci-devant à l'article des voyelles.

| *Prés. de l'ind.* | *Prés. du subj.* | *Prés. de l'ind.* | *Prés. du subj.* |
|---|---|---|---|
| Je cède. | Que je cède. | Je lève. | Que je lève. |
| Tu cèdes. | Que tu cèdes. | Tu lèves. | Que tu lèves. |
| Il cède. | Qu'il cède. | Il lève. | Qu'il lève. |
| Nous cédons. | Que n. cédions. | Nous levons. | Que n. levions. |
| Vous cédez. | Que v. cédiez. | Vous levez. | Que v. leviez. |
| Ils cèdent. | Qu'ils cèdent. | Ils lèvent. | Qu'ils lèvent. |

### Remarques sur les verbes en eler, eter.

Dans les verbes terminés par *eler*, *eter*, l'articulation représentée par *l* ou par *t* est précédée tantôt d'un *e muet*, tantôt d'un *e ouvert*. Parmi ces verbes, il y en a un certain nombre où l'usage demande qu'on double la lettre qui représente l'articulation, lorsque l'*e* qui précède est *ouvert*.

On double *l* après l'*e ouvert* dans *amonceler*, *appeler*, *rappeler*, *atteler*, *dételer*, *chanceler*, *écarteler*, *ensorceler*, *épeler*, *étinceler*, *ficeler*, *grommeler*, se *grumeler*, s'en-grumeler, *javeler*, *enjaveler*, *niveler*, *renouveler*, *ressemeler*.

J'appelle, *tu* appelles, *il* appelle, *nous appelons*, *vous appelez*, *ils* appellent. *J'appelois. J'appelai. J'ai appelé.* J'appellerai. *Que j'*appelle. *Que j'appelasse.*

On double *t* après l'*e ouvert*, dans *cacheter*, *décacheter*, *coqueter*, *crocheter*, *jeter* et ses composés, *mugueter*, *vergeter*.

J*e* cachette, *tu* cachettes, *il* cachette, *nous cachetons*,

*vous cachetez*, *ils* cachettent. *Je cachetois. Je cachetai,*
*j'ai cacheté*, *je* cachetterai.

On double aussi *t* après *e ouvert* dans *téter. L'enfant tette.*

Quant aux autres verbes en *eler, eter*, dans lesquels on
ne double pas la lettre qui représente l'articulation, on
accentue ou l'on n'accentue point, selon que l'*e* est *ou-*
*vert* ou *muet.*

*La conscience* bourrèle *les méchants. La conscience*
*des méchants* est bourrelée. *La rivière* dégèle, *com-*
*mence à* dégeler. *Il me* harcèle *sans cesse.* On a mor-
celé *cet héritage. Les oiseaux* becquètent *les fruits.*
*Ces sacs* ont été étiquetés. J'achète *beaucoup de livres,*
*et j'en* acheterai *encore.*

### Remarques
### sur les verbes de la seconde conjugaison.

Conjuguez comme *finir* les verbes en *ir* qui ont le
gérondif en *issant*, tels que *avertir, bâtir, répartir, res-*
*sortir* (être du ressort)... *haïr* et le verbe défectif *sortir*
( obtenir, avoir) sont seuls exceptés.

### Remarque sur bénir, fleurir.

*Bénir* a deux participes, *béni* et *bénit.* Le dernier ne se dit
que de certaines choses sur lesquelles la bénédiction d'un
prêtre a été donnée.

*Un enfant que ses parents* auront béni, *peut espérer les*
*bénédictions du ciel. Eau* bénite. *Les drapeaux* ont été bénits.

Quand *fleurir* est employé dans le sens (1) propre, qu'il

---

(1) Un mot est pris dans le sens propre lorsqu'il signifie ce pour
quoi il a été d'abord établi par l'usage. *Un globe de fer rougi au feu*
*conserve long-temps la* chaleur : ici le mot *chaleur* est employé dans
le sens propre.

signifie *pousser des fleurs, être en fleurs*, il fait au gérondif *fleurissant*, et à l'imparfait *fleurissois. Déjà* fleurissoient *les* amandiers.

Mais dans le sens figuré (1), en parlant des arts, des sciences, des empires, on dit *florissant, florissoient.*

*Alors la poésie, l'éloquence,* florissoient. *Les arts, les sciences* florissant *dans cet empire, comment ne seroit-il point parvenu au plus haut degré de gloire?*

Dans les verbes suivants de la seconde conjugaison, les temps se forment des temps primitifs.

| Prés. de l'inf. | Participe. | Gérondif. | Pr. de l'ind. | Parf. défini. |
|---|---|---|---|---|
| Assaillir. | Assailli. | Assaillant. | J'assaille. | J'assaillis. |
| Bouillir. | Bouilli. | Bouillant. | Je bous. | Je bouillis. |
| Dormir. | Dormi. | Dormant. | Je dors. | Je dormis. |
| Fuir. | Fui. | Fuyant. | Je fuis. | Je fuis. |
| Haïr. | Haï. | Haïssant. | Je hais. | Je haïs. |
|  |  |  | *On prononce je hès.* | *Ce temps n'est guère en usage.* |
| Ouvrir (2). | Ouvert. | Ouvrant. | J'ouvre. | J'ouvris. |
| Partir. | Parti. | Partant. | Je pars. | Je partis. |
| Sentir. | Senti. | Sentant. | Je sens. | Je sentis. |
| Servir. | Servi. | Servant. | Je sers. | Je servis. |
| Sortir. | Sorti. | Sortant. | Je sors. | Je sortis. |
| Vêtir. | Vêtu. | Vêtant. | Je vêts. | Je vêtis. |
|  |  |  | *Peu usité au simple.* |  |

(1) Un mot est pris dans le sens figuré quand il est employé dans un sens qui a quelque rapport au sens propre. *Il y a de la* chaleur *dans ce discours.*

(2) Regardez tout verbe où se trouvent des lettres imprimées en caractères italiques, comme modèle de conjugaison pour les verbes dont les temps primitifs contiennent les mêmes lettres écrites dans le même ordre. Ouv*rir* est modèle de conjugaison pour off*rir*, souff*rir*; *sentir* pour *mentir*; con*duire* pour ré*duire*; con*noître* pour pa*roître*; c*raindre* pour f*eindre*, j*oindre*; éc*rire* pour p*rescrire*; ac*quérir* pour con*quérir*; *tenir* pour *venir*.

### Remarques
#### sur les verbes de la troisième conjugaison.

Conjuguez comme *recevoir*, les verbes *apercevoir*, *concevoir*, *décevoir*, *percevoir*, *devoir*, *redevoir*.

On écrit avec l'accent circonflexe les participes *dû*, *redû*.

Tous les temps de quelques verbes de cette conjugaison se forment régulièrement des temps primitifs : aussi les appellerons-nous

#### Verbes réguliers de la troisième conjugaison.

| Prés. de l'inf. | Participe. | Gérondif. | Pr. de l'ind. | Parf. défini |
|---|---|---|---|---|
| Pourvoir(1). | Pourvu. | Pourvoyant. | Je pourvois. | Je pourvus. |
| Prévoir. | Prévu. | Prévoyant. | Je prévois. | Je prévis. |
| Surseoir. | Sursis | Sursoyant. | Je sursois. | Je sursis. |

### Remarques
#### sur les verbes de la quatrième conjugaison.

Les verbes en *dre*, qui ont le participe en *du*, tels que *attendre*, *entendre*, *prétendre*, *répandre*, *vendre*, *fondre*, *répondre*, *perdre*, *mordre*,... se conjuguent comme *rendre*.

**Battre**, et ses composés *abattre*, *combattre*,... ont aussi *rendre* pour modèle.

#### Remarques sur rompre *et ses composés.*

Les verbes *rompre*, *corrompre*, *interrompre*, se conjuguent aussi comme *rendre*; mais à la troisième personne du singulier du présent de l'indicatif, *s* se change en *t*, conformément à la règle générale. *Je romps*, *tu romps*, *il rompt.*

---

(1) *Pourvoir*, *prévoir*, composés de *voir*, verbe irrégulier.

Dans les verbes suivants de la quatrième conjugaison, les temps se forment des temps primitifs.

| Prés. de l'inf. | Participe. | Gérondif. | Pr. de l'ind. | Parf. défini. |
|---|---|---|---|---|
| Circoncire (1). | Circoncis. | Circoncisant. | Je circoncis. | Je circoncis. |
| Conclure. | Conclu. | Concluant. | Je conclus. | Je conclus. |
| Exclure. | Exclu. Exclus. | Excluant. | J'exclus. | J'exclus. |
| Conduire. | Conduit. | Conduisant. | Je conduis. | Je conduisis. |
| Confire. | Confit. | Confisant. | Je confis. | Je confis. |
| Connoître. | Connu. | Connoissant. | Je connois. Il connoît. | Je connus. |
| Couvaincre (2). | Couvaincu. | Convainquant. | Je convaincs. | Je convainquis. |
| Coudre. | Cousu. | Cousant. | Je couds. | Je cousis. |
| Craindre. | Craint. | Craignant. | Je crains. | Je craignis. |
| Croire. | Cru. | Croyant. | Je crois. | Je crus. |
| Croître. | Cru. | Croissant. | Je crois. Il croît. | Je crus. |
| Ecrire. | Ecrit. | Ecrivant. | J'écris. | J'écrivis. |
| Lire. | Lu. | Lisant. | Je lis. | Je lus. |
| Maudire (3). | Maudit. | Maudissant. | Je maudis. | Je maudis. |
| Mettre. | Mis. | Mettant. | Je mets. | Je mis. |
| Moudre. | Moulu. | Moulant. | Je mouds. | Je moulus. |
| Naître. | Né. | Naissant. | Je nais. Il naît. | Je naquis. |
| Nuire. | Nui. | Nuisant. | Je nuis. | Je nuisis. |
| Plaire. | Plu. | Plaisant. | Je plais. Il plaît. | Je plus. |
| Prendre. | Pris. | Prenant (4). | Je prends. | Je pris. |

(1) Les verbes qui ont le gérondif en *isant* ont le présent de l'infinitif en *ire*. *Gésir* est seul excepté.

(2) *Convaincre*, composé de *vaincre*, verbe défectif.

(3) Ce verbe, l'un des composés de *dire*, est le seul qui, ayant le gérondif en *issant*, ait le présent de l'infinitif en *ire*.

(4) En formant le pluriel du présent de l'indicatif et le présent du subjonctif de *prenant*, on auroit à l'indicatif *nous* prenons, *vous* prenez, *ils* prènent; et au subjonctif *que je* prène, *que tu* prènes, *qu'il* prène, *que nous* prenions, *que vous* preniez, *qu'ils* prènent; mais l'Académie écrit *ils* prennent, *que je* prenne…. Par respect pour l'usage, nous adapterons au verbe *prendre* les règles données pour *tenir*; nous changerons *d* final de *il prend* en *nent*, et nous aurons à l'indicatif *ils* prennent; ensuite nous retrancherons *nt* de *prennent*, ce qui donnera pour le subj. *que je* prenne, *que tu* prennes, *qu'il* prenne, *que nous* prenions, *que vous* preniez, *qu'ils* prennent.

| Prés. de l'inf. | Participe. | Gérondif. | Pr. de l'ind. | Parf. défini. |
|---|---|---|---|---|
| Repaître (1). | Repu. | Repaissant. | Je repais. Il repaît. | Je repus. *Peu usité.* |
| Résoudre. | { Résolu. Résous (2). | Résolvant. | Je résous. | Je résolus. |
| Rire. | Ri. | Riant. | Je ris. | Je ris. |
| Suffire. | Suffi. | Suffisant. | Je suffis. | Je suffis. |
| Suivre (3). | Suivi. | Suivant. | Je suis. | Je suivis. |
| Taire. | Tu. | Taisant. | Je tais. | Je tus. |
| Vivre. | Vécu. | Vivant. | Je vis. | Je vécus. |

### Verbes irréguliers ou défectifs.

En regardant comme réguliers tous les verbes dont les temps dérivés se forment des temps primitifs, con-formément aux règles de la formation des temps, nous appellerons *irréguliers* les verbes qui s'écartent en quelque chose de ces mêmes règles.

Quand il manque à un verbe quelque mode ou quelque temps, on l'appelle *défectif*.

### Remarques sur la table suivante.

Les *irrégularités* seront imprimées en caractères italiques, afin qu'on les distingue aisément.

S'il n'y a point de *participe* dans la colonne des temps pri-mitifs, le verbe n'a point de *temps composés*.

Nous omettons le conditionnel présent, parce que tout verbe qui a le futur a le conditionnel présent formé de ce futur.

Nous omettons aussi l'imparfait du subjonctif, parce que tout verbe qui a le parfait défini a l'imparfait du subjonctif.

Dans les temps où nous n'indiquons que des troisièmes personnes, il n'y a d'usité que ces troisièmes personnes.

Un verbe qui n'a que des troisièmes personnes n'a point le mode impératif; car les troisièmes personnes de ce mode ne lui appartiennent point : ce sont celles du présent du subjonctif.

---

(1) *Repaître*, composé de *paître*, verbe défectif.

(2) *Résous* n'a d'usage qu'en parlant des choses qui se changent en d'autres, et il ne se dit point au féminin : *brouillard résous en pluie*.

(3) *S'ensuivre* ne se dit qu'aux troisièmes personnes.

| Temps primitifs. | Pluriel du prés. et imparf. de l'ind. | Futur. | Présent du subjonctif. | Impératif. |
|---|---|---|---|---|
| Aller (1). | Nous allons. | J'irai. | Que j'*aille*. | *Va*. |
| Allé. | Vous allez. | | Que tu *ailles*. | Qu'il aille. |
| Allant. | Ils *vont*. | | Qu'il *aille*. | Allons. |
| Je vais, | J'allois. | | Que nous allions. | Allez. |
|   *préférable à* | | | Que vous alliez. | Qu'ils aillent. |
| Je vas. | | | Qu'ils *aillent*. | |
| Tu vas. | | | | |
| Il *va*. | | | | |
| J'allai. | | | | |
| | | | | |
| Envoyer. | N. envoyons. | J'*enverrai*. | Que j'envoie. | Envoie |
| Envoyé. | J'envoyois. | | | |
| Envoyant. | | | | |
| J'envoie. | | | | |
| J'envoyai. | | | | |
| | | | | |
| Puer. | Nous puons. | Je puerai. | Que je pue. | |
| Puant. | Je puois. | | | |
| Je pue. | | | | |
| | | | | |
| Résulter. | Ils résultent. | Il résultera. | Qu'il résulte. | |
| Résulté. | Il résultoit. | Ils résulteront. | Qu'ils résultent. | |
| Résultant. | Ils résultoient. | | | |
| Il résulte. | | | | |
| Il résulta. | | | | |
| Ils résultèrent. | | | | |
| | | | | |
| Tisser. | | | | |
| Tissu. | | | | |
| | | | | |
| Acquérir. | N. acquérons. | J'*acquerrai*. | Que j'*acquière*. | Acquier |
| Acquis. | V. acquérez. | | Que tu *acquières*. | |
| Acquérant. | Ils *acquièrent*. | | Qu'il *acquière*. | |
| J'acquiers. | J'acquérois. | | Que n. acquérions. | |
| J'acquis. | | | Que v. acquériez. | |
| | | | Qu'ils *acquièrent*. | |

(1) *S'en aller* se conjugue comme *aller*; mais il faut que la particule en s immédiatement le pronom personnel qui donne la forme pronominale. *Je m'en v Nous* nous en *allons*. Ils s'en sont *allés*. S'en *iront-ils? Nous* nous en *serions a si*.... *Va-t'en. Allez-vous en.*

| Temps primitifs. | Pluriel du prés. et imparf. de l'ind. | Futur. | Présent du subjonctif. | Impératif. |
|---|---|---|---|---|
| urir.<br>urre, *terme de chasse ou d'équitation.*<br>uru.<br>urant.<br>cours.<br>courus. | N. courons.<br>Je courois. | Je *courrai.* | Que je coure. | Couru. |
| ːillir.<br>ːilli.<br>ːillant.<br>cueille.<br>ːueillis. | N. cueillons.<br>Je cueillois. | Je *cueillerai.* | Que je cueille. | Cueille. |
| ɔuillir (*diminuer à force de ɔuillir.*)<br>ɔuilli. | | | | |
| llir.<br>lli.<br>llant.<br>àux (1).<br>aillis. | Nous faillons. | Je faudrai. | | |
| ɔillir.<br>ɔilli.<br>d. Je défaillis. | N. défaillons.<br>Je défaillois. | | | |
| ir (2).<br>u. | | | | |
| ɔir, *hors d'usage.*<br>ant.<br>Il gît. | Nous gisons.<br>Il gisoit.<br>Ils gisoient. | | | |

1) On dit : *Le cœur me faut. Au bout de l'aune* faut *le drap. Un ami ne lui* Ira *pas au besoin.* Hors cela, le présent de l'indicatif et le futur ne sont guère lloyés.

2) *Férir* et *féru* n'ont d'usage que dans ces phrases : *Sans coup* férir. *Il* est féru lisposé) *contre un tel. Il* est féru *de cette femme* (il l'aime éperdûment).

| Temps primitifs. | Pluriel du prés. et imparf. de l'ind. | Futur. | Présent du subjonctif. | Impératif. |
|---|---|---|---|---|
| Issir , *hors d'usage.* Issu. | | | | |
| Mourir. Mort. Mourant. Je meurs. Je mourus. | N. mourons. Vous mourez. Ils *meurent.* Je mourois. | Je *mourrai.* | Que je *meure.* Que tu *meures.* Qu'il *meure.* Que n. mourions. Que vous mouriez. Qu'ils *meurent.* | Meurs, *etc* |
| Ouïr. Ouï. P. d. J'ouïs. | | | | |
| Querir (1). | | | | |
| | | | | *Imparf. du subj.* |
| Saillir ( *s'avancer en dehors* ). Saillaut. Il saille. | Ils saillent. Il sailloit. Ils sailloient. | Il saillera. Ils sailleront. | Qu'il saille. Qu'ils saillent. | Qu'il saillît. Qu'ils saillissent. |
| Sortir ( *obtenir, avoir* ). Sorti. Sortissant. Pr. Il sortit. | Ils sortissent. Il sortissoit. Ils sortissoient. | Il sortira. Ils sortiront. | Qu'il sortisse. Qu'ils sortissent. | |
| Surgir. *Ce mot vieillit.* | | | | |

(1) Ce verbe n'a d'usage qu'à l'infinitif et avec les verbes *aller , venir, envoyer. Il* est allé querir *un tel. On l'*a envoyé querir. Est-*on* venu querir *ma malle ?*

| Temps primitifs. | Pluriel du prés. et im- parf. de l'ind. | Futur. | Présent du subjonctif. | Impératif. |
|---|---|---|---|---|
| *nir* (1).<br>˙nu.<br>ınant.<br>·tiens.<br>ltins. | Nous tenons.<br>Vous tenez.<br>Ils *tiennent.*<br>Je tenois. | Je *tiendrai.* | Que je *tienne.*<br>Que tu *tiennes.*<br>Qu'il *tienne.*<br>Que nous tenions.<br>Que vous teniez.<br>Qu'ils *tiennent.* | Tiens. |
| ˙ressaillir.<br>˙essailli.<br>ıessaillant.<br>ltressaille.<br>ltressaillis. | N. tressaillons.<br>Je tressaillois. | Je *tressaillerai.* | Que je tressaille. | Tressaille. |
| ˙paroir.<br>ıppert *que...*<br>ıppert *par...* | | | | |
| ˙mparoir. | | | | |
| ˙voir. *Ce verbe,*<br>*omposé d'avoir,*<br>*ľa que le prés.*<br>*ıe ľinfinitif.* | | | | |
| ˙oir.<br>˙u. | | | | |
| ˙hoir.<br>˙chu.<br>lléchois.<br>lléchus. | N. déchoyons.<br>*Quelques-uns*<br>*disent :*<br>N. *déchéons.* | Je *décherrai.* | Que je déchoie. | |
| ˙noir.<br>˙nu.<br>ˈnéant.<br>ˈchoit, *ou*<br>ˈchet.<br>lˈhus. | | J'*écherrai.* | | |
| ˙loir.<br>˙lu.<br>˙nut.<br>ıllut. | Il falloit. | Il *faudra.* | Qu'il faille. | |

1) *Avenir,* l'un des composés de *venir,* n'a que les troisièmes personnes. *Il* aviut
... *S'il* avenoit que. On ne peut prévoir tous les cas qui aviendront.

| Temps primitifs. | Pluriel du prés. et imparf. de l'ind. | Futur. | Présent du subjonctif. | Impératif. |
|---|---|---|---|---|
| Emouvoir, comme Mouvoir.<br>Mu.<br>Mouvant.<br>Je meus.<br>Je mus. | N. mouvons.<br>Vous mouvez.<br>Ils meuvent.<br>Je mouvois. | Je mouvrai. | Que je meuve.<br>Que tu meuves.<br>Qu'il meuve.<br>Que n. mouvions.<br>Que v. mouviez.<br>Qu'ils meuvent. | Meus. |
| Promouvoir.<br>Promu.<br>P. d. Je promus. | | | | |
| Pleuvoir.<br>Plu.<br>Pleuvant.<br>Il pleut (1).<br>Il plut. | Il pleuvoit. | Il pleuvra. | Qu'il pleuve. | |
| Pouvoir.<br>Pu.<br>Pouvant.<br>Je puis,<br>  préférable à<br>Je peux.<br>Je pus. | Nous pouvons.<br>Vous pouvez.<br>Ils peuvent.<br>Je pouvois. | Je pourrai. | Que je puisse.<br>Que tu puisses.<br>Qu'il puisse.<br>Que n. puissions.<br>Que v. puissiez.<br>Qu'ils puissent. | |
| Savoir (2).<br>Su.<br>Sachant.<br>Je sais.<br>Je sus. | Nous savons.<br>Je savois. | Je saurai. | Que je sache. | Sache.<br>Qu'il sache.<br>Sachons.<br>Sachez.<br>Qu'ils sachent. |
| Seoir (être convenable). Cet inf. est inusité.<br>Seyant.<br>Il sied. | Ils siéent.<br>Il seyoit.<br>Ils seyoient. | Il siéra.<br>Ils siéront. | | |

(1) Dans le sens figuré, on emploie ce verbe à la troisième personne du pluriel. *A seigneur,* disoit un Gascon à un prince, *tandis que les grâces pleuvent de tous* co comment se fait-il que je me trouve toujours sous le parapluie?

(2) On dit quelquefois *je ne sache,* pour *je ne sais; je ne saurois, tu ne saura* pour *je ne puis, tu ne peux... Je ne sache* rien de *plus convenable.* Vous ne sa leur résister en face.

| Temps primitifs. | Pluriel du prés. et imparf. de l'ind. | Futur. | Présent du subjonctif. | Impératif. |
|---|---|---|---|---|
| esseoir, également inusité, a les mêmes troisièmes personn. oir (être assis), ors d'usage (1). ut. | | | ‹ | |
| sseoir (2). is. sseyant. m'assieds. n'assis. | N. n. asseyons. V. v. asseyez. Ils s'asseyent. Je m'asseyois. | Je m'assiérai, ou je m'asseyerai. | Que je m'asseye. | Assieds-toi. |
| uivaloir, revaoir, comme loir. lu. lant. vaux. valus. | Nous valons. Je valois. | Je vaudrai. | Que je vaille. Que tu vailles. Qu'il vaille. Que nous valions. Que vous valiez. Qu'ils vaillent. | Vaux. |
| ivaloir. valu. valant. prévaux. prévalus. | N. prévalons. Je prévalois. | Je prévaudrai. | Que je prévale. | Prévaux. |
| ir. . yant. vois. is. | Nous voyons. Je voyois. | Je verrai. | Que je voie. | Vois. |

1) *Sis*, *sise*, participe de *seoir*, ne s'emploie que comme adjectif. *Maison* sise Saint-Denis.

2) Plusieurs font d'*asseoir* un verbe régulier, en le conjuguant d'après les temps mitifs suivants : *S'asseoir*, assis, s'asseoyant, je m'asseois, je m'assis. Ils ut : Nous nous asseoyons... ils s'asseoient, je m'asseoyois... je m'asseoirai... je m'asseoie... asseois-toi.

| Temps primitifs. | Pluriel du prés. et im- parf. de l'ind. | Futur. | Présent du subjonctif. | Impératifs |
|---|---|---|---|---|
| Vouloir.<br>Voulu.<br>Voulant.<br>Je veux.<br>Je voulus. | Nous voulons.<br>Vous voulez.<br>Ils *veulent.*<br>Je voulois. | Je *voudrai.* | Que je *veuille.*<br>Que tu *veuilles.*<br>Qu'il *veuille.*<br>Que n. voulions.<br>Que vous vouliez.<br>Qu'ils *veuillent.* | Veuillez |
| Dissoudre, *comme*<br>Absoudre.<br>M. Absous.<br>F. Absoute.<br>Absolvant.<br>J'absous. | N. absolvons.<br>J'absolvois. | J'absoudrai. | Que j'absolve. | Absous |
| Accroire (1). | | | | |
| Boire.<br>Bu.<br>Buvant.<br>Je bois.<br>Je bus. | Nous buvons.<br>Vous buvez.<br>Ils *boivent.*<br>Je buvois. | Je boirai. | Que je *boive.*<br>Que tu *boives.*<br>Qu'il *boive.*<br>Que nous buvions.<br>Que vous buviez.<br>Qu'ils *boivent.* | Bois, |
| Braire.<br>Il brait. | Ils braient. | Il braira.<br>Ils brairont. | | |
| Bruire.<br>Bruyant. | Il bruyoit.<br>Ils bruyoient. | | | |
| Clore.<br>Clos.<br>Je clos.<br>Il clôt. | | Je clorai. | | |
| Redire, *comme*<br>Dire.<br>Dit.<br>Disant.<br>Je dis.<br>Je dis. | Nous disons.<br>Vous *dites* (2).<br>Ils disent.<br>Je disois. | Je dirai. | Que je dise. | Dis,<br>Qu'il dise.<br>Disons<br>*Dites*<br>Qu'ils disent |

(1) *Accroire* n'a d'usage qu'à l'infinitif avec le verbe *faire*.

(2) *Contredire, dédire, interdire, médire, prédire,* ont cette seconde pers. régulièrement formée du gérondif. Ainsi on dit : *Vous contredisez, vous dédisez, interdisez, vous médisez, vous prédisez.* Mais à la seconde personne pluriel de l'impératif, on dit : *Contredites, dédites.*

| Temps primitifs. | Pluriel du prés. et imparf. de l'ind. | Futur. | Présent du subjonctif. | Impératif. |
|---|---|---|---|---|
| ore.<br>os.<br>clôt. | Ils éclosent. | Il éclôra.<br>Ils éclôront. | Qu'il éclose.<br>Qu'ils éclosent. | |
| re.<br>t.<br>sant, *ou*<br>aut.<br>ais.<br>is. | N. faisons, *ou*<br>Nous fesons.<br>Vous *faites.*<br>Ils *font.*<br>Je faisois, *ou*<br>Je fesois. | Je *ferai.* | Que je *fasse.*<br>Que tu *fasses.*<br>Qu'il *fasse.*<br>Que n. *fassions.*<br>Que v. *fassiez.*<br>Qu'ils *fassent.* | Fais.<br>Qu'il *fasse.*<br>Faisous,<br>*ou* Fesons.<br>Faites.<br>Qu'ils *fassent.* |
| faire.<br>fait. | | | | |
| faire. | | | | |
| aire. | | | | |
| aire.<br>ait (1). | | | | |
| e.<br>Je fris. | | Je frirai. | | Fris. |
| re.<br>ant.<br>Je luis. | Nous luisons.<br>Je luisois. | Je luirai. | Que je luise. | Luis. |
| re.<br>*'est d'usage*<br>*'en termes de*<br>*uconnerie.*<br>iant.<br>ais.<br>ît.<br><br>dre (2). | N. paissous.<br>Je paissois. | Je paîtrai. | Que je paisse. | Qu'il paisse.<br>Paissons. |

) Ce participe doit toujours être précédé du participe *fait. Son procès lui* sera<br>t parfait.<br>) Ce mot est le présent de l'infinitif de deux verbes, dont l'un, qui n'a guère<br>ige qu'à l'infinitif, ne se dit proprement que du jour qui commence à paroître et

8

| Temps primitifs. | Pluriel du prés. et imparf. de l'ind. | Futur. | Présent du subjonctif. | Impératif. |
|---|---|---|---|---|
| Reclure.<br>Reclus. | | | | |
| Renaître.<br>Renaissant.<br>Je renais.<br>Il renaît. | N. renaissons.<br>Je renaissois. | Je renaîtrai. | Que je renaisse. | Renais. |
| Sourdre (*sortir de terre*), *ne se dit proprement que des eaux* (1).<br>Elle sourd. | Elles sourdent. | | | |
| Traire.<br>Trait.<br>Trayant.<br>Je trais. | N. trayons.<br>Je trayois. | Je trairai. | Que je traie. | Trais. |
| Attraire, *l'un des compos. de* traire, *ne se dit qu'à l'infinitif.* | | | | |
| Vaincre.<br>Vaincu.<br>Vainquant.<br>Je vaincs, *peu usité.*<br>Je vainquis. | N. vainquons.<br>Je vainquois.<br>*Ce pl. du pr. et cet imparf. sont de peu d'usage.* | Je vaincrai. | Que je vainque. | |

des herbes qui commencent à pousser. *Le jour ne fait que de* poindre. *Les herbes* commencent à poindre *annoncent le retour du printemps.*

L'autre, qui signifie *piquer, traiter rudement*, n'a guère d'usage qu'en cette phrase proverbiale : *Oignez vilain, il vous* poindra ; poignez *vilain, il vous* oindra.

(1) On trouve ce verbe employé aussi au figuré, mais seulement à l'infinitif. *une entreprise dont on vit* sourdre *mille malheurs.*

# DE LA PRÉPOSITION.

Les *prépositions* sont des mots indéclinables qu'on place avant les noms, les pronoms, les verbes,... pour marquer les rapports que ces noms, ces pronoms, ces verbes ont avec le reste de la phrase.

Quand je dis : *Mon frère est sorti* dès *le* matin, pour venir *se promener* avec moi dans *la* campagne ; par le moyen des mots *dès*, *pour*, je marque le temps, le motif de la sortie de mon frère. Les mots *avec*, *dans*, servent à faire connoître le compagnon et le lieu de sa promenade.

Une préposition ne signifie rien par elle-même. Il faut qu'elle soit suivie d'un mot qui complète le sens : aussi ce mot s'appelle-t-il *complément de la préposition*. *Matin*, *venir*, *moi*, *campagne*, sont les complémens des prépositions *dès*, *pour*, *avec*, *dans*.

Le complément d'une préposition s'appelle aussi ré-gime de cette préposition.

*Rapports de lieu, de situation, d'ordre.*

*Monsieur tel est* en *province*,
dans *la province de Bourgogne.*
*Il demeure* à *Dijon* ,
chez *un négociant,*
dans *un corps de logis*
*situé* entre *cour et jardin.*
*Un tel étoit* en *Italie*,
sous *le plus beau ciel.*

*Il est revenu* de *ce pays*
par *mer*,
monté sur *une frégate*.
*L'aiguille se tourne* vers *le nord*.
*L'ivraie croît* parmi *le froment*.
*Placez-vous* avant *monsieur*;
*vous serez assis* contre *votre sœur*.
*Je n'entrerai qu'* après *lui*.
*Marchez* devant *moi*.
*Ils se promenoient* derrière *nous*.

*Remarques sur les prépositions* en, dans, à.

On ne peut pas employer les prépositions *en* et *dans* indifféremment l'une pour l'autre.

*En* se prend dans une acception moins déterminée que *dans*. *Il est* en province. *Il est* dans la province de Bourgogne.

Autrefois *en* régissoit les noms propres de villes. Racine a mis dans la bouche d'Agamemnon :

*J'écrivis* en Argos.

Mais depuis long-temps *à* est la préposition qu'on met avant ces noms. *Vivre* à Paris. *Demeurer* à Rome. *Retourner* à Pétersbourg.

*En* ne se met plus qu'avec des noms de pays. *J'ai été* en Angleterre. *Il a voyagé* en Suisse.

*Des prépositions* en, à, *employées avec les substantifs* ville, campagne.

Placées avant le substantif *ville*, les prépositions *à*, *en*, font entendre ce mot diversement. On dit qu'*un homme est* à la ville, pour dire qu'*il n'est point à la campagne.* On dit qu'*il est* en ville , qu'*il dîne*, qu'*il soupe* en ville , pour dire qu'*il n'est pas actuellement chez lui* , qu'*il dîne*, qu'*il soupe hors de chez lui.*

On entend aussi diversement le substantif *campagne,* selon qu'il est précédé de *à*, ou qu'il l'est de *en.*

Le nom *campagne*, précédé de *à*, se dit dans le même sens que le nom *champs. Demeurer* à la campagne, *aller* à la campagne , c'est la même chose que *demeurer aux champs, aller aux champs.*

L'expression , *en campagne* , ne se dit que du mouvement, du campement des troupes. *Les troupes doivent entrer bientôt* en campagne.

### Rapports de temps.

*Lever* à *six heures.*

*Étude* avant *midi.*

*Récréation* après l'*étude.*

*On ne le trouve point* passé *quatre heures.*

*Je reviendrai* dans *deux jours.*

*Je reviendrai* en *deux jours.*

*Ils sont partis* de *nuit.*

*Je vous attends* depuis *deux heures.*

*Vous deviez arriver* entre *onze heures et midi.*

*Vous deviez venir* dès *lundi dernier.*

*Il est estropié* pour *toute sa vie.*

*Il a été malade* durant *tout l'hiver.*

*Il a été malade* pendant *l'hiver.*

*La chose est arrivée* vers *la fin du siècle.*

*Remarque sur les prépositions* avant, devant.

Les prépositions *avant*, *devant*, ne s'emploient plus l'une pour l'autre. On ne pourroit plus dire : *vous êtes arrivé* devant l'heure *convenue*. *Il faudroit mettre ce chapitre* devant l'autre. On dira : *vous êtes arrivé* avant l'heure *convenue*. *Il faudroit mettre ce chapitre* avant l'autre. Dans le premier ex. *avant* marque priorité de temps ; dans le second , il marque priorité d'ordre.

Comme préposition d'ordre , *devant* est opposé aux deux prépositions *après, derrière*. *Marchez* devant moi. *Marchez* après moi. *Marchez* derrière moi.

*Devant* signifie aussi *en présence de* , *vis-à-vis. Cela fut dit* devant *vingt* témoins. *Il demeure* devant *notre* maison.

### *Des prépositions* en , dans, *employées pour marquer le temps.*

*En* sert à marquer le temps qu'on emploie à faire quelque chose. *Je reviendrai* en deux jours , c'est-à-dire *je serai* deux jours *en chemin pour revenir.*

Que je mette *dans* à la place de *en* , la phrase dira autre chose. *Je reviendrai* dans deux jours, cela signifie que *je serai revenu* le second jour.

### *Des prépositions* durant , pendant.

*Pendant* marque un temps d'époque. *Il a été malade* pendant l'hiver.

*Durant* marque une durée continue. *Il a été malade* durant tout l'hiver.

La préposition *durant* se met quelquefois après le nom qu'elle régit. *Sa* vie durant.

### *Rapports d'union* , *de conformité*, *de convenance.*

*Quel plaisir de vivre* avec *un véritable ami !*
*On lui donne cent pistoles ;* outre *cela*, on lui promet...

J'ai une maison joignant *la vôtre.*
Quel rapport y a-t-il entre *ces deux personnes?*
Ils ont été traités selon *leurs mérites.*
Nous agirons suivant *les occasions.*
Réglons notre dépense sur *notre revenu.*
Ils sont faits l'un pour *l'autre.*

*Rapports de séparation, d'exception.*

L'affaire manquoit sans *vous.*
Ils y étoient tous, excepté *monsieur tel.*
Tout est perdu, hors *l'honneur.*
Tous sont placés, hormis *deux ou trois.*
Il a cédé son bien, sauf *une rente de...*

*Rapports d'opposition.*

Je l'ai reconnu, malgré *son déguisement.*
Il a fait la sottise, nonobstant *nos remontrances.*
Ce que vous dites est contre *le bon sens.*
Ce remède est bon pour *la fièvre.*
Nourrir de la haine contre *quelqu'un.*
Avoir de la haine pour *quelqu'un.*
Se battre contre *quelqu'un.*
Se battre avec *quelqu'un.*

*Nota.* On voit, dans ces exemples, les prépositions *contre* et *pour*, *contre* et *avec*, employées dans le même sens, quoi-qu'elles semblent destinées à marquer des rapports opposés.

*Rapports d'attribution, de propriété, d'expropriation, d'échange.*

On attribue ce succès à *notre capitaine.*
On a fait un présent à *mon frère.*
Que n'accordes-tu à *ton ami ce qu'il désire!*

*Attribuez sa guérison* à *ce remède* (1).

A *qui appartient ce jardin?*

*C'est celui* de *monsieur tel.*

*On a ôté cette charge* à *Pierre.*

*On la donne* à *Paul.*

*Paul sera pourvu* de *la charge;*

*mais il sera privé* de *la pension.*

*Ils l'ont dépouillé* de *ses habits,*

*et l'ont couvert* de *haillons.*

( Dans les exemples précédents, les prépositions *à, de,* marquent des rapports opposés. )

*Je donne mille francs* de *ce cheval.*

*Donnez-moi ce cheval* pour *mille francs.*

*Il a troqué sa pendule* contre *un tableau.*

*Rapports de but, de destination, de motif.*

*Dieu a tout fait* pour *sa gloire.*

*Il a créé les animaux* pour *l'usage de l'homme.*

*On dressa une colonne* en *mémoire de cet événement.*

*Exempté de service,* vu *son âge,*

attendu *son âge.*

*Lois promulguées* sur *le commerce,*

touchant *le commerce,*

concernant *le commerce.*

*Soyons charitables* envers *les pauvres.*

Des prépositions servent à marquer

L'état : *Ils sont* en *bonne santé.*

---

(1) La préposition *à*, qui marque le rapport d'attribution, est souvent sous-entendue avant les pronoms personnels. *On lui attribue ce succès. Qui vous a fait ce présent? Que ne leur accorde-t-on ce qu'ils désirent?*

La manière : *s'habiller* à *l'angloise ; marcher* à *pas comptés ; louer quelqu'un* outre *mesure.*

La matière : *statue* de *bronze ; livre relié* en *veau.*

Le moyen : *fléchir* par *ses prières ; se sauver,* moyennant *la grâce de Dieu.*

La qualité : *de l'or à vingt-quatre carats ; homme* de *probité ; enfant* d'un *bon naturel.*

La supposition : supposé *ces principes, il s'ensuit que...*

*Voici, voilà,* sont des prépositions qui signifient à peu près la même chose. On peut voir, à l'article des pronoms démonstratifs, la différence que *ci* et *là* mettent dans la signification de ces deux prépositions. Voilà *votre part;* voici *la mienne.*

*Nota.* Le complément précède les prépositions *voici, voilà,* lorsqu'il est un des pronoms personnels *me, nous, te, vous, le, la, les. Me voici ; les voilà.*

Les prépositions, pour la plupart, sont d'un seul mot; quelques-unes sont composées. *On voit le soleil* à travers *les nuages. La terre n'est qu'un point* auprès du *reste de l'univers. Le renard rôdoit* autour de *la basse-cour. Marchandise* hors de *prix. Les choses seront ainsi* jusqu'à *nouvel ordre.* Jusque sur *le trône.* Jusqu'en *Asie. Ils sont* loin *l'un* de *l'autre. Placez-vous* près de *monsieur. Il loge* proche du *palais.* Lors de *leur mariage.* De par *le Roi. Il a des affaires* par dessus *la tête. Il est parti* quand et quand *nous.* Quant à *lui, il en usera selon son bon plaisir. Il demeure* vis-à-vis de *notre maison.*

*Jusque* n'est suivi d'aucune préposition, quand il précède *où, ici* ou *là.* Jusqu'où *faut-il que j'aille? Venez* jusqu'ici. *Allez* jusque-là.

Quoique les prépositions *près, proche, vis-à-vis,* doivent être régulièrement suivies de la préposition *de*, cependant on peut la supprimer dans le discours familier. *Il demeure* près, proche, vis-à-vis *le palais*.

Mais ces prépositions prennent toujours *de*, lorsqu'elles ont pour régime un pronom personnel, un des adverbes *ici*, *là*, ou un monosyllabe.

*Placez-vous* près de nous. *Placez-vous* près d'elles. *Il loge* près d'ici, proche de chez *moi*. *Vous le trouverez* proche du puits. *Le voilà* vis-à-vis de rien.

*Y compris* ( en y comprenant ), *non compris* ( sans y comprendre ), peuvent être aussi considérés comme des prépositions composées. *Il a tant de revenu*, y compris *une rente de...* non compris *une rente de...*

Les façons de parler suivantes, *à cause de*, *à côté de*, *en dépit de*, *au devant de*, *à l'égard de*, *eu égard à*, *en présence de*, *par rapport à*, *au travers de...* ne sont pas des prépositions ; mais elles en tiennent lieu.

Dans la phrase : *C'est* à cause de *vous que...* à régit le nom *cause*, et *de* a *vous* pour complément.

Dans la phrase : *Eu égard à votre requête*, *nous...* le nom *égard* est régime de *eu*, mis pour *ayant*, et *requête* est complément de *à*.

Il y a des prépositions qui régissent d'autres prépositions. Dans : *Cela est peint* d'après *nature. Distinguer la fausse monnoie* d'avec *la bonne. Otez-vous* de devant *mon jour. On l'a retiré* d'entre *ses mains ;*

*Je viens* de chez *vous. J'ai passé* par chez *vous. J'ai été chez tous mes voisins*, excepté chez *un tel ;*

*Je me suis promené partout*, excepté dans *ce parterre ;*

Les prépositions *après*, *avec*, *devant*, *entre*, sont régies par *de* ; la préposition *chez* est régie par *de*, *par*, *excepté* ; enfin, cette dernière préposition régit *dans*.

# DE L'ADVERBE.

Les *adverbes* sont des mots indéclinables, qui servent à modifier les verbes, les adjectifs, ou même d'autres adverbes auxquels ils sont joints. Si je dis seulement : *cet enfant est malade*, je ne spécifie pas le degré de la maladie : je le spécifierai en disant : *cet enfant est* légè- rement *malade*, ou *cet enfant est* grièvement *malade*.

Il y a plusieurs sortes d'adverbes.

### Adverbes de manière.

La plupart des adverbes de manière se terminent en *ment*, et se forment des adjectifs (1) d'après certaines règles.

### Règle première.

Quand l'adjectif est terminé au masculin par un *e muet*, un *e fermé*, la lettre *i* ou la voyelle *u*, on forme l'adverbe en ajoutant *ment* au masculin : *Agréable*, *agréablement* ; *utile*, *utilement* ; *réglé*, *réglément* ; *sensé*, *sensément* ; *poli*, *poliment* ; *vrai*, *vraiment* ; *absolu*, *absolument*.

Dans le cas où l'*e muet* du masc. seroit précédé d'un *e fermé*, on changeroit l'*e muet* en *ment*. *Simultanée*, *simultanément*.

___

(1) Il n'est ici question que des adjectifs qui ont des adverbes ; car plusieurs n'en ont pas. Tels sont les adjectifs *fragile*, *rouge*, *superflu*, *inquiet*, *épais*, *absent*, *charmant*, *indolent*. .

### Exceptions.

Les adverbes formés des adjectifs *aveugle*, *commode*, *incommode*, *conforme*, *uniforme*, *énorme*, *opiniâtre*, *impuni*, le sont par le changement de la voyelle finale en *ément*. *Aveugle*, *aveuglément*; *commode*, *commodément*; *incommode*, *incommodément*; *conforme*, *conformément*; *uniforme*, *uniformément*; *énorme*, *énormément*; *opiniâtre*, *opiniâtrément*; *impuni*, *impunément*.

### Règle seconde.

Les adjectifs terminés au masculin par une consonne, et les adjectifs *beau*, *nouveau*, *fou*, *mou*, forment leurs adverbes de leur féminin, en y ajoutant *ment*. *Franc*, *franche*, *franchement*; *grand*, *grande*, *grandement*; *naïf*, *naïve*, *naïvement*; *long*, *longue*, *longuement*; *majestueux*, *majestueuse*, *majestueusement*; *beau*, *belle*, *bellement*; *fou*, *folle*, *follement*.

### Exceptions.

1º Les adverbes formés des adjectifs *commun*, *confus*, *diffus*, *exprès*, *importun*, *obscur*, *précis*, *profond*, le sont par le changement de la terminaison du féminin en *ément*. *Commune*, *communément*; *confuse*, *confusément*; *diffuse*, *diffusément*; *expresse*, *expressément*; *importune*, *importunément*; *obscure*, *obscurément*; *précise*, *précisément*; *profonde*, *profondément*.

2º *Gentil*, qui fait au féminin *gentille*, a *gentiment* pour adverbe.

3º Les adjectifs terminés par *ant*, *ent*, sont aussi exceptés. Ils sont en assez grand nombre pour être l'objet d'une règle particulière.

*Règle concernant les adverbes formés des adjectifs en* ant, ent.

Les adjectifs terminés par *ant*, *ent*, forment leurs adverbes en changeant *nt* en *mment*. *Constant, constamment; élégant, élégamment; décent, décemment; négligent, négligemment.*

## Exceptions.

Lent, présent, véhément, forment leurs adverbes selon la seconde règle. *Lent, lente, lentement; présent, présente, présentement; véhément, véhémente, véhémentement.*

Quelques adverbes terminés en *ment* n'ont pas des adjectifs pour origine. Ce sont les suivants : *Comment, diablement, incessamment, journellement, notamment, nuitamment, profusément, sciemment.*

Nous avons quelques adverbes de manière qui ne sont pas terminés en *ment. Ainsi, de même, bien, mal, cahin-caha* ( tant bien que mal, avec peine ), *en vain, exprès, gratis, la la* (médiocrement), *recta* ( en droiture, directement ), *sonica* ( à point nommé, précisément ), *volontiers.*

## Adjectifs employés comme adverbes.

Plusieurs adjectifs sont employés comme adverbes de manière. *Parler* bas. *Parler* haut. *Coûter* cher. *Voir* clair. *Viser* droit. *Chanter* faux. *Chanter* juste. *Tenir* ferme. *Frapper* fort. *Sentir* mauvais. *Partir* soudain. *Aller* vite...

## Adverbes de lieu et de distance.

*Y, où, ici, céans, çà, là, deçà, delà, dessus, dessous, dedans, dehors, ailleurs, autour, alentour, partout, près, auprès, proche, loin.*

### Adverbes de temps.

Aujourd'hui, hier, demain, matin, incontinent, tôt, aussitôt, bientôt, plutôt, tantôt, tard, autrefois, jadis, naguère, alors, maintenant, dorénavant, désormais, quelquefois, souvent, jamais, toujours.

Plutôt ( adv. de temps ) est aussi adv. de préférence. Je ne le souffrirai point, je mourrois plutôt.

### Adverbes d'ordre, d'arrangement.

D'abord, ensuite, puis, auparavant, après, devant, derrière, premièrement, secondement...

### Adverbes de quantité.

Assez, trop, beaucoup, peu, ne... guère, davantage, encore, même, tant, si (tellement), environ, presque, quasi, quelque, bien, très, fort.

### Adverbes interrogatifs.

Où, pourquoi, quand, comment, combien.

### Adverbes de comparaison.

Plus, moins, aussi, si, autant, tant, comme, de même, ainsi.

En quoi diffèrent les adverbes plus et davantage?

Plus peut modifier un adjectif; il peut être suivi de la particule de, de la conjonction que. Il est plus savant. Il a plus d'instruction. On estime la vertu plus que la science.

Davantage ne peut modifier un adjectif. Il ne peut être suivi ni de la particule de, ni de la conjonction *que.* On ne diroit pas : *Il est* davantage savant , *il a* davantage d'*instruction* , *on estime la vertu* davantage que *la science ;* c'est à la fin de la phrase que *davantage* sera convenablement placé. *La science est estimable ; mais la vertu l'est bien* davantage.

*A quels mots se joignent les adverbes comparatifs* autant , tant , aussi , si ?

*Autant* et *tant* se joignent aux substantifs et aux verbes. *Turenne avoit* autant de sagesse *que de valeur. On l'ai-* moit autant *à cause de ses vertus privées, qu'on l'admi-* roit à cause de ses grands talents pour la guerre. Elle *a* tant pleuré , *que... Je ne les plains pas ; ils ont* tant de ressources.

*Aussi* et *si* se joignent aux adjectifs , aux participes et aux adverbes.

*Etes–vous* aussi contents *que vous le paroissez ?*

*Voilà un père de famille* aussi aimé *que respecté de ses enfants.*

*Elle n'écrit pas* si bien *que sa sœur.*

Nous pouvons regarder comme l'équivalent d'un ad-verbe , *ne* séparé de *que* par un ou plusieurs mots in-termédiaires. *Ne... que* signifient *seulement. Je ne sou-* haite que *le nécessaire.*

> *C'est n'être bon à rien de n'être bon qu'à soi.*

*Degrés de signification dans les adverbes.*

La plupart des adverbes de manière , les adverbes de distance , *près, proche, loin* , les adverbes de temps , *matin , tôt , tard , souvent* , ont le comparatif et le superlatif.

*Comportez-vous* plus sagement *à l'avenir. Allez* moins

vite. *Il en use* aussi mal *avec moi* que *par le passé. Pro-noncez* bien distinctement, le plus distinctement *que vous pourrez. Occupez-vous* très-sérieusement *de cette affaire.*

*Nous demeurons* fort près. *N'allons pas* plus loin.

*Je suis arrivé* plus tôt, plus matin, plus tard *que vous.*

*Venez* très-souvent, aussi souvent, le plus souvent *que vous pourrez.*

*Pis* et *mieux* sont deux adverbes comparatifs qu'on emploie, *pis* à la place de *plus mal*, *mieux* à la place de *plus bien*, qui ne se dit pas.

*Ils sont* pis *que jamais ensemble.*

> *Un sou, quand il est assuré,*
> *Vaut mieux que cinq en espérance.*

*Le mieux* est un adverbe superlatif.

> *Ce que je sais le mieux, c'est mon commencement.*

*Le plus, le moins,* sont aussi des adverbes superlatifs, lorsque les mots *plus, moins,* ne modifient ni adjectif ni adverbe. *C'est celui de ses enfants qu'elle aime* le plus; *et cependant c'est celui qui l'aime* le moins.

Les adverbes qui peuvent avoir le comparatif et le superlatif, et quelques adverbes de temps, peuvent être modifiés par des adverbes de quantité.

*Si vous marchez si lentement, vous n'arriverez pas* assez tôt. *Vous demeurez* trop loin. *Il est* trop souvent *hors de chez lui. On ne le trouve* presque jamais. *On le trouve* presque toujours.

Des adverbes de quantité modifient aussi des adverbes de quantité.

*Vous en donnerez* si peu *qu'il vous plaira. Il a trop* peu *d'intérêt à la chose pour s'en mêler. C'est* bien assez. *Vous parlez* beaucoup trop.

*Quels adverbes peuvent être régis par des prépositions ?*

La plupart des adverbes de lieu et certains adverbes de temps peuvent être régis par des prépositions. *D'où*, *par où*, *par ici*, *par là*, *en deçà*, *au delà*, *au dessus*, *au dessous*, *par dessus*, *par dessous*, *en dedans*, *en dehors*, *d'ailleurs*, *d'alentour*, *de près*, *de loin*, *par auprès*, *pour aujourd'hui*, *dès hier*, *à demain*, *à tantôt*, *à jamais*, *pour jamais*, *pour toujours*.

*Pour jamais*, *pour toujours*, signifient la même chose. *Adieu* pour jamais; *adieu* pour toujours.

### Remarque.

Tout mot qui peut être rendu par une préposition et son complément, est un adverbe. Sont adverbes les mots *sagement*, *où*, *ici*, *là*, *aujourd'hui*, *hier*, *d'abord*, *beaucoup*, *quand*,... qui ont pour équivalents *avec sagesse*, *en quel lieu*, *dans ce lieu-ci*, *dans ce lieu-là*, *en ce jour*, *au jour précédent*, *au commencement*, *en grande quantité*, *en quel temps*...

L'adverbe ne laisse pas l'esprit dans l'attente nécessaire d'un autre mot, comme font le verbe actif et la préposition.

La phrase : *Agissez prudemment*, a un sens complet. Il n'en est pas de même des deux suivantes : *Il a su... Il est parti* sans...

Toutefois, les adverbes *dépendamment*, *indépendamment*, *conformément*, *préférablement*, laissent le sens incomplet ; mais le complément qu'ils exigent est régi, non par l'adverbe, mais par l'une des prépositions *de* ou *à*, qui suit toujours l'adverbe.

*L'âme agit souvent* dépendamment des *organes; Dieu agit* indépendamment de *tout ; on doit vivre* conformé-

9

ment à *son état; aimons Dieu* préférablement à *toutes choses.*

### Façons de parler adverbiales.

On appelle ainsi les locutions semblables aux suivantes, qui expriment la même cho·e que les adverbes.

*A l'avenir, à l'aveuglette, à bas, en bas, par bas, bel et beau, bien et beau, de plus belle, de biais, tout de bon, à bout, au bout du compte, à chaque bout de champ, à tout bout de champ, de bout en bout, en cachette, à califourchon, en catimini, à cloche-pied, clopin-clopant, par cœur, à contre-cœur, à contre-jour, à contre-poil, à rebrousse-poil, à contre-sens, de concert, à cor et à cri, de côté, de côté et d'autre, à coup sûr, après coup, coup sur coup, tout à coup, tout d'un coup, à couvert, à découvert, au dépourvu, à la dérobée, à l'envers, à l'envi, à bon escient, tout-à-fait, à foison, à fond, au fond, dans le fond, en foule, goutte à goutte, en grand, en petit, en gros, en détail, par hasard, à l'infini, par indivis, dès lors, pour lors, à qui mieux mieux, de mieux en mieux, tout au mieux, tout au moins, en moins de rien, de neuf, tout de neuf, de nouveau, tout de nouveau, à l'opposite, à l'ordinaire, d'ordinaire, pour l'ordinaire, d'outre en outre, de part en part, à part, petit à petit, peu à peu, chiquet à chiquet, au plus, tout au plus, tant et plus, de plus en plus, sans plus, à point nommé, de point en point, de tout point, au préalable, à cela près, à peu près, à présent, de proche en proche, à propos, mal à propos, à tout propos, au prorata, en public, à rebours, à reculons, à regret, à la renverse, ric-à-ric, tant mieux, tant pis, en tapinois, à tâtons, à temps, à contre-temps, de temps en temps, de temps à autre, de tout temps, en temps et lieu, à tort, à tort et à travers, tour à tour, à tour de bras, après tout, en tout, de travers, en travers, à tue tête, à verse....*

# DE LA CONJONCTION.

Les *Conjonctions* sont des mots indéclinables qui servent à joindre les différentes parties du discours. Voici dix propositions : *Il faut étudier ; on est jeune ; nous devons croire ; Dieu est juste ; je vous récompenserai ; vous êtes studieux ; nous nous promènerons ; il ne pleut pas ; le temps est beau ; il fait froid.* De ces dix propositions je ferai cinq phrases, composées chacune de deux parties, moyennant les conjonctions *quand, que, si, puisque, mais. Il faut étudier,* quand *on est jeune ; nous devons croire* que *Dieu est juste ; je vous récompenserai,* si *vous êtes studieux ; nous nous promènerons,* puisqu'*il ne pleut pas ; le temps est beau ;* mais *il fait froid.*

Les conjonctions sont *copulatives, alternatives, augmentatives, extensives, conditionnelles, adversatives, périodiques, causatives, conclusives, explicatives, transitives...*

### Conjonctions copulatives.

*Et, ni.*

*Et*, qui lie les parties du discours, comme les noms, les adjectifs, les pronoms, les verbes, les adverbes, et les phrases partielles.

*Le* vice et *la* vertu *sont incompatibles.*

*Tout ce qu'on dit de trop est* fade et rebutant.

*Nous partons,* lui et moi *, pour la campagne.*

*La jeunesse se flatte et croit tout obtenir.*

*Il s'est comporté* bien et mal.

*J'évite d'être long*, et *je deviens obscur.*

*Ni*, conjonction qui a la propriété de lier les mots en leur rendant commune la négation qu'elle renferme.

*Elle n'est* ni bonne ni belle ; ni vous ni lui *ne termi-nerez cette affaire ; il ne* boit ni *ne* mange ; *de l'argent, je n'en ai* ni peu ni prou.

### Conjonctions alternatives.

*Ou*, *ou bien*, *sinon*, *soit*, *soit que*, *tantôt*.

*Il faut qu'une porte soit* ouverte ou fermée. *Vous paierez comptant ;* sinon *marché nul.* Soit vertu , soit prudence, *il a montré de la modération. Nous parti-rons incessamment ,* soit qu'*il vienne ,* soit qu'*il ne vienne pas. On le voit* tantôt *d'une tristesse extrême ,* tantôt *d'une gaîté folle.*

### Conjonctions augmentatives, extensives.

*D'ailleurs, de plus, qui plus est, encore, aussi, même.*

Ces conjonctions lient, en ajoutant à ce qu'on a déjà dit.

*En vous appliquant vous contenterez vos maîtres ;* d'ailleurs *vous éviterez l'ennui. Cet homme s'emporte pour rien ;* de plus , *il est prompt à frapper. Cet homme .. il est prompt à frapper,* qui plus est. *Ce n'est pas tout que d'avoir la foi, il faut* encore *faire de bonnes œuvres. Vous le voulez ? et moi* aussi. *On doit tout sacrifier pour la justice,* même *sa vie,* même *son honneur.*

### Conjonctions conditionnelles.

*Si, supposé que, au cas que, en cas que, à moins*

*de*, *à moins que*, *pour peu que*, *pourvu que*, *quand*, *quand même*.

Ces conjonctions lient en énonçant une condition ou une supposition.

*Vous serez bien servi*, si *vous payez bien*. Supposé que *je vous eusse emprunté la somme*, *me l'auriez-vous prêtée*? En cas que *cela arrive*, *que ferons-nous*? *Il ne cédera pas ce cheval* à moins de *cent ducats*, à moins qu'*on ne lui en donne cent ducats*. *Il guérira*, pour peu que *vous en preniez soin*. *Je serai de la partie*, pourvu que *vous me promettiez d'en être*. Quand même *je le voudrois*, *je ne le pourrois pas*.

> Quand *le malheur ne seroit bon*
> *Qu'à mettre un sot à la raison*,
> *Toujours seroit-ce à juste cause*
> *Qu'on le dit bon à quelque chose*.

*Nota. Si* est quelquefois conjonction dubitative.
*Je ne sais* si *cela est vrai. Je doute* si *vous viendrez à bout de cette affaire.*

## *Conjonctions adversatives.*

*Mais*, *quoique* (1), *bien que*, *encore que*, *cependant*, *néanmoins*, *toutefois*, *pourtant*, *et si*.

Elles marquent opposition entre les propositions qu'elles lient.

*Cet homme a de l'esprit*; mais *il n'a pas de jugement. Cet homme est pauvre*, quoiqu'*il ait recueilli plusieurs héritages. Je ne puis vous satisfaire*, bien que *je le souhaite de tout mon cœur.* Encore qu'*il soit fort jeune*, *il ne laisse pas d'être fort sage. Vous m'avez*

---

(1) *Voyez* la note suivante.

*promis positivement de...* et cependant, *et* néanmoins *vous faites tout le contraire. Tous les hommes recher-chent les richesses,* et toutefois *on voit peu de riches qui soient heureux. Il est bien adroit ; il a* pourtant *manqué son coup. Je souffre plus que vous;* et si *je ne me plains pas.*

### Conjonctions périodiques.

*Lorsque, quand, dès que, tandis que, pendant que, comme, avant que, après que, depuis que, aussitôt que, jusqu'à ce que, tant que.*

Ces conjonctions lient en marquant le temps.

*Nous partirons* lorsque, quand, dès que, après que, aussitôt que *nous aurons déjeuné. Occupons-nous de cette affaire,* tandis qu'*il en est encore temps. Il faut battre le fer* pendant qu'*il est chaud. Il survint un orage,* comme *nous revenions de la promenade.*

*Ils (* les stoïciens *) font cesser de vivre* avant que *l'on soit mort.*

*Vous faites de la prose* depuis que *vous parlez. Res-tez ici* jusqu'à ce que *je revienne. Il y aura des sages et des fous* tant que *le monde durera.*

### Conjonctions causatives.

*Afin que, de peur que, parce que* (1)*, puisque,*

---

(1) Ne confondez point *parce que*, conjonction, avec *par ce que* (*par*, préposition, *ce*, pronom démonstratif, *que*, pronom relatif). *Je jugerai* par ce que *je vous verrai faire du parti qu'il me faudra prendre.*

Ne confondez pas non plus *quoique*, conjonction, avec *quoi que* (*quoi*, pronom absolu, *que*, pronom relatif).

Quoi que *vous écriviez*, évitez la bassesse.

*attendu que*, *vu que*, *comme*, *car*, *aussi*, *c'est pourquoi.*

Ces conjonctions lient en marquant un but, un motif, une raison.

*Je vous le dis*, afin que *vous le sachiez. Cachez-lui votre dessein*, de peur qu'*il ne le traverse. Nous devons pardonner les injures*, parce que *Dieu nous le commande.*

> Puisque *vous ne touchiez jamais à cet argent*,
> *Mettez une pierre à la place ;*
> *Elle vous vaudra tout autant.*

*La séance fut prolongée*, attendu qu'*il s'agissoit d'une matière importante. Comme sans la vertu il n'est point de bonheur véritable, nous avons le plus grand intérêt à devenir vertueux. Ne faites pas cela ;* car *il vous en prendroit mal. Il a un bon caractère ;* aussi *est-il aimé de tout le monde. On l'a trompé plusieurs fois ;* c'est pourquoi *il est si méfiant.*

## Conjonctions conclusives.

*Donc*, par conséquent, *partant*, *ainsi*, *tellement que*, *de façon que*, *de manière que*, *de sorte que*, *en sorte que.*

*Je vous entends ;* donc *je ne suis pas sourd. Vous me l'avez promis ;* par conséquent *vous y êtes obligé. Vous m'avez prêté cent écus : je vous les rends ;* partant *nous sommes quittes. Je ne suis pas homme à deux paroles ;* ainsi *comptez sur moi. La nuit vint*, en sorte que *je fus contraint de me retirer.*

## Conjonctions explicatives.

*Comme*, en tant que, *savoir*, *c'est à-dire.*

Comme *Dieu*, en tant que *Dieu*, *Jésus-Christ est égal à son père :* comme *homme, il lui est inférieur. L'armée étoit composée de quarante mille hommes,* savoir, *trente mille hommes d'infanterie et dix mille de cavalerie. Tous les siècles ne produisent pas des Démosthènes, des Cicérons, des Bossuets,* c'est-à-dire, *des orateurs tels qu'ont été Démosthène, Cicéron, Bossuet.*

### Conjonctions transitives.

*Au reste, du reste, or, pour, quant.*

Elles servent à passer d'une chose à une autre.

*Voilà ce qu'on dit;* au reste, *je ne garantis pas la nouvelle. Elle est capricieuse;* du reste, *elle est honnête. Tout homme qui est esclave de ses passions est malheureux :* or, *l'homme vicieux est esclave de ses passions. Cette édition est bonne;* pour *l'autre,* quant *à l'autre, je ne la crois pas correcte.*

### Conjonctions comparatives.

*Plus que, moins que, ni plus ni moins que, de même que, comme, ainsi que, autant que, aussi bien que, aussi peu que.*

Plus *fait douceur* que *violence.*

*C'est* moins *pour lui* que *pour vous que j'ai dit cela. On l'a traité* ni *plus* ni *moins que si c'eût été un voleur. Il en est* de même *de cela* que *de toutes les autres choses.*

*Tout bourgeois veut bâtir* comme *les grands seigneurs.*

*Ainsi que la vertu le crime a ses degrés.*

*Il s'estime* autant *qu'un autre. Je sais cela* aussi bien que *vous. Nous avons* aussi peu *d'argent l'un* que *l'autre.*

*En* remplace quelquefois la conjonction comparative *comme*. *Il agit* en *roi*, c'est-à-dire, *il agit* comme *un roi agiroit.*

### De la conjonction que.

Les grammairiens appellent *conductive* la conjonction *que*, parce qu'elle sert à conduire le sens à la perfection.

*Il y a long-temps* que *je vois* qu'*il se ruine.*

> *C'est peu qu'en un ouvrage, où les fautes fourmillent,*
> *Des traits d'esprit, semés de temps en temps, pétillent :*
> *Il faut que chaque chose y soit mise en son lieu ;*
> *Que le début, la fin, répondent au milieu.*
>
> *Aimez* qu'on *vous conseille, et non pas* qu'on *vous loue.*

Il n'est presque point de phrase où la conjonction *que* ne se trouve.

Il a suffi de joindre *que* aux prépositions *avant*, *après*, *depuis*, *dès*, *pendant*, *attendu*, *vu*, et aux adverbes *bien*, *aussitôt*, *plus*, *moins*, *autant*, *ainsi*, *de même*, pour que ces mots fussent transformés en conjonctions.

Pareillement, en ajoutant *que* aux mots *excepté*, *hors*, *loin*, *outre*, *pour*, *sans*, *selon*, *voilà*, nous aurons les conjonctions qui lient les différentes parties dans les phrases suivantes :

*Ils se ressemblent parfaitement*, excepté que *l'un est un peu plus grand que l'autre. On lui a fait toutes sortes de mauvais traitements*, hors qu'on *ne l'a pas battu.* Loin qu'*il soit disposé à se repentir, il est homme à pis faire.* Outre qu'*elle est riche, elle est belle et sage. Il est assez de mes amis*, pour que *je puisse compter sur lui en cette occasion. Je l'ai fait* sans qu'on *me l'ait dit. Il sera payé* selon qu'*il travaillera. Nous croyions n'avoir plus rien à craindre :* voilà que *de nouveaux ennemis viennent nous assaillir.*

Non–seulement *que* entre dans la composition de plusieurs conjonctions, il en remplace encore un grand nombre.

Après l'impératif, il se met pour *afin que. Approchez, que je vous parle.*

Après *il y a* ( tant de temps), *que* se met pour *depuis que. Il y a deux heures* qu'*il est sorti.*

Après l'interrogation , il tient lieu de *puisque.*
*Qu'avez–vous donc, que vous ne mangez point?*

On le met
pour *lorsque. Je lui parlai,* qu'*il étoit encore au lit.*

— *à moins que. Je ne serai pas de la partie, que vous ne me promettiez d'en être.*

— *avant que. Ne sortez point,* que *vous ne soyez guéri.*

— *de peur que. Retirez-vous,* qu'*il ne vous maltraite.*

— *parce que. Engagé* que *j'étois dans la foule, je n'ai pu arriver plus tôt.*

— *sans que. Il ne soupe jamais,* qu'*il ne s'en trouve mal.*

— *si, dès que* ou *aussitôt que. Qu'il fasse le moindre excès, il tombe malade.*

— *de telle sorte que. On le régala,* que *rien n'y manquoit.*

— *soit que. Que je gagne* ou que *je perde cette partie, je quitte le jeu quand elle sera finie.*

La phrase : *On vous demanderoit une somme plus considérable,* que *vous ne devriez pas hésiter à la donner,* est pour : Quand même *on vous demanderoit une somme plus considérable, vous ne devriez...*

On met aussi *que* à la place de *comme, quand, lorsque, parce que, puisque, pourvu que, quoique, à moins que*, *si*, *tandis que...* afin d'éviter la répétition de ces conjonctions dans la même phrase.

Comme *il sent son foible, et qu'il craint que les autres ne s'en aperçoivent, il ne se met pas trop en avant.* Quand *une lecture vous élève l'esprit, et qu'elle vous inspire des sentiments nobles et courageux, ne cherchez pas une autre règle pour juger de l'ouvrage.* Qu'on est digne de mépris, lorsqu'on peut faire des heureux et qu'on ne le veut pas! Vous devez lui donner cette somme, parce qu'il en a besoin, que vous êtes en état de la lui prêter, et que vous ne courez aucun risque de la perdre.* Puisque *la fortune vous abandonne, que vos amis vous trahissent, que vos ennemis vous accablent, que vos proches vous persécutent, ce n'est plus que de la religion que vous avez à attendre des consolations.*

> *Je t'ai tout avoué, je ne m'en repens pas,*
> *Pourvu que, de ma mort respectant les approches,*
> *Tu ne m'affliges plus par d'injustes reproches,*
> *Et que tes vains secours cessent de rappeler*
> *Un reste de chaleur tout prêt à s'exhaler.*

Quoiqu'*il soit âgé et qu'il ait essuyé plusieurs maladies, il ne laisse pas d'être vigoureux.* Il ne sort point, à moins qu'il ne fasse beau, et qu'on ne vienne le prendre en carrosse. Si vous donnez votre parole, et que vous ne la teniez pas, que voulez-vous qu'on en pense?*

> *Pour un âne enlevé deux voleurs se battoient :*
> *L'un vouloit le garder; l'autre le vouloit vendre.*
> *Tandis que coups de poings trottoient,*
> *Et que nos champions songeoient à se défendre,*
> *Arrive un troisième larron*
> *Qui saisit maître Aliboron.*

DES

# INTERJECTIONS ET DES PARTICULES.

Les *interjections* sont des mots indéclinables dont on se sert pour exprimer les affections ou les mouvements de l'âme.

*Ah*, *bon*, servent à marquer la joie, la satisfaction.

Ah! *que je suis aise de vous voir! Voilà qu'ils arrivent;* bon!

*Ah*, *ahi*, *aïe*, *ouf*, *hélas*, *las*, marquent la douleur, la tris-esse.

Ah! *vous me faites mal.* Aïe! *vous me blessez.* Las! *que j'ai souffert de peine!*

> Hélas! *il mourra donc. Il n'a, pour sa défense,*
> *Que les pleurs de sa mère et que son innocence.*

*Ah*, *ha*, *oh*, *ho*, marquent l'admiration, la surprise, l'étonnement.

Ah! *que cela est beau!* Ah! *que me dites-vous!* Ha! *vous voilà!*

Ho! *que me dites-vous là!*

*Ho* marque la dérision dans ho, ho! *vous faites donc l'entendu!*

*Oh* sert aussi à appuyer sur l'affirmative ou la négative. Oh, *pour cela, oui.* Oh, *pour cela, non.*

*Eh* marque la surprise; *hé*, la commisération.

Eh ! *qui auroit pu croire que...* Hé ! *pauvre homme*, *que je vous plains !*

On emploie aussi *hé* pour avertir.

Hé ! *qu'allez-vous faire ?* Pour interroger. *Hé bien ?*

*Hé* ou *hè*, *hem*, *holà*, servent à appeler.

Hé, *viens çà*. Hem, *venez çà*. Holà, *quelqu'un*.

*Hein* s'emploie pour faire répéter ce qu'on n'a pas entendu, ou ce qu'on a mal entendu.

*Holà ! Tout beau ! Tout doux !* s'emploient pour faire cesser.

Tout beau ! *point de familiarité*. Tout doux ! *vous vous passionnez trop*.

*Hom* exprime le doute.

Hom ! *j'ai de la peine à vous croire : cela ne s'accorde guère avec ce que je sais d'ailleurs.* Hom ! *il est bien jeune.*

*Ouais* marque de la surprise.

Ouais ! *c'est ainsi qu'on nous traite !*

*Chut*, *motus*, *paix*, servent à imposer silence.

*Fi*, *fi donc*, *pouah* (terme bas et populaire), marquent l'aversion, le dégoût. Fi , *le vilain !*

On se sert de *gare* pour avertir que l'on se range, que l'on se détourne.

On se sert de *çà*, *allons*, *gai*, *courage*, *ferme*, *alerte*, pour exciter, encourager.

Çà , *mettons-nous à l'ouvrage*.

Allons, ferme ! *poussez, mes bons amis de cour.*

Alerte , *camarades !*

*Crac* marque la soudaineté d'un fait, d'un événement.
*Crac*, *le voilà parti.*

*Nota.* On a pu remarquer qu'un même mot exprime différents mouvements de l'âme : on les distingue par les différents tons dont on les prononce.

Nous avons déjà parlé des particules *ci* et *là* et des particules relatives *y*, *en*, *où*.

Nous remarquerons, au sujet de ces trois dernières, qu'on pourroit les mettre au nombre des adverbes, puisque chacune d'elles a la propriété des adverbes, qui consiste à avoir pour équivalent une préposition et son complément.

*Y* est quelquefois une particule sans rapport à aucune chose qui ait été exprimée auparavant. *Il y a des gens... Y a-t-il quelque chose pour votre service?*

On peut dire la même chose de *en*. Par exemple, ce mot est particule sans rapport dans : *Il en est de cela comme de la plupart des choses.*

Lorsque *en* est sans rapport à aucune chose exprimée auparavant, et qu'il précède l'un des verbes *avoir*, *vouloir*, *se prendre*, la particule et le verbe forment ensemble un sens que l'explication des exemples suivants fera connoître.

Les phrases : *A qui* en avez-vous? *A qui* en voulez-vous? *Il* en veut *depuis long-temps à un tel. S'il m'arrive du mal, je* m'en prendrai *à vous*, signifient : *Contre qui avez-vous de la colère? A qui voulez-vous parler? Il veut du mal à un tel depuis long-temps. S'il m'arrive du mal, je vous l'imputerai.*

*Que*, au commencement d'une phrase, s'il n'est pas suivi d'un temps au subjonctif, est une particule qui annonce

L'admiration : Que *la puissance de Dieu est grande !*

L'ironie : Que *je vous trouve plaisant !* Que *vous êtes ponctuel ! Il y a deux heures que vous devriez être arrivé.*

Le reproche : Que *vous êtes importun !*

Le désir : Que *je voudrois qu'il nous débarrassât de sa présence !*

Un sentiment profond :

> *A tous les cœurs bien nés que la patrie est chère !*

*O* sert à annoncer qu'il y a exclamation dans le discours : *ô temps ! ô mœurs !*

> *O jour heureux pour moi !*
> *De quelle ardeur j'irois reconnoître mon roi !*

*O le plaisant homme de prétendre que...*

*O* se met aussi avant le nom de la personne ou de la chose personnifiée à laquelle on adresse la parole.

> *O ma chère* Céphise !
> *Ce n'est point avec toi que mon cœur se déguise.*

> *Quand verrai-je, ô* Sion, *relever tes remparts ?*

*Oui*, particule affirmative, est quelquefois suivi, dans le discours familier, de la particule *da. Oui-da.*

*Non*, particule négative, directement opposée à la particule affirmative *oui.*

*Si*, particule affirmative qu'on oppose à *non. Je gage que non. — Et moi, je gage que si.*

*Nenni*, particule négative qui n'est guère que du style familier. Cette particule est quelquefois suivie de *da. Nenni-da.*

*Pas, point, plus, ne, ne... pas, ne... point, ne... plus,*

sont encore des particules négatives : *Nous ne sortons pas. Nous ne sortirons point. Allons*, plus *de larmes*, plus *de chagrin. Nous n'avons* plus *d'argent.*

*Emploi de* pas *et de* point.

*Point* nie plus fortement que *pas. Je n'en veux point*, marque une volonté plus ferme que *je n'en veux pas.*

*Pas* convient mieux à quelque chose de passager et d'accidentel ; *point*, à quelque chose de permanent et d'habituel.

*Il ne dort pas,* signifie : *Il ne dort pas présentement. Il ne dort point*, signifie : *Il a une insomnie habituelle.* On ne dira pas d'un joueur : *Il ne joue point ;* ce seroit dire : *Il n'est pas adonné au jeu.* On dira : *Il ne joue pas*, si l'on veut faire entendre qu'*il ne joue pas actuellement.*

*Pas* est préférable à *point* avant les adverbes et les adjectifs numéraux.

*Il n'est* pas encore *temps. Cicéron n'est* pas moins *véhément que Démosthène. On n'est* pas toujours *jeune. Il n'y a* pas dix *ans.*

*Pas* et *point* se mettent sans *ne*, lorsque le verbe est sous-entendu dans la phrase.

> Pas *un seul petit morceau*
> *De mouche ou de vermisseau !*

> Point *de cesse*, point *de relâche.*

Il y a dans les phrases précédentes ce qu'on appelle *ellipse.*

L'ellipse est le retranchement d'un ou de plusieurs mots qui seroient nécessaires pour la régularité de la

construction, que néanmoins l'usage permet de supprimer, mais qu'on peut facilement suppléer.

La fourmi ne trouvoit *pas un seul petit morceau de
mouche ou de vermisseau*. Il n'y avoit *point de cesse,
point de relâche* pour les deux pauvres servantes.

Après une interrogation, *point* peut seul servir de
réponse, au lieu que *pas* doit être accompagné de quelque autre mot. *Avez-vous de l'argent?* — Pas trop. *En
êtes-vous fâché?* — Point.

Ces deux réponses sont elliptiques. ( Les réponses aux
interrogations le sont communément. ) On répond :
*Pas trop* pour *je n'en ai pas trop; point* pour *je n'en
suis point fâché.*

A la fin d'une phrase elliptique, *point* se met au lieu
de *non*, et jamais *pas. Je le croyois mon ami; mais
point.*

### *Emploi de* ne, *de* ne... pas *et de* ne... point.

Pour marquer la négation, on emploie le plus souvent *ne... pas* ou *ne... point.*

### *Quand peut-on supprimer* pas *et* point?

Avec *cesser, oser, pouvoir,* on marque également la
négation par *ne* ou par *ne... pas, ne... point. Il n'a cessé
de gronder. Il n'a* point *cessé de gronder. Je n'ose. Je
n'ose* pas. *Je ne* puis. *Je ne* puis pas.

On pourra dire : *Y a-t-il un homme dont elle* ne *médise* ou *dont elle* ne *médise* point? *Avez-vous un ami
qui* ne *soit* ou *qui* ne *soit* pas *des miens?* Mais, dans ces
sortes d'interrogations, il est plus élégant de supprimer
*pas* et *point.*

On peut aussi dire dans la conversation : *Ne bougez,*
pour *ne bougez pas.*

*Quand doit-on supprimer* pas *et* point ?

On doit ne mettre que *ne* avec les mots *aucun*, *aucunement*, *nul*, *nullement*, *ni*, *guère*, *jamais*, *personne*, *qui que ce soit*, *rien*, *quoi que ce soit*, *brin*, *goutte*, *mot*, lorsque ces trois derniers termes suivent immédiatement le verbe.

*Aucune raison* ne *le satisfait. Il* n'*est* nullement *persuadé. Ce que vous commandez est évidemment injuste :* *ainsi je* ne *dois*, ni ne *puis obéir. Les enfants* n'ont ni *passé* ni *avenir ; et*, ce qui ne *nous arrive* guère, *ils jouissent du présent.* Ne *me parlez* jamais *de cela.*

*Je* n'*en ai cueilli* brin. *On* n'*y entend* goutte. *Qui* ne *dit* mot, *consent.*

Si, après une phrase négative, le relatif amène une autre phrase négative, cette autre phrase n'admet que *ne* pour marquer la négation.

*Il* n'*y a point de contrées en Europe* où *il* n'*ait voyagé,* qu'*il* n'*ait parcourues. Je ne vois personne* qui n'*embrasse sa cause. Il ne dit mot* qui ne *soit applaudi. Ne faites rien* qui ne *soit digne des maximes de vertu que j'ai tâché de vous inspirer.*

*Savoir*, employé négativement et dans le sens de *pouvoir*, prend seulement *ne*.

*Je* ne *saurois en venir à bout.*

Quand ce même verbe, pris négativement, signifie *être incertain*, ne suffit aussi pour marquer la négation. *Je* ne *sais à quoi me déterminer.*

Mais il faut ajouter *pas* ou *point*, lorsque *savoir*, pris négativement, signifie *ignorer.*

*Je* ne *sais* pas *l'allemand. Je* ne *savois* point *votre retour.*

Les particules précédentes sont des mots. Il y a d'autres particules qui n'en sont que des parties : ce sont des syllabes qui, jointes à des mots simples, changent quelque chose à leur signification.

*Ante* ou *anti*, du mot latin *ante*, marque antériorité. *Antécédent*, *antépénultième*, *antichambre*, *antidater*.

*Anti* ou *ante*, du mot grec ἀντὶ, marque opposition. *Antarctique*, *Antéchrist*, *antidote*, *antipathie*.

Les syllabes *dé*, *dis*, jointes à certains mots simples, en font des composés qui ont un sens opposé au sens primitif. *Découdre*, *défaire*, *déloyal*, *démasquer*, *déplaire* (1),... *discontinuer*, *discrédit*, *disgrâce*, *disparoître*, *dissemblable*...

Dans *déballer*, *débarquer*, *décourager*, *dégager*, *déménager*, *déterrer*.... *dé* marque le contraire de ce qui est marqué par *em*, *en* dans *emballer*, *embarquer*, *encourager*, *engager*, *emménager*, *enterrer*...

La particule *in* donne à beaucoup de mots un sens négatif. *Inanimé*, *inattentif*, *incapable*, *indocile*, *inégal*, *infidèle*, *ingratitude*, *inhumanité*, *injustice* (2)...

*Mi* dans *midi*, *minuit*, à *mi-terme*, à *mi-chemin*, à *mi-côte*, à *mi-jambe*, à *mi-corps*, *la mi-mai*, *la mi-août*, *la mi-carême*, sert à marquer le point ou l'endroit où la chose exprimée par le simple est par-

---

(1) Lorsque le simple commence par une voyelle ou une *h muette*, par euphonie, on met *s* entre la particule *dé* et le simple.

*Désagréable*, *désennuyer*, *désordre*, *déshabiller*...

Lorsque le simple commence par *s*, on double cette lettre pour conserver au *c doux* sa prononciation. *Dessaler*, *desservir*.

(2) Quand le simple commence par *m* ou par *p*, on met *m* à la place de *n*. *Immortel*, *impossible*.

Si le simple commence par *l* ou par *r*, l'euphonie demande que *n* se change en *l* ou en *r*. *Illégal*, *illicite*, *irrésolu*, *irréparable*.

tagée, peut être partagée en deux portions égales ou à peu près.

Il est à remarquer que la particule, jointe au mot *carême* ou à un nom de mois, est précédée de l'article féminin, quoique les noms soient tous masculins.

*Re*, joint aux mots *bâtir, chute, dire, faire, monter, paroître, voir, venir,...* leur donne un sens réduplicatif.

Quand le simple commence par une voyelle, *ré* ou seulement *r* marque le sens réduplicatif. *Réassigner, réédifier, réimprimer, ramener, ravoir, récrire, rembarquer...*

# MOTS PRIS SUBSTANTIVEMENT
## OU ADJECTIVEMENT.

*De l'emploi des mots d'une espèce comme mots d'une autre espèce.*

D'APRÈS les exemples suivants, on voit que les mots de toutes les sortes peuvent être employés comme *noms*.

*Que dans cette proposition :* La pauvreté n'est pas un vice *, la* et *un* soient supprimés *, on aura :* Pauvreté n'est pas vice ; *expression proverbiale où la diction est plus vive.*

> *Le* (1) *vrai peut quelquefois n'être pas vraisemblable.*
> *Nous devons préférer l'*utile *à l'*agréable.
> *Que le* bon *soit toujours camarade du* beau.

> *Hélas ! on voit que de tout temps*
> *Les* petits *ont pâti des sottises des* grands.

> *Un* sot savant *est sot plus qu'un* sot *ignorant.*

*Je et* moi *sont des mots qu'il faut se garder de faire revenir souvent dans la conversation.*

> *... Le financier se plaignoit*
> *Que les soins de la Providence*
> *N'eussent pas au marché fait vendre le* dormir
> *Comme le* manger *et le* boire.

> *Un* tiens vaut *, ce dit-on, mieux que deux* tu l'auras.

---

(1) Lorsqu'un mot est pris substantivement, il est ordinairement précédé de l'article ou d'un adjectif prépositif.

*A entendre cet homme*, *on voit que c'est un* échappé *des Petites-Maisons.*

*Il y a du* pour *et du* contre *dans cette affaire.*

*Si nous voyions le* dessous *des cartes, nous agirions plus sûrement.*

Souvent le mieux est l'ennemi du bien.

Du peu qu'il a le sage est satisfait.

*Avec cet homme-là il y a toujours des* si *et des* mais.

*Vous avez beau dire, vos* pourquoi *et vos* comment *n'expliquent rien.*

*Il fit de grands* hélas. *Mettre le* holà, *les* holà.

*Il a dit ce* oui-*là de bon cœur.*

*Il a répondu un* non *bien sec.*

Quelquefois les noms tiennent lieu d'adjectifs; c'est lorsqu'ils expriment la qualité du sujet.

Un père est toujours père.

Les bêtes ne sont pas si bêtes qu'on le pense.

Employé sans auxiliaire, le participe est *adjectif;* et on l'appelle *participe pris adjectivement.* Voy. pag. 74.

On peut employer comme *adjectifs* les gérondifs qui, sans blesser l'usage, peuvent être précédés d'un temps du verbe *être.* Tels sont les gérondifs (1) *caressant, complaisant, exigeant, obéissant, obligeant, préve- nant, rampant, reconnoissant, séduisant, touchant...* Ces adjectifs s'appellent *adjectifs verbaux.*

Employés comme gérondifs, les mots *caressant, complaisant....* sont invariables: employés comme ad- jectifs, ils ont les deux genres et les deux nombres. Il

---

(1) Tels ne sont point les gérondifs *bâtissant, connoissant, écri- vant, jouant, lisant, sortant, soupant....* On ne dit pas : *Je suis jouant, il est lisant, nous serons soupant....* on dit : *Je joue, il lit, nous souperons.*

est donc important de connoître si le mot verbal terminé en *ant* est gérondif ou adjectif.

1° Le mot verbal terminé en *ant* est adjectif toutes les fois qu'il est lié au sujet par l'un des verbes *être, paroître, sembler, devenir, passer pour.*

*Recourez à ces messieurs avec une confiance entière; ils* sont *trop* obligeants *pour que vous ayez à craindre un refus. Ces* hommes, *autrefois si fiers,* deviennent rampants *par intérêt.*

2° Le mot verbal terminé en *ant* est adjectif, quand on peut, sans blesser l'usage, le faire précéder du verbe *être. J'ai vu cette* malade *presque* mourante. *Faites des* provisions suffisantes *pour le repas de noces.* On peut dire : *J'ai vu cette* malade qui étoit *presque* mourante. *Faites des* provisions qui soient suffisantes *pour le repas de noces.*

Dans la phrase suivante :

> *Et l'assiette, volant,*
> *S'en va frapper le mur, et revient en roulant.*

*Volant* est un gérondif. On ne peut pas dire : *L'assiette qui est volante.*

Le gérondif ne se remplace point par un adjectif verbal précédé du verbe *être;* il ne peut se tourner que par un temps du verbe auquel il appartient ; et l'on joint ce temps au reste de la phrase par le relatif ou l'une des conjonctions *comme, parce que, puisque, lorsque...* *L'assiette volant* signifie *l'assiette qui vole.* Cette dame *montroit une bonté rare,* obligeant *toujours, quand l'occasion se présentoit de le faire. Obligeant...* ( *puisqu'elle obligeoit...* ) *Cette* somme, suffisant *pour ma subsistance, je m'en contenterai. Cette somme suffisant...* ( *Comme cette somme suffira...* )

## DES NOMS COMPOSÉS.

Lorsque plusieurs mots désignent une personne ou une chose, l'ensemble est un *nom composé.* Tels sont les noms *arc-boutant, arc-en-ciel, passe-partout, petit-maître, porte-enseigne, porte-faix.*

Quelques-uns de ces noms n'ont que le singulier, comme *contre-pied, main-morte.*

### Formation du pluriel dans les noms composés.

*Nota.* Les règles suivantes ne regardent point les noms où les mots qui entrent dans la composition sont écrits de suite comme n'en faisant qu'un. Ces noms forment leur pluriel comme les noms simples. *Un atout, deux atous; une contrefaçon, des contrefaçons; un contre-vent, des contrevents; un passeport, des passeports; un portefeuille, des portefeuilles; un parapluie, des parapluies...*

Sont exceptés les noms *monsieur, madame, mademoiselle, monseigneur,* qui suivent la seconde règle.

*Règle première.* Quand il n'entre dans les noms composés ni substantifs, ni adjectifs, le pluriel est toujours semblable au singulier. *Un laissez-passer, des laissez-passer; un on dit, des on dit; un ouï-dire, des ouï-dire; un passe-partout, des passe-partout; un peut-être, des peut-être...*

*Règle seconde.* Quand un nom est composé d'un substantif et d'un adjectif, l'un et l'autre prennent la marque du pluriel. *Des arcs-boutants, des basses-tailles, des bouts-rimés, des chefs-lieux, des loups-garous, des petits-maîtres, des pies-grièches... Messieurs, mesdames, mesdemoiselles, messeigneurs...*

*Exception.* On écrit *des pont-neuf*, parce que cette expression est un abrégé de celle-ci : *Des* chansons telles qu'on en chantoit sur le *Pont-Neuf.*

*Règle troisième.* Un substantif régime d'une préposition dans un nom composé ne prend point la marque du pluriel. *Un à compte, deux à compte; un boute-en-train, des boute-en-train; un fouille-au-pot, des fouille-au-pot; un hors-d'œuvre, des hors-d'œuvre.*

*Règle quatrième.* Si la préposition est précédée d'un substantif, ce substantif prend la marque du pluriel. *Un arc-en-ciel, des arcs-en-ciel; un chef-d'œuvre, des chefs-d'œuvre; un croc-en-jambe, des crocs-en-jambe...*

Les noms *bain-marie, garde-marine, hôtel-Dieu...* étant des expressions abrégées de *bain de Marie, garde de la marine, hôtel de Dieu*, peuvent être compris dans la même règle et la précédente. On écrira au pluriel : *Des* bains-*marie*, *des* gardes-*marine*, *des* hôtels-*Dieu.*

*Exceptions.* On écrit *des tête-à-tête, des coq-à-l'âne.* En effet, *des tête-à-tête* sont *des* entretiens, *des* entrevues de deux personnes seules *tête-à-tête; des coq-à-l'âne* sont *des* propos semblables à ceux d'un certain avocat qui, ayant à parler d'un coq et d'un âne, passoit sans ordre du *coq à l'âne*, nommant l'âne quand il devoit parler du coq, ou le coq lorsqu'il falloit parler de l'âne.

*Règle cinquième.* Quand les noms sont composés d'un substantif et d'un verbe, ou d'une préposition ou d'un autre mot indéclinable, le substantif prend la marque du pluriel, à moins que le développement du pluriel du nom composé n'amène que le singulier du substantif.

*Arrière-neveu, arrière-point, avant coureur, avant-garde, avant-poste, basse-contre, haute-contre* (1), *casse-noisette, contre-marque, contre-basse, contre-vérité, contre-danse, contre-ordre, couvre-pied, cure-dent, essuie-main, garde-fou, garde-meuble, grippe-sou, havre-sac, porte-manteau* ( sorte de valise ou morceau de bois attaché à la muraille, auquel on suspend les habits ), *quasi-délit, revenant-bon, tire-bouchon, vice-amiral,...* font au plur. *arrière-neveux, arrière-points, avant-coureurs, avant-gardes, avant-postes, basses-contre, hautes contre, casse-noisettes .*

Mais dans les noms composés suivants, le sens demande qu'au pluriel le substantif reste au singulier. On doit écrire *des boute feu, des brise-raison, des casse-cou, des coupe-gorge, des crève-cœur, des gagne-pain, des garde-manger, des gâte-métier, des porte-crosse, des porte-manteau* (en parlant d'officiers dont la charge est de porter le manteau du roi), *des prie-Dieu, des serre-tête...*

En effet, le développement de chacun de ces noms pluriels n'amène le substantif qu'au singulier.

Par ex. *des boute-feu* sont des incendiaires, *des* hommes qui *boutent* ( mettent ) le *feu*, qui sèment la discorde.

*Des brise-raison* sont *des* hommes qui parlent ou agissent toujours contre la *raison.*

*Des casse-cou* sont *des* endroits où l'on court risque de tomber, de se *casser* le *cou.*

---

(1) Un adjectif qui, avec un mot indéclinable, forme un nom composé, peut être réputé *substantif.*

*Des gagne-pain* sont *des* outils avec lesquels les ou-vriers *gagnent* leur *pain*.

*Des porte-crosse* sont *des* ecclésiastiques dont la fonc-tion est de *porter* la *crosse* devant un évêque.

*Des prie-Dieu* sont *des* meubles où l'on s'agenouille pour *prier Dieu*.

*Règle sixième.* Lorsque les mots sont composés de mots latins ou de mots étrangers, on les écrit au plur. comme au sing.

*On chanta cette année-là plusieurs* Te Deum. *Vos* post-scriptum *sont aussi longs que vos lettres. Cette chapelle est remplie d'*ex-voto. *Le plus beau de ces* piano-forte *n'est pas le meilleur. Nous avons dans notre bibliothèque un bon nombre d'*in-folio, *d'*in-quarto *et d'*in-octavo.

# DE LA SYNTAXE,

## ou

## DE LA CONSTRUCTION DES MOTS ET DES PHRASES.

------------

Les mots unis ensemble de manière à faire un sens, forment des *phrases*.

Une *phrase* dans laquelle on énonce un jugement, c'est-à-dire, dans laquelle on affirme ou on nie quelque chose d'un sujet quelconque, s'appelle *proposition*.

Toute *proposition* renferme au moins trois termes, le sujet, l'attribut et le mot qui lie l'un à l'autre. *La terre est ronde. Vous êtes raisonnable. Nous sommes mortels. Cet enfant sera appliqué. Mentir est une lâcheté. Nous naissons mortels. Cet enfant devient appliqué. La proposition semble vraie.*

Dans les premiers exemples, l'attribut est lié au sujet par le verbe substantif; dans les autres, l'attribut est lié au sujet par des verbes neutres qui tiennent quelque chose de la nature du verbe substantif.

Dans les exemples suivants : *Je lis; vous vivez; Pierre arrive;* l'attribut est fondu dans le verbe. *Je lis; je suis lisant. Vous vivez; vous êtes vivant. Pierre arrive; Pierre est arrivant.*

En latin, un seul mot peut faire une proposition entière, parce qu'il peut renfermer le sujet, le verbe substantif et l'attribut. Tel est le mot *lego,* qui renferme les trois mots *ego sum legens.*

Si, dans une phrase elliptique, un mot suffit pour le sens, c'est que ce mot est l'équivalent d'une proposition ayant son sujet et son attribut.

*Étes-vous content? — Oui*, c'est-à-dire, *je suis content. Comment est le malade?—Mieux*, c'est-à-dire, *le malade est mieux.*

### Des expressions explicatives ou déterminatives.

Souvent le sujet, l'attribut, sont accompagnés d'*expressions explicatives* ou *déterminatives*.

Une *expression* est *explicative*, lorsqu'elle laisse le mot auquel elle se rapporte dans toute son étendue, et qu'elle ne sert qu'à désigner une qualité de l'objet dont il s'agit. *L'homme*, créature raisonnable, *devroit s'attacher à régler ses passions.*

*Nota.* Les mots *créature raisonnable*, qui se disent du substantif *homme*, sont mis là par *apposition*.

On appelle *apposition* tout substantif qui, sans particule conjonctive, est joint avec ses dépendances à un autre substantif pour en marquer quelque attribut.

> ... *Ce* chat *exterminateur*,
> Vrai Cerbère, *étoit craint une lieue à la ronde.*

> *Un* rat, hôte d'un champ, rat de peu de cervelle,
> *Des lares paternels un jour se trouva soûl.*

Une *expression* est *déterminative*, lorsqu'elle sert à restreindre la signification du mot auquel elle se rapporte. *Les livres* vraiment utiles *sont rares. La lumière* du soleil *est éblouissante. La crainte* du Seigneur *est le commencement* de la sagesse.

L'adjectif *utiles* restreint et détermine la signification du nom *livres*: les substantifs *soleil, Seigneur, sagesse,*

restreignent ou déterminent la signification des substantifs *lumière, crainte, commencement.*

*Ce jeune homme est* ardent à l'étude. *Ce salon est*
éclatant de lumière. *Le vase est* plein de vin. *La raison
n'est pas toujours* victorieuse des passions. *Cette dame
est* heureuse au jeu. *Les ennemis étoient* inférieurs en
nombre. *Il est* versé dans la lecture *des poëtes. Vous
êtes* ignorant sur ces matières-là.

Dans chacun de ces exemples, chaque nom, joint
par une préposition à l'adjectif précédent, restreint ou
détermine la signification de cet adjectif.

Les verbes liés à des adjectifs par des prépositions,
servent aussi à en restreindre ou à en déterminer la signification. *Nous sommes* prêts à partir. *Vous êtes bien*
honteux d'avoir menti. *Vous êtes bien* contents d'avoir
attendu.

### Des régimes.

Un mot qui restreint ou détermine la signification
d'un substantif ou d'un adjectif, est *régime* de ce substantif ou de cet adjectif par la préposition qui les lie.

Ainsi, *soleil, Seigneur, sagesse,* sont régimes des
substantifs *lumière, crainte, commencement,* par la préposition *de; étude* est régime de l'adjectif *ardent,* par *à;*
*lumière, vin, passions,* sont régimes des adjectifs *éclatant, plein, victorieuse,* par *de; jeu* est régime de *heureuse,* par *à; nombre,* régime de *inférieurs,* par *en;* lecture, de *versé,* par *dans; matières,* de *ignorant,* par *sur.*

Souvent le verbe qui suit le sujet ne complète le sens
qu'à l'aide d'un *régime.*

Le régime d'un verbe est en général un mot ( substantif, pronom ou verbe ) qui en restreint ou en déter-

mine la signification. *Je lis* la Bible. *Nous parlerons* d'affaires. *L'espérance* nous *soutient. Nous comptons* sur vous. *Vous devez* obéir. *Il aime* à jouer , *et il craint* de perdre.

Le *régime* s'appelle *direct* , lorsque , comme dans le premier, le troisième et le cinquième exemple , il restreint ou détermine la signification du verbe sans le secours d'une préposition.

Le *régime* s'appelle *indirect* , lorsque , comme dans le second , le quatrième et le sixième exemple , il restreint ou détermine la signification du verbe par le moyen d'une préposition.

La préposition du régime indirect est quelquefois sous-entendue.

> *Il plaît à tout le monde , et ne sauroit se plaire.*

*Se* , dans cet exemple , est régime de la préposition *à* sous-entendue. *Et ne sauroit se plaire* , c'est-à-dire , *et ne sauroit plaire* à lui.

Il en est de même des pronoms *me* , *te* , *nous* , *vous* , *lui* , *leur :* ils sont souvent régimes de la préposition *à* sous-entendue. *Me* se met souvent pour *à moi* , *te* pour *à toi* , *nous* pour *à nous* , *vous* pour *à vous* , *lui* pour *à lui* , *à elle ;* et *leur* se met toujours pour *à eux* , *à elles.*

Nous avons vu , page 65 , que pour trouver le régime direct d'un verbe actif, il faut chercher le nom qui réponde à l'une des questions *qui* ? ou *quoi* ? placée après le sujet et le verbe de la phrase.

Si l'on veut trouver le nom ou le pronom régime indirect d'un verbe quelconque , il faut chercher le mot qui réponde à l'une des questions *à qui* ? *de qui* ? *à quoi* ? *de quoi* ? *d'où* ? *par où* ? placée après le sujet et le verbe.

*Il plaît à tout le monde. Elle médit de tout le monde. Vous nuisez à vos intérêts. Nous jouissons de la santé. Nous arrivons de la campagne. Ils ont passé par le jardin.*

*Il plaît...* à qui? Réponse, *à tout le monde. Elle médit...* de qui? *de tout le monde. Vous nuisez...* à quoi? *à vos intérêts. Nous jouissons...* de quoi? *de la santé. Nous arrivons...* d'où? *de la campagne. Ils ont passé...* par où? *par le jardin.*

*Monde* est le régime indirect des verbes *plaît*, *médit; intérêts,* de *nuisez; santé,* de *jouissons; campagne,* de *arrivons,* et *jardin,* de *ont passé.*

*De* n'empêche point que le nom qui suit ne doive être considéré comme régime direct du verbe précédent : il suffit pour cela que ce mot ne soit pas préposition.

Dans les ex. suivants : *La diminution de sa fortune l'a contraint de congédier des domestiques ; on lui a envoyé de l'argent :* le *de* qui précède les substantifs *domestiques, argent,* n'est pas préposition ; c'est une particule extractive dont la fonction est de faire prendre le nom qui suit dans un sens partitif. *La diminution de sa fortune l'a contraint de congédier* non pas *tous ses domestiques,* mais *quelques domestiques, une partie de ses domestiques.*

*Moyen de distinguer* de, *particule extractive, d'avec* de *, préposition.*

*De* est particule extractive, et forme en même temps, avec le nom suivant, un *sujet* ou un *régime direct,* quand ce mot et le nom répondent à l'une des questions *qui est-ce qui? qui? quoi?*

*D'anciens* philosophes *ont soutenu cette opinion. Du* pain, de l'eau, des fruits, *me suffisent. Nous avons entendu* des orateurs *célèbres. Vous avez lu* de *bons* livres. *J'ai bu* d'*excellent* vin.

*De* est préposition, quand ce mot et le nom suivant répondent à l'une des questions *de qui? de quoi? d'où?* *Les œuvres* de Boileau. *Je me souviens* des *principaux* traits de *cette* histoire. *Il arrive* de Lyon.

*De* est encore préposition lorsqu'il est mis pour une autre préposition.

*Il est parti* de ( pendant *la* ) nuit. *Parlons* de (sur, touchant) *cette* affaire. *Agissons* de (avec) *bonne* foi. *Je suis charmé* de ( à cause de ) *ses* succès.

Dans les exemples suivants, le sens est complété par deux régimes du même verbe, l'un direct, l'autre indirect.

*Il a écrit une* lettre à *son* oncle. *Il a reçu de l'*argent de *son* fermier. *Une grosse rançon* a délivré *son* frère d'esclavage. *Il a aidé ses* amis de *sa* bourse. *Il a fait* des notes sur *cet* écrit.

Quelquefois le sens est complété par deux régimes indirects. *Il est passé* du salon dans *le* cabinet.

Dans chacune des parties de la phrase : *Alexandre auroit voulu* conquérir *l'*univers; *auroit-il pu* subjuguer *les* Romains? chaque infinitif détermine la signification du conditionnel précédent, et chaque substantif, régime direct, détermine la signification de l'infinitif qui le précède. Ainsi, on voit qu'un mot qui sert de régime ou de complément à un autre, peut aussi avoir besoin d'un régime ou complément. Il y a plus : ce second régime peut être aussi suivi d'un troisième, celui-ci d'un quatrième, et ainsi de suite. *Il a donné* à *sa* bru *un* service de porcelaine de Sèvres.

11.

*Il a donné....* à qui? *à sa bru*, régime indirect (rapport d'attribution); quoi? *un service*, régime direct; de quelle matière est ce service? *de porcelaine;* de quelle manufacture est cette porcelaine? *de Sèvres.*

Ce dernier mot est le complément ou le régime de *porcelaine*, parce qu'il détermine la signification de *porcelaine. Porcelaine* est le complément ou le régime partiel de *service;* et les trois mots *porcelaine de Sèvres* sont le complément ou le régime total de *service*, parce qu'ils contribuent à en déterminer la signification; enfin *service de porcelaine de Sèvres* sont le complément ou le régime total de *a donné*, parce que ces cinq mots servent à déterminer la signification de ce verbe.

### Des phrases ou propositions incidentes.

Lorsque les expressions qui accompagnent le sujet ou le régime renferment un relatif, alors elles composent une phrase ou une proposition qu'on appelle *incidente.*

*Le prince* qui gouverne sagement , *affermit son autorité. L'homme* que ses passions entraînent , *semble dépourvu de raison. Je crois des témoins* qui se font égorger.

*Le moment* où je parle *est déjà loin de moi.*

*Les soldats* sur la fidélité desquels il pouvoit compter, *furent rassemblés par son ordre.*

Il y a des *propositions incidentes* de deux sortes, des *propositions incidentes explicatives*, des *propositions incidentes déterminatives.*

Une *proposition incidente* est *explicative* lorsqu'elle ne sert qu'à faire remarquer une propriété , une qualité de l'objet dont il s'agit.

*Les savants*, qui sont plus instruits que le commun des hommes, *devroient les surpasser en sagesse.*

Une *proposition incidente* est *déterminative* lorsqu'elle sert à restreindre la signification du mot auquel elle se rapporte.

*La gloire* qui vient de la vertu *est la solide gloire.* La phrase : *qui vient de la vertu*, sert à restreindre la signification du mot *gloire*. Il ne s'agit ici ni de la gloire qu'on tire de la naissance, ni de celle qu'on acquiert dans la profession des armes, ni de celle que procurent de grands succès dans la culture des lettres ou dans la pratique des arts.

Dans la proposition incidente de l'exemple suivant : *Nous n'honorons pas l'homme* qui n'est point exact à remplir les devoirs de sa charge, les derniers mots déterminent la signification du mot *devoirs ;* le mot *devoirs* détermine la signification de *remplir ; remplir* détermine celle de *exact ;* et toute la proposition incidente détermine la signification du mot *homme*.

Il y a cette différence entre une proposition incidente explicative et une proposition incidente déterminative, que la première peut être supprimée sans que le sens de la phrase soit altéré; ce qui ne se peut de la proposition incidente déterminative. Dans la phrase : *Les grands* qui oppriment les pauvres *seront punis de Dieu*, qui est le protecteur des opprimés; on peut supprimer la dernière proposition incidente sans altérer le sens. Il n'en est pas de même de la première : on ne peut pas retrancher *qui oppriment les pauvres ;* car ceux dont on parle ne seront pas punis comme *grands*, mais comme *oppresseurs des pauvres*.

Il y a la même différence entre les expressions explicatives et les expressions déterminatives. Celles-ci ne peuvent être supprimées sans que le sens soit altéré ; celles-là peuvent l'être.

### Des prépositions
#### qui lient aux mots leurs déterminatifs.

*De* est la préposition qu'on emploie pour lier à un nom un déterminatif, soit nom, soit pronom, soit verbe à l'infinitif. *Le* désir de *la* gloire. *Les* conquêtes d'Alexandre. *La* ville de Rome. *Je ferai la* part de ceux-ci *lorsque j'aurai vu les autres copartageants. L'*envie de voyager *lui a passé.*

*A* et *de* sont les prépositions que l'on emploie le plus souvent pour lier aux adjectifs et aux verbes leurs régimes ou les mots qui déterminent leur signification.

### Régime des adjectifs.

Plusieurs adjectifs régissent les noms par *à.*

*Je ne doute pas que cela ne soit* agréable à *votre* mère. *Cet homme est* âpre au gain. *Soyez* attentif à *votre* ouvrage. *Sa mémoire* nous *sera toujours* chère. *Ses mœurs ne sont pas* conformes à *sa* doctrine. *Cela est* contraire aux préceptes *de l'Evangile. Ces gens-là ont toujours été* contraires *l'un* à l'autre. *Cet enfant est* docile aux leçons *de son maître. Tout* lui *est* égal. *La lecture de l'histoire est fort* nécessaire aux princes. *Cela est* nuisible à *votre* santé. *La vie* lui *est devenue* odieuse. *La reliure de mon livre est* semblable à celle *du vôtre. De se voir soupçonné, cela est très*-sensible à *un* homme *de bien. On doit être* sensible aux maux *d'autrui.*

D'autres adjectifs régissent les noms par *de.*

*Nous sommes* avides de gloire. *Les deux frères sont* différents d humeur. *Nul n'est* exempt de *la* mort. *Une bonne mère n'est jamais* libre de soins. *On m'a envoyé un panier* plein de fruits. *Cet homme est* plein de lui-même. *Voilà un discours* vide de sens.

*Honteux* régit l'infinitif des verbes par *de*.

*Tu es bien* honteux de *t'*être emporté *comme tu as fait.*

*Lent, prompt, prêt...* régissent les infinitifs par *à*.

*Notre maître est* lent à punir, prompt à récompenser. *La maison est* prête à tomber.

*Aisé, facile, difficile,* régissent aussi les infinitifs par *à;* mais ces infinitifs ont un sens passif.

*Les bonnes gens sont* aisés à tromper (à être trompés). *Les Fables de La Fontaine sont* faciles à apprendre (à être apprises). *Cette écriture est* difficile à lire (à être lue).

### *Remarque sur les gallicismes.*

*Les bonnes gens sont aisés à tromper; les Fables de La Fontaine sont faciles à apprendre; cette écriture est difficile à lire;* exemples où l'infinitif actif a le sens de l'infinitif passif, sont des *gallicismes*.

On appelle *gallicisme* une construction propre et particulière à la langue françoise, contraire aux règles ordinaires de la grammaire, mais autorisée par l'usage.

*Il vient de mourir, il vient de sortir, il va venir, nous allons rester,* sont aussi des gallicismes.

Dans les phrases: *Chacun a* son *opinion; d'abord elle fut* tout interdite, *mais bientôt elle fut* toute rassurée; *son,* mis pour *sa,* et l'adverbe *toute,* qui a le genre et le nombre de *rassurée,* sont des gallicismes par euphonie.

Quelques adjectifs régissent par *à* les noms et les infinitifs.

*Il est* adroit à *tous ses* exercices. *Il est* adroit à manier *des armes.*

*Ce remède est* bon au mal *de tête. Voilà du fruit* bon à confire, *du vin* bon à boire (l'infinitif qui suit cet adjectif a un sens passif comme l'infinitif qui suit les adjectifs *aisé, facile, difficile.*)

*La nature de l'homme est* encline au mal. *Les hommes sont* enclins à médire.

*Il faut être* exact à *ses* devoirs. *Soyez* exact à payer *vos ouvriers.*

*Un homme grand et robuste est plus* propre *qu'un autre* au métier *des armes. Cette arme est* propre à la guerre *défensive. Ce bois est* propre à bâtir.

*Le pays est* sujet aux inondations. *Il n'est malheureusement que trop* sujet à s'enivrer. *Les couleurs tendres sont* sujettes à se passer.

D'autres adjectifs régissent par *de* les noms et les infinitifs.

*Cet homme est* capable des *plus grandes* choses, capable de gouverner *un empire.*

(Employé pour qualifier des choses, cet adjectif n'a guère d'usage qu'avec *tenir* ou *contenir. La salle est* capable de contenir *tant de personnes. Le vase est* capable de tenir *tant de litres.* )

*L'heureux homme! il a sujet d'être* content de *ses* enfants, de *sa* fortune. *Que cette mère est* contente d'avoir *si bien* marié *sa fille !*

*Le trait est* digne de lui (*Digne* se dit, soit en mal, soit en bien, selon les qualités de celui dont on parle). *Enfant* digne de récompense, digne d'être aimé. *Fripon* digne d'*une* punition *exemplaire*, d'être puni *exemplairement. Scélérat* indigne de vivre.

*Mari* fou de *sa* femme. *Amateur* fou de tableaux. *Vous êtes bien* fou de vous *en* fâcher.

*Le chat est* impatient de *la* contrainte. *Je suis fort* impatient de savoir *le résultat de la délibération.*

*Nous sommes bien* las de *cet* homme-*là et* de *ses* impertinences. *Je suis* las de marcher.

*Une femme ne peut être trop* soigneuse de *sa* réputation, de conserver *sa* réputation.

*Paresseux* régit l'infinitif par *à* ou par *de. Cet enfant est* paresseux à *se* lever. *Il a toujours été* paresseux d'écrire.

*Curieux* régit les noms par *de* et par *en*, et les infinitifs seulement par *de. Nous sommes* curieux de fleurs, de nouvelles, de livres, de tableaux. *Elle est* curieuse en habits, en linge. *Nous l'avons toujours vu* curieux de savoir, d'apprendre.

*Ignorant* régit les noms par *de, en, sur.*

*Il est* ignorant du fait. *Il sait beaucoup de choses;* mais *il est fort* ignorant en géographie. *Il est* ignorant sur *ces* matières-*là.*

**On dit** : *Un père* indulgent à *ses* enfants et *un père* indulgent pour *ses* enfants; mais si le régime de l'adjectif est un nom de chose, il faut employer *pour. Il ne faut pas être trop* indulgent pour *les* fautes *de ses amis.*

*Supérieur, inférieur, utile....* peuvent avoir deux déterminatifs; l'un lié à ces adjectifs par *à*, l'autre par *en.*

*Les ennemis* nous (à nous) *étoient* supérieurs en forces. *Puis-je* vous *être* utile en *quelque* chose?

Les deux déterminatifs d'*utile* peuvent y être joints par *à. Puis-je* vous *être* utile à *quelque* chose?

Les adjectifs des exemples précédents, excepté *versé,*

*enclin*, peuvent être employés absolument, sans déterminatif.

*Zèle* ardent. *Ce fruit est* âpre. *C'est un homme très-*
capable. *Ces écritures sont* conformes. *Il vit* content. *La*
*vertu et le vice sont* contraires. *Elle est extrêmement*
curieuse. *C'est un* digne *homme. Les poids sont* égaux.
*Vénus, une des planètes* inférieures, *est un peu plus*
*petite que la terre. Que cet animal est* lent ! *Présen-*
*tement je suis* libre. *Cet homme tient ses domestiques*
*fort* sujets....

Il y a aussi des adjectifs qui n'ont jamais de déterminatif. Ce sont ceux qui, par eux-mêmes, ont une
signification déterminée. Tels sont les adjectifs *ambi-*
*tieux, courageux, inattentif, incurable, indolent,*
*inviolable, moral, vertueux....*

L'adjectif qui suit *être*, employé impersonnellement,
régit l'infinitif par *de*.

*Il est* honteux de mentir. *Il est* avantageux d'avoir
*l'estime publique. Il vous est* libre de continuer *votre*
*chemin.*

Dans ces sortes de phrases, le verbe qui suit *de* est le sujet
de la proposition, et l'adjectif en est l'attribut. *Il est honteux*
*de mentir*, c'est-à-dire, *mentir est honteux.*

### Régime des verbes.

Lorsque le verbe *être* signifie *appartenir*, il régit par
*à* le nom ou le pronom suivant.

*Tout* est à Dieu. *Ce valet* est à vous.

Quand *être*, employé à peu près dans le même sens,
est précédé de *ce*, et est suivi d'abord d'un nom ou d'un
pronom, puis d'un infinitif, il veut le nom ou le

pronom régi par *à*, et l'infinitif régi par *à* ou par *de*.

*C*'est au juge à prononcer.

> *Es-tu muette? Allons. C'est à toi de parler.*
>
> ...... *C*'est à moi *seule* à *me* rendre *justice.*

**On** met de préférence *de* avant l'infinitif qui commence par une voyelle.

*C*'est au maître à commander *sans rudesse. C*'est au serviteur d'obéir *sans délai.*

*De* lie les noms au verbe *être* pour marquer l'origine d'une chose, le lieu d'où elle vient, l'auteur qui l'a faite, de quelle profession est une personne, quelle est sa patrie.

*Les Galitzins* sont de *la* famille *des Jagellons. Cevin* est de **Bourgogne.** *Ces vers* sont de Racine. *Votre père* étoit de **Paris.** *Je* suis de **Paris.**

*C*'est la même chose, quand *être* signifie *faire partie.*

*Cet effet* est de *la* succession. *Cela n'est pas* du compte. Serez-*vous* de *nos* convives? Serez-*vous* des nôtres? *Je veux bien* être de *votre* partie.

**Quand** le verbe *avoir* sert à marquer la disposition, la possibilité, la volonté où l'on est de faire ce que l'infinitif d'un verbe suivant signifie, il régit cet infinitif par *à.*

*J*'ai à faire *une visite. Vous* avez à choisir. *Vous n'avez qu'*à parler. *J*'ai à *vous* remercier.

**Un** grand nombre de verbes actifs ont leur régime indirect précédé de *à.*

*J*'accorderai *cette proposition* à *mon* adversaire. *Dieu* a caché *ses mystères* aux sages *du siècle, et il a voulu les* révéler aux petits. *On ne doit* confier *l'administration de la justice qu'*à *des* magistrats *intègres.* Euseignez-nous *le chemin. On* a indiqué au malade *un médecin habile. Qu'a-t-il* objecté à *ce* raisonnement ? *Vous devriez* prescrire *des bornes* à *votre* ambition. Vous rappelez-*vous ce trait?*

( Le verbe précédent veut le régime direct de la chose et le régime indirect de la personne. )

*Aider* demande la préposition *à* avant le nom de la personne , lorsqu'il signifie *secourir un homme trop chargé ,* et avant le nom de la chose, lorsqu'il signifie *contribuer à faire réussir quelque chose.*

Aidez *un peu à ce pauvre* homme. *Il n'a pas peu* aidé au succès *de l'entreprise.*

*Insulter ,* qui, comme verbe actif, a ordinairement le régime direct, s'emploie avec la préposition *à ,* lorsqu'il signifie *prendre avantage de la misère d'un homme pour l'offenser, pour lui faire quelque déplaisir.*

*Il ne faut pas* insulter aux malheureux. *C'est une cruauté d'*insulter à *la* misère d'*un homme.*

Les verbes neutres *acquiescer , adhérer , convenir* (être convenable ), *nuire , obéir , participer* ( avoir part , prendre part ), *plaire , présider , recourir , remédier , renoncer , satisfaire* ( faire ce que l'on doit à l'égard de quelque chose ), *succéder....* régissent les noms par *à.*

*La lecture des Fables de La Fontaine* convient à *tous les* âges. *Je veux que vous* participiez à *ma* fortune *comme vous* avez participé à *ma* disgrâce. *En cela vous n'avez fait que* satisfaire au précepte.

Aux promesses *du ciel pourquoi* renoncez-*vous?*

*Aimer* (prendre plaisir ) ; *chercher , s'efforcer* ( employer toute sa force, ne pas assez ménager ses forces ) ;

*s'étudier* (s'appliquer, s'exercer à faire quelque chose); *oublier* (perdre l'usage, l'habitude de faire quelque chose); *tâcher* (viser à); *tarder*, régissent par *à* les infinitifs.

*Cet enfant n'*aime *guère* à lire; *mais, en revanche, il* aime *bien* à jouer. *Il* cherche à quereller; *c'est qu'il* cherche à *se* faire *battre. Ne* vous efforcez *pas* à courir. *Il* s'étudie à *vous* plaire, à *vous* servir. *Il* a oublié à chanter, à danser. *Vous* tâchez à *m'*embarrasser. *Il* tâche à *me* nuire. *Vous* avez *bien* tardé à répondre.

Les verbes actifs *accoutumer, s'appliquer, condamner, engager, exciter, exhorter, réduire* (contraindre, obliger).... qui ont le nom régime indirect précédé de *à*, régissent aussi les infinitifs par la même préposition.

*Il faut* accoutumer *les enfants* au travail, *les* accoutumer à supporter *le froid, le chaud.*

Appliquez-*vous* aux mathématiques. Appliquez-*vous* à *bien* remplir *les devoirs de votre état.*

*On l'*a condamné au bannissement, à être banni.

*Cette charge l'*a engagé à beaucoup de dépense. *On l'*a engagé à entrer *dans ce parti.*

Exciter *les peuples* à *la* révolte, *c'est préparer leur malheur. L'exemple de ses ancêtres l'*excite à *les* suivre.

*Je vous* exhorte à *la* paix, à vivre *en frères.*

*Ce n'est qu'avec beaucoup de peine que je les ai ré-*duits au silence. *Cette incommodité vous* réduira à vivre *dans le plus grand régime.*

Les verbes neutres *aboutir, consentir, manquer* ( ne faire pas ce qu'on doit à l'égard de quelqu'un ou de quelque chose); *parvenir, servir* (être utile, propre à);

*songer* ( avoir quelque dessein , quelque intention )... régissent par *à* les noms et les infinitifs.

*Cela n*'aboutira *qu'à sa* ruine. *Cela n*'aboutira *qu'à le* perdre.

*Les parents* ont consenti à *ce* mariage. Consentez *seulement* à *le* voir.

. *En* manquant à *votre* parole , *vous* avez manqué à *votre* ami. *Vous* avez manqué à remplir *un devoir indispensable.*

*Sixte Quint* parvint au *souverain* pontificat. *Il n'a jamais pu* parvenir à être *riche.*

*Cet outil* sert à *un tel* usage. *Ce cheval* sert à tirer *et* à porter.

*Vous ne* songez *nullement* à *votre* salut , à faire *votre salut.*

Les verbes actifs *accuser, affranchir, approcher, s'approcher, se cacher* ( cacher , non pas soi , mais ses desseins , sa conduite ), *combler, débarrasser, dégager, dégrader, délivrer, dépouiller, détacher, éloigner, emplir, remplir, enduire, s'enorgueillir, exiger, extraire, garnir, gratifier, guérir, informer, s'informer, peupler, dépeupler, présumer, prier, priver, qualifier...* ont leur régime indirect précédé de la préposition *de.*

*On l'*a accusé de vol. *La mort nous* affranchira des misères *de ce monde.* Approchez *la table* de *la* fenêtre. *Que ne* vous approchez-*vous* du feu ? *La conduite de la jeune personne n'est pas nette; elle* se cache de *sa* mère. *Il fallut le* dégager du milieu *des ennemis. Il s'*est enorgueilli de *sa* faveur. *Nous* avons extrait *ce passage* d'un livre de l'*Ancien Testament.* Informez-*vous* de *la* vérité *du fait : vous* en informerez *ensuite les juges. Il faut toujours bien* présumer de *son* prochain ; *il* en *faut*

*toujours* présumer *le bien. On* a prié *mes frères* de *la*
noce. *On* a qualifié de duel *cette rencontre.*

Les verbes neutres *changer* ( quitter une chose pour
une autre ), *découler, émaner, jouir , manquer* ( avoir
faute de ), *médire , naître , participer* ( tenir de la nature de quelque chose ), *provenir , réchapper , triom-
pher, user, abuser, mésuser, vivre* ( en parlant des
aliments dont on se nourrit, ou en parlant des moyens
qui fournissent de quoi subsister )..., et les verbes pronominaux *se défier* ( se donner de garde de quelqu'un ,
ou n'avoir pas grande confiance en quelque chose ),
*se saisir* ( se rendre maître ), *se servir* ( user de )...
régissent les noms par *de.*

*Il* a changé d'habit, de logis. *Il* a changé d'avis, de
résolution. *Les assiégés* manquent de vivres. *Il ne*
manque *pas* de *bonne* volonté. *Jésus – Christ* est né
d'*une* vierge. *Beaucoup de maladies* naissent d'intem-
pérance. *Le mulet* participe de l'âne *et* du cheval. *Les
solitaires ne* vivoient *que* de racines, de légumes. *Les
riches* vivent de *leur* bien ; *les artisans , de leur* travail.
*C'est un malheur de* vivre d'emprunt. *Certains chevaliers* vivent d'industrie. *Les nécessiteux sont réduits à*
vivre d'aumône. ( Dans la seconde acception de *vivre ,*
on dit aussi : Vivre aux dépens *d'autrui.* ) Défions-nous
de *cet* homme-*là. Je* me défie de *mes* forces. *Il faut* se
saisir de *cet* homme-*là ; c'est un voleur. On* s'est saisi
de *l'*argent *et* des meubles. *Il* s'est servi *avec discrétion*
de *la* bourse *de ses amis.*

*Songer* ( faire un songe ), qui régit directement les
noms , les régit aussi indirectement par *de.*

*Cet homme ne* songe *que* chasse , *que* combats, *que*

fêtes, *que* réjouissances. *Cet homme ne* songe *que* de chasse, *que* de combats, *que* de fêtes, *que* de réjouissances.

*Achever, craindre, s'efforcer* ( employer son industrie pour parvenir à une fin ), *empêcher, s'empêcher, finir, manquer* ( omettre, oublier de faire quelque chose ), *oublier* ( omettre, ne pas se souvenir de faire quelque chose ), *se proposer* ( former le dessein ), *tâcher* ( faire ses efforts pour venir à bout de quelque chose )... régissent les infinitifs par *de.*

*Le jeu et la débauche* ont achevé de *le* ruiner. *Nous* craignons de *vous* déplaire. *Il* s'efforçoit de gagner *vos bonnes grâces. Je l'*empêcherai *bien* de *vous* nuire. *Quand il est dans cette maison, il ne sauroit* s'empêcher de jouer. Aurez-*vous bientôt* fini de parler?

*Ne* manquez *pas* de *vous* trouver *en tel lieu.*

On dit : *Il a* manqué de tomber, pour dire : *Peu s'en est fallu qu'il ne soit tombé.*

J'avois oublié de *vous* dire *que*... *Il* se propose de partir *dans peu de jours.* Tâchez de *le* satisfaire.

On dit : *désirer faire quelque chose* et *désirer de faire quelque chose;* mais dans ces sortes de phrases où *désirer* est suivi d'un verbe à l'infinitif, l'usage le plus ordinaire est d'y joindre la préposition *de.*

*Quand Platon fit le voyage de Sicile, Denys, tyran de Syracuse,* désira de *l'*entretenir.

L'infinitif qui suit *espérer* n'est pas ordinairement lié à ce verbe par *de. J'*espère gagner *mon procès. Il* espéroit avoir *une récompense.*

Ce n'est guère que lorsque le verbe régissant est à

l'infinitif, que le verbe régi est précédé par cette préposition : *Peut-on* espérer de *vous* revoir *bientôt?*

Quelques verbes neutres régissent par *de* les noms et
les infinitifs.

*Les Musulmans doivent* s'abstenir de vin. Abstenez-
vous de manger, *de peur d'augmenter votre fièvre.*

*Il faut* convenir ( demeurer d'accord ) de *vos* faits.
*Ils* convinrent de *se* trouver *en tel lieu.*

*Il est médecin ; et il* se mêle de médailles. *Il est médecin ; et il* se mêle de peindre.

Repentons-nous de *nos* fautes. Repentons-nous
d'avoir offensé *Dieu.*

*Il* se ressentira *long-temps* des débauches *de sa jeunesse. Ce pays* se ressentira *long-temps* d'avoir été ruiné
*par la guerre.*

*Il devroit* rougir de *sa mauvaise* conduite. *Il faut*
rougir de commettre *des fautes, et non* de *les* avouer.

*Nous ne* nous soucions *point* de *cet* homme-*là. Il* se
soucie *peu* de conserver *ses amis ; et il* se soucie *beaucoup* de conserver *son argent.*

*Cet homme est apathique; il ne* se souvient *ni* des
bienfaits *ni* des injures. Vous souvenez-*vous* d'avoir lu
*cela?*

Il y a des verbes actifs qui , outre le régime direct et
le régime d'attribution, peuvent, au moyen de la préposition *de* , avoir un second régime indirect.

*Je ne* donnerai au libraire *que vingt* francs de *cette
nouvelle* édition. *Il* a offert au seigneur *huit mille* francs
*de la* ferme *contiguë au château. Nous* nous promettons
cela de *votre* bonté.

Les verbes *offrir, se promettre* , peuvent régir aussi

un infinitif par *de ;* mais alors ils n'ont point de régime direct.

*Il* m'a offert de *me* céder *son cheval. Nous* nous promettons d'*y* arriver *aussitôt que vous.*

Les verbes *contribuer, s'enquérir, parler, servir* (tenir la place, faire l'office de )... régissent quelquefois deux noms dans la même phrase, l'un par *à*, l'autre par *de*.

*Le seigneur* a contribué de *ses* deniers à *cette bonne* œuvre. Enquérez-vous de *la* vérité *du fait* aux personnes *qui en sont instruites.*

> Parle-lui *tous les jours* des vertus *de son père ;*
> *Et quelquefois aussi* parle-lui de *sa* mère.

*Il* a servi de père à *cet* orphelin. *Mon manteau* me servira de couverture.

Il y a des verbes qui régissent les noms par *à* et les infinitifs par *de*.

*Dieu* nous commande d'aimer *notre prochain, et* nous défend de haïr *nos ennemis. Nous* avons conseillé aux *deux* parties de s'accommoder. *Je ne* vous promets *pas* d'*y* réussir.

*Un bon père* recommande à *ses* enfants d'aimer *la vertu*, de fuir *le vice.*

Les verbes *commencer, continuer, contraindre, forcer, obliger*, régissent les infinitifs par *à* ou par *de*.

Là-dessus, nous ferons deux observations :

1°. C'est *de* qu'on emploie de préférence, lorsqu'il s'agit d'éviter la rencontre désagréable de deux voyelles.

2°. *Contraindre, forcer, obliger*, employés au passif, régissent l'infinitif plutôt par *de* que par *à*.

*Le jour* commençoit à poindre. *Sirius* commence à paroître *sur l'horizon. Il* avoit commencé d'écrire *sa lettre. Le vent* commença de souffler *avec moins de violence.*

Continuez à *bien* faire ; *et vous vous en trouverez bien. Je me retire, si vous* continuez d'écrire. Continuez d'étudier, d'acquérir *de la science.*

*Nous* contraignîmes *les assiégés* à se rendre. *Les assiégés* furent contraints de *se* rendre. *Nous* avons contraint *le vaisseau ennemi* d'amener *son pavillon. Les ennemis vouloient nous* forcer à combattre.

*On nous* força d'abandonner *notre patrie. Nous* fûmes forcés de *nous* expatrier.

*La justice nous* oblige à restituer *le bien mal acquis. Les calomniateurs et les médisants* sont obligés de réparer *le tort qu'ils ont fait au prochain par leurs discours envenimés.*

## *Remarque sur* prier.

*Prier,* outre son régime direct, qui est toujours un nom de personne, peut avoir un infinitif pour second régime. Cet infinitif est presque toujours régi par *de. On* a prié *son* maître de *le* traiter *avec plus* d'indulgence. *Nous* vous prions de *les* prendre *sous votre protection. Il* m'a prié de manger *sa soupe.*

*Prier* n'admet *à* qu'avec les verbes *dîner, souper,* lorsqu'il est question d'un repas de cérémonie.

*Prier à dîner,* c'est faire une invitation de dessein prémédité.

*Prier de dîner,* c'est engager à dîner par occasion, par rencontre. Vous arrivez dans une maison où vous n'étiez pas attendu ; si l'on veut vous retenir à dîner, on

12

ne vous dira point : *Nous vous prions à dîner ;* on vous dira : *Nous vous prions de dîner.*

### *Remarque sur* continuer, contraindre....

Si *continuer, contraindre, forcer, obliger,* doivent avoir un nom ou un pronom déterminatif indirect, ce déterminatif doit être lié au verbe par la préposition *à.*

*Nous vous prions de* continuer *vos bienfaits* à *cet* infortuné. *On les* contraignit à cela. *Vous* êtes obligé à restitution.

### *Remarque sur* commencer.

Quand un régime de *commencer* doit désigner la première chose qu'on fait, c'est la préposition *par* qui le lie à ce verbe. *Un bon chrétien* commence *sa journée* par *la prière, et il* commence *sa prière* par se mettre en la présence de *Dieu.*

### *Régime des verbes passifs.*

Le verbe passif s'emploie souvent sans déterminatif. *La vertu sera récompensée. Le vice sera puni. La ville de Troie a été détruite.*

Quand le verbe passif doit être suivi du nom qui exprime la personne ou la chose qui a fait l'action reçue ou soufferte par le sujet, ce nom est précédé de l'une des prépositions *de* ou *par.*

*Joseph* a été vendu par *ses* frères. *Rome* fut bâtie par Romulus. *Nous* avons été attaqués par *des* voleurs *de grands chemins. Le vaisseau* fut emporté par *le* courant. *Nous* avons été surpris de *la* tempête. *Cet arbre* a été frappé de *la* foudre.

On évite d'employer *par* avant le nom de *Dieu. Les méchants* seront punis de Dieu.

*Par* doit être nécessairement employé pour le régime

du verbe passif, quand, outre ce régime, le verbe en a un autre précédé de la préposition *de*. *Il* fut accusé du vol par *le* voleur *même*. *Louis XIV* a été loué par Boileau *d'une* manière *fort ingénieuse*.

On emploie *par* lorsque le verbe passif exprime quelque opération de l'esprit, l'action d'un corps, ou une action à laquelle le corps participe.

*L'imprimerie* fut inventée par Guttemberg, Fust *et* Schoeffer. *Son pied* a été écrasé par *une* poutre. *Constantinople* fut conquise par Mahomet II.

On préfère *de* quand le verbe passif exprime quelque acte intérieur de l'âme. *Les jeunes gens vertueux* sont estimés de *tout le* monde. *Un bon roi* sera *toujours* aimé de *ses* sujets. *J'ai* été connu de *votre* aïeul.

### Régime des verbes impersonnels.

*De* précède presque toujours l'infinitif qui suit le verbe impersonnel ou pris impersonnellement.

*Les voici tous deux :* il s'agit de choisir *entre l'un et l'autre. Toutes les fois qu'il m'*arrive de songer *à cette querelle, je me sais bon gré de ne m'en être point mêlé.* Il *ne vous* convient *pas* de parler *si impérieusement.* Il *m'*ennuyoit de *ne vous point* voir. *Je crois qu'il lui* importe *fort* de faire *ce voyage.* Il *ne* nuit *pas* d'avoir étudié. *Je me résigne, puisqu'*il a plu *à Dieu* de m'affliger. *Vous* plaît-il d'être *de la partie? Qu'*il suffise *pour le moment* de *vous* dire *que....* Il *leur* tardoit *fort* de sortir *de prison.*

La préposition *à* lie quelquefois le verbe impersonnel et l'infinitif.

*S'il ne* tient *qu'*à donner *quatre-vingts francs, je les donnerai.*

L'infinitif qui suit immédiatement *être*, pris impersonnellement, est précédé de *à*.

Il est à croire *que*.... Il est à présumer *que*....

Lorsqu'*être*, pris impersonnellement, est suivi d'a-
bord d'un nom, puis d'un infinitif, le nom et l'infinitif
sont précédés de la préposition *de*.

Il est d'*un honnête* homme de *se* conduire *ainsi*.

Le verbe impersonnel *falloir* régit directement l'infinitif qui le suit. *Quand on a des dettes*, il faut *les*
acquitter.

Il faut, *autant qu'on peut*, obliger *tout le monde*.

*Valoir mieux*, pris impersonnellement, régit directement le premier infinitif de la comparaison, et veut
que *de* précède le second. *Il y a beaucoup d'occasions
où* il vaut mieux se taire *que* de parler.

*Ce qu'il faut pour qu'un même nom puisse être régime
de deux adjectifs ou de deux verbes.*

Un même nom peut être régi par deux adjectifs ou
par deux verbes, pourvu que les deux adjectifs ou les
deux verbes aient le même régime.

*Un magistrat aussi éclairé et aussi probe ne peut
manquer d'être* utile *et* cher à *ses* concitoyens. Le
substantif *concitoyens* est régime de *utile* et de *cher*,
parce que chacun de ces adjectifs régit son déterminatif
par la même préposition *à*.

*Ce torrent* a renversé *et* a entraîné *tous les* arbres *qui
se trouvoient sur son passage*. Le nom *arbres* est régi
par les deux verbes, parce que tous deux ont le même
régime.

On peut dire : *Les Grecs* assiégèrent *et* prirent Troie,

parce que *assiégèrent* et *prirent* régissent *Troie* directe-ment.

Mais on ne pourroit point dire : *Les Grecs* assiégèrent *et* s'emparèrent de Troie. Le verbe *assiégèrent* demande le régime direct, et le verbe *s'emparèrent* le régime indirect par *de*. Il faut donc mettre à la suite du pre-mier verbe le substantif sans préposition, et donner pour régime au second verbe un pronom ou un autre équivalent du substantif, qui renferme la préposition *de*.

*Les Grecs* assiégèrent Troie *et* s'en emparèrent ; ou *les Grecs* assiégèrent Troie *et* s'emparèrent de *cette* ville.

On ne diroit pas : *Le prince* a pardonné, *et même* a remis *en grâce* ceux *qui l'avoient offensé. Pardonner*, qui a le nom de chose pour régime direct, ne peut avoir le nom de personne qu'en régime indirect. *On* pardonne *les* fautes. *On* pardonne à ceux *qui les ont commises*. Pour rendre la phrase régulière, il faut dire : *Le prince* a pardonné à ceux *qui l'avoient offensé*, *et même* les a remis *en grâce*.

### Remarque.

Il ne faut point donner à un mot un régime qui ne lui convient pas. L'adjectif *prêt* régit par *à*. Montesquieu a donc fait une faute en disant : *Il n'y avoit point de services que les peuples et les rois ne fussent* prêts de rendre, *ni de bassesses qu'ils ne fissent pour l'obtenir* ( le titre d'allié des Romains ).

Le verbe pronominal *s'informer* a pour régime direct le pronom qui lui donne la forme pronominale, et un nom pour régime indirect. On dit : *S'informer de quelque chose*. Il y a donc une faute dans ce vers :

*Ne vous informez point ce que je deviendrai.*

*Ce* devoit être précédé de la préposition *de*.

### De l'article et des adjectifs prépositifs.

L'article et certains adjectifs ne se placent jamais qu'avant les noms. Ce sont les adjectifs possessifs, l'adjectif démonstratif, l'adjectif interrogatif, les adjectifs numéraux cardinaux ( quand ils ne sont pas employés comme adjectifs ordinaux ), les adjectifs *chaque*, *tout* ( mis pour *chaque* ou séparé du nom par l'article ), *quelque*, *plusieurs*, *certain* ( employé pour *quelque* ), *tel*, *aucun*, *nul*.

Pour cette raison, ces adjectifs sont appelés *prépositifs*.

*Nota.* Les adjectifs prépositifs *chaque*, *aucun*, *nul*, n'ont que le singulier ; et les deux derniers sont toujours accompagnés de la particule *ne*.

### Remarque sur les adjectifs prépositifs quel, quelque.

Outre l'adjectif prépositif *quelque*, nous avons l'adverbe *quelque* ; souvent l'adjectif interrogatif *quel* est immédiatement suivi de la conjonction *que*. Ainsi les deux sons *kel* et *ke*, entendus de suite, désignent des choses différentes. Apprenons à ne pas les confondre.

Quand les deux sons *kel* et *ke*, entendus de suite, sont immédiatement suivis d'un verbe, ils sont produits par deux mots distincts, l'adjectif *quel* et la conjonction *que*. Quel que puisse *être votre mérite*.... Quels que soient *vos succès*....

Quand ils sont suivis d'un nom, c'est l'adjectif *quelque* qui se rapporte à ce nom. *J'ai* quelques livres *que je vous prêterai*. Quelques talents *que vous ayez*.... *De* quelques avantages *que vous jouissiez*.

Mais si les deux sons *kel* et *ke* précèdent un adjectif suivi de la conjonction *que*, c'est l'adverbe *quelque*, équivalent de à quelque point, à quelque degré. Quelque habiles que *vous croyiez ces messieurs, je ne compte pas sur eux pour le succès de l'entreprise; c'est-à-dire*, à quelque degré que *vous croyez* habiles *ces messieurs, je ne compte pas sur...*

*Quelque* est aussi adverbe, quand même l'adjectif seroit immédiatement suivi de son substantif, pourvu que l'adjectif et le substantif soient suivis de la conjonction *que. De quelque grands talents que vous soyez doué, ne laissez pas d'être modeste.* En effet, ce cas-ci revient au précédent. *Quelque grands que soient vos* talents, *ne laissez pas d'être modeste.*

Si l'adjectif qui suit *quelque* est numéral cardinal, ce mot est encore adverbe; mais alors il signifie *environ. Il y avoit* quelque soixante *chevaux dans le marché.*

Quand les noms communs désignent toute une espèce d'individus ou de choses, un ou plusieurs individus déterminés, une ou plusieurs choses déterminées, on les fait précéder de l'article, à moins qu'un autre prépositif n'en fasse la fonction. L'homme *naît mortel.* Les hommes *sont sujets à se tromper.* Les armes *sont journalières.* Le général *a remporté* la victoire. Les accusés *ont été déclarés innocents; et* les accusateurs *ont été confondus. J'ai placé* les livres *dans* la bibliothèque.

Quand les noms communs sont employés dans une signification vague et indéterminée, ils ne sont point précédés de l'article.

On dit, par exemple, qu'*un homme a été traité avec* honneur. Comme il ne s'agit pas de spécifier l'*honneur particulier* qu'on lui a rendu, on ne met point l'article; *honneur* est pris ici dans un sens indéfini.

Il en est de même des noms *amitié, plaisir, service, patience*, dans les phrases suivantes : *Il nous a pris en* amitié. *Il ne demande qu'à faire* plaisir. *Il aime à rendre* service. *Donnez-vous* patience.

Mais on dira, avec l'article : *Le prince leur a fait*

l'honneur *de les admettre à sa table*, parce que l'*honneur* que le prince leur a fait est spécifié.

Pour la même raison, les substantifs *amitié, plaisir, service, patience*, sont précédés de l'article dans : *Faites-moi* l'amitié *de m'entendre. Faites-nous* le plaisir *de venir avec nous. On lui a rendu* le service *de lui prêter de l'argent. J'ai* la patience *qu'il faut.*

Dans les exemples suivants, les noms communs qui, au lieu d'être précédés de l'article, le sont d'adjectifs prépositifs, sont également pris dans un sens précis et déterminé.

Tout homme *naît mortel.* Nul homme *n'est exempt de la mort.* Chaque homme *est sujet à se tromper. Il n'existe* aucun homme *qui ne soit sujet à se tromper.* Notre général *a remporté* trois victoires *en* une campagne. Ces accusés *ont été déclarés innocents;* et leurs accusateurs *ont été confondus. J'ai placé* mes livres *dans* votre bibliothèque. Son amitié *m'est chère. Venez avec nous; faites-nous* ce plaisir. *Il nous a rendu* plusieurs services. *On a bien exercé* votre patience.

Le prépositif précède immédiatement le nom commun, à moins que ce nom ne soit précédé d'un adjectif. *La mère; la tendre mère. Tout citoyen; tout bon citoyen. Notre ami; notre meilleur ami. Quelques gravures; quelques belles gravures. Plusieurs enfants; plusieurs petits enfans.*

Lorsque l'adjectif est un superlatif, et qu'il précède le nom commun, le même article sert pour le nom et pour l'adjectif. *La plus grande ville. Les plus vastes projets. Nous devons nous attendre* aux plus funestes revers.

*Je triomphe aujourd'hui* du plus juste courroux.

Si le superlatif suit le nom, on répète l'article, parce

que, sans article, il n'y auroit point de superlatif. *La vertu la plus pure. Les raisonnements les plus solides.*

Si l'article qui est avant le nom est joint par contraction à l'une des prépositions *à*, *de*, on ne répète après le nom que *les* ou *le. Nous devons nous attendre* aux revers les plus funestes.

*Je triomphe aujourd'hui* du courroux le plus juste.

Les noms de matière ne prennent point l'article, lorsqu'avec le secours de la particule *de* ils ne font l'office que de simple qualificatif. *Une tabatière* d'or. *Une épée à poignée* d'argent. *Une table* de marbre.

Mais on dira avec l'article : *J'ai fait faire une tabatière de* (avec) l'or *qu'on m'a envoyé d'Espagne*, parce qu'ici le substantif *or* est pris dans un sens déterminé.

On met quelquefois l'article avant un adjectif, en sous-entendant le nom auquel l'un et l'autre se rapportent ; c'est lorsque ce nom se trouve déjà qualifié par un premier adjectif, et que le second adjectif marque une qualité distincte, et quelquefois contraire. *Quelle robe mettrez-vous ? — Je mettrai* la bleue. *Voyez la* bonne compagnie ; *évitez* la mauvaise.

Il faut répéter l'article avant les adjectifs qui précèdent le nom, lorsque ces adjectifs, en qualifiant ce nom, en font des objets distincts.

*On ne tarde point à découvrir* les bonnes *et* les mauvaises qualités *de ce jeune homme.* Les grands *et* les petits appartements *de ce palais sont richement meublés. Il a loué* le premier, le second *et* le quatrième étage *de la maison.*

On ne répète point l'article si les adjectifs, en qualifiant le nom, ne qualifient qu'un même objet. Les pauvres *et* malheureux orphelins. La jeune *et* innocente créature. La sévère *et* inflexible justice. *Nous devons notre salut à* la ferme *et* prévoyante conduite *du général. Profitant de toutes ces conjonctures importantes qui préparent* les grands *et* glorieux événements, *il* (Turenne) *ne laisse rien à la fortune de ce que le conseil et la prudence humaine lui peuvent ôter.*

Le nom commun qui suit la particule partitive *de* ne prend point l'article lorsque ce nom est précédé d'un adjectif, ou que la particule *de* est précédée de *assez, trop, beaucoup, peu, ne.... guère, combien, que* (mis pour *combien*).

*Prêtez-moi* de bons livres.

*Les gens en place sont exposés à* de fâcheuses disgrâces.

*Voilà* d'excellent vin.

*Que sert-il d'avoir* de bonne encre, *si l'on n'a que* de mauvais papier?

*Si vous ne devenez semblables à* de petits enfants, *vous n'entrerez point dans le royaume des cieux.*

*Nous avons* assez de vivres.

*Il n'a* guère de jugement.

*Cet enfant a* trop d'esprit.

Qu'*il a* d'esprit!

*Vous avez* beaucoup de peine.

prend l'article quand l'adjectif suit le nom, ou quand il n'y a ni adjectif, ni, avant le *de* partitif, aucun des adverbes de quantité marqués ci-contre.

Prêtez-moi des livres amusants.

*Les.... sont exposés à* des disgrâces fâcheuses.

*Voilà* du vin excellent.

*Écrive qui voudra. Chacun à ce métier*

*Peut perdre impunément* de l'encre *et* du papier.

*Heureux si, de son temps,...*

*La Macédoine eût eu* des Petites-Maisons (1).

*Il a* du jugement.

*Cet enfant a* de l'esprit.

(1) Dans cet exemple, on met l'article avant *petites*, parce que ce

On ne met pas non plus l'article après *de* précédé d'une négation. *Il* ne *manque* pas de courage.

*Point d'argent, point de Suisse....*

*Je ne vous ferai* point de reproches.

Toutefois on met l'article lorsque le nom est suivi d'un adjectif sur lequel tombe la négation.

> *Je* ne *vous ferai* point des reproches frivoles.

C'est-à-dire, *ils* ne *sont* point frivoles *les* reproches *que je vous ferai.*

Quand les noms communs sont au vocatif, ils sont sans article ; ils peuvent être précédés seulement de l'adjectif prépositif *mon, ma, mes.*

> Rois, *soyez attentifs ;* peuples, *ouvrez l'oreille.*
>
> *Répondez,* cieux *et* mers ; *et vous,* terre, *parlez.*
>
> *Grippeminaud leur dit :* Mes enfants, *approchez.*

L'adjectif prépositif *notre* est aussi employé avant un vocatif; mais ce n'est que dans l'Oraison Dominicale. Notre Père, *qui êtes dans les cieux.*

On supprime quelquefois l'article pour rendre le discours plus vif. Cette phrase : *La pauvreté n'est pas un vice*, est languissante en comparaison de la phrase proverbiale : *Pauvreté n'est pas vice.*

Les phrases : *Contentement passe richesse ; A père avare, enfant prodigue ; Bonne renommée vaut mieux que ceinture dorée ;*

> *Plus fait douceur que violence ,*

---

mot n'y fait pas la fonction d'adjectif : c'est une partie inséparable d'un nom composé qui signifie *hôpital où l'on enferme des fous.*

où les noms communs sont sans articles , en sont plus vives sans en être moins claires.

Quand plusieurs noms communs sont employés de suite , et que le premier est sans prépositif, tous les autres en sont également privés.

Gloire, richesses, noblesse , puissance , *ce ne sont que de vains noms.*

Si le premier a un prépositif , chacun des autres doit aussi en avoir un , à l'exception de ceux qui , pris dans un sens partitif, seroient précédés d'un adjectif ou de l'un des autres mots qui excluent l'article.

*Chaque âge a* ses plaisirs , son esprit *et* ses mœurs.

*La politesse n'inspire pas toujours* la bonté , l'équité, la complaisance , la gratitude : *elle en donne du moins les apparences, et fait paroître l'homme au-dehors comme il devroit être intérieurement.*

*Laissez parler cet inconnu , que le hasard a placé auprès de vous.... et il ne vous coûtera bientôt pour le connoître, que de l'avoir écouté : vous saurez* son nom , sa demeure , son pays , l'état *de son bien ,* son emploi, *celui de son père,* la famille *dont est sa mère,* sa parenté , ses alliances, les armes *de sa maison ; vous comprendrez qu'il a* un château , de beaux meubles , des valets *et* un carrosse.

*J'emporte à la campagne* plusieurs livres , quelques cartes *de géographie,* peu de gravures , beaucoup de dessins, votre télescope *et* mon globe *céleste.*

C'est une faute de dire : *Mes père et mère.* Chaque nom doit avoir un prépositif; il faut dire : *Mon père et ma mère.*

Quelquefois le même nom commun a deux prépositifs.

Les adjectifs numéraux *deux, trois,...* sont quelquefois précédés de l'article ou de l'adjectif démonstratif, ou des adjectifs possessifs.

Les deux *armées se sont rencontrées. On a saisi* ces quatre *voleurs.*

> *Rendez-moi, lui dit-il, mes chansons et mon somme ;*
> *Et reprenez vos cent écus.*

L'adjectif *tout* se met aussi avec l'article, l'adjectif démonstratif et les adjectifs possessifs ; mais il occupe toujours la première place.

Toutes les *vertus étoient réunies en sa personne.*

> *Je trouve bien peu d'herbe en tous ces râteliers :*
> *Que coûte-t-il d'ôter toutes ces araignées ?*

> *Mes petits sont mignons,*
> *Beaux, bien faits et jolis sur tous leurs compagnons.*

L'adjectif prépositif *certain* se met le plus près du nom. *Il a à terminer* une certaine *affaire qui l'occupe beaucoup.*

Le nom régime de la préposition *en* ne peut être précédé que de l'article *l'* ; ainsi ce nom doit être au singulier, et commencer par une voyelle ou par une *h* muette.

En l'absence d'*un tel.* En l'honneur *des saints.*

On dit cependant ( et ce sont des expressions consacrées ) : *Se mettre* en la présence *de Dieu. Espérer* en la miséricorde *de Dieu.*

Il y a encore quelques formules où *en* est immédiatement suivi de l'article entier. *Procès jugé* en la cour *de.... Président, conseiller* en la cour *de....*

*Remarque sur les adjectifs prépositifs possessifs,
sur* son, sa, ses, leur, leurs, *en particulier.*

Les adjectifs prépositifs possessifs *mon, ma, mes,
notre, nos, ton, ta, tes, votre, vos,* renferment dans
leur signification l'article, la préposition *de* et les pronoms *moi, nous, toi, vous. Mes livres, notre patrie,
ton cheval, votre maison,* signifient *les livres de moi,
la patrie de nous, le cheval de toi, la maison de vous.*

Les adjectifs prépositifs possessifs *son, sa, ses, leur,
leurs,* renferment dans leur signification l'article, la
préposition *de* et un nom exprimé auparavant.

La phrase : *Alexandre, roi de Macédoine, avoit conquis un vaste empire :* ses *généraux voulurent le partager ;* et leur *ambition troubla la Grèce et l'Asie,*
signifie : *Alexandre avoit conquis un vaste empire :*
les *généraux* d'Alexandre *voulurent le partager, et l'ambition* de ces généraux *troubla la Grèce et l'Asie.*

Quand le nom renfermé dans la signification de
*son, sa, ses, leur, leurs,* est un nom de personnes,
ou d'objets animés, ou de choses personnifiées, on
peut toujours joindre ces prépositifs à un second substantif.

*Voyez les* abeilles ; leur attachement *pour* leur reine
*est admirable. N'ajoutez point foi à tout ce que publie*
la Renommée : *car il est rare que ses cent* bouches *s'accordent à dire la même chose.*

Lorsque le nom renfermé dans la signification de
*son, sa, ses, leur, leurs,* est un nom de choses inanimées, on peut joindre ces prépositifs à un second
substantif : 1°. si les deux substantifs sont dans la même
phrase : *La* Seine *a* sa source *en Bourgogne. La fonte
des neiges a fait sortir les* rivières *de* leurs lits. 2°. Si le

second substantif, placé dans une seconde phrase, y est régime d'une préposition. *Ces édifices sont magnifiques : tout le monde admire la richesse* de leur architecture.

Mais on ne peut employer *son, sa, ses, leur, leurs*, avant le second substantif, placé dans une seconde phrase, si ce substantif y fait la fonction de sujet ou de régime direct. Ainsi, après avoir dit : *Ce* château *est superbe*, on ne pourra point ajouter : Sa situation *me plaît ; j'admire* son architecture. Il faudra prendre un autre tour, dire, par exemple : La situation *m'*en *plaît; j'*en *admire* l'architecture.

Quelquefois les pronoms personnels rendent superflu l'emploi des adjectifs possessifs ; c'est lorsque la chose exprimée par les noms auxquels ces adjectifs se rapporteroient, ne peut regarder que les personnes représentées par les pronoms. Ainsi, je ne dirai pas : *J'ai mal à* ma tête. Il suffira de dire : *J'ai mal à* la tête, parce que le mot *je* fait assez entendre qu'il s'agit de *ma* tête. Je ne dirai pas non plus, par la même raison : *Est-ce que* vous *avez mal à* vos dents? *Sans moi* il se *seroit cassé* sa jambe. Je dirai : *Est-ce que* vous *avez mal* aux dents? *Sans moi* il se *seroit cassé* la jambe.

Mais l'emploi des adjectifs possessifs est nécessaire dans les phrases semblables à la suivante : Je m'*aperçois que* ma joue *est enflée*, parce que ma joue n'est pas la seule de l'enflure de laquelle je puis m'apercevoir. En regardant, par exemple, la joue d'une personne à laquelle je parle, je puis avoir lieu de lui dire : *Je m'aperçois que* votre joue *est enflée*.

Il faut encore employer les adjectifs possessifs avec les pronoms personnels, quand on parle d'un mal habituel. Elle *souffre de* son mal *de dents ;* cela signifie que la personne dont on parle est sujette au mal de dents, et qu'actuellement ce mal la tient.

Si ce mal n'étoit pas habituel, on diroit seulement : Elle *souffre du mal de dents.*

L'antécédent d'un relatif suivi d'un pronom personnel ne peut être accompagné d'un adjectif possessif de la même personne que ce pronom.

On ne dira point : *J'ai remis à votre chargé d'affaires* votre argent qui *doit* vous *revenir.* On dira : *J'ai remis à votre chargé d'affaires* l'argent qui *doit* vous *revenir.*

*De l'article, considéré par rapport aux noms propres.*

Les noms propres qui servent à désigner les divinités, les personnes, les animaux, les villes, les villages et autres lieux particuliers, ne prennent point l'article.

Saturne *eut trois fils,* Jupiter, Neptune *et* Pluton, *et autant de filles,* Junon, Cérès et Vesta. Jeanne d'Arc, *née à* Domremi, *proche* Vaucouleurs, *vint trouver* Charles VII *à* Chinon, *et lui dit qu'elle étoit envoyée de* Dieu *pour faire lever le siége d'*Orléans, *et ensuite le faire sacrer à* Reims. *Son entreprise fut couronnée du succès le plus éclatant.* Richemont, Dunois, Xaintrailles *et plusieurs autres guerriers partagèrent la gloire de l'illustre héroïne.*

> Laridon *et* César, *frères dont l'origine*
> *Venoit de chiens fameux,....*
> *Hantoient, l'un les forêts, et l'autre la cuisine.*
>
> Bertrand *avec* Raton, *l'un singe et l'autre chat,*
> *Commensaux d'un logis, avoient un commun maître.*

On met quelquefois l'article *la* avant le nom propre des actrices ou des cantatrices célèbres.

> *Jamais Iphigénie, en Aulide immolée,*
> *N'a coûté tant de pleurs à la Grèce assemblée,*
> *Qu'en a fait, sous son nom, verser la* Champmeslé.

On ne le met guère avant le nom d'autres femmes que par dénigrement.

> *Nous la verrons hanter les plus honteux brelans,*
> *Donner chez la* Cornu *rendez-vous aux galants.*

Nous avons plusieurs noms propres de personnes où l'article entre comme partie composante. Cet article est invariable, quel que soit le sexe ou le nombre des individus que ces noms désignent. *Monsieur La Fontaine, madame Le Duc, mademoiselle Le Doux, messieurs La Tour, mesdames Le Maistre, mesdemoiselles Le Franc.*

Quelques noms propres de poëtes, de peintres italiens, ont également l'article : *le Tasse, l'Arioste, le Dante, l'Albane, le Guide, le Titien.*

L'article est aussi une partie inséparable de quelques noms de villes ou de lieux particuliers : *le Caire, la Chapelle, la Charité, la Ciotat, la Flèche, le Havre, la Mecque, le Plessis, le Quesnoy, la Rochelle.*

*Nota.* L'article *le* s'unit par contraction avec les prépositions *à* et *de* qui régissent les noms propres italiens ou les noms propres de lieux ; mais il n'y a point de contraction lorsque ce sont des noms propres d'individus français. *C'est au* Tasse *que nous devons le plus beau poëme épique des temps modernes. L'Enfer* du Dante. *Les tableaux* du Titien.

*J'ai reçu* du Havre *une lettre que je vais envoyer* à Le Franc.

Quand un adjectif accompagne un nom propre, il

13

doit être immédiatement précédé de l'article : *le sage Turenne*, *l'éloquent Massillon*, *le sublime Bossuet.*

Lorsque l'article et l'adjectif suivent le nom propre, ils servent à distinguer la personne dont on parle de celles qui portent le même nom. Nous avons eu plusieurs rois du nom de *Charles*, un plus grand nombre du nom de *Louis.* Si j'entends nommer *Charles le Sage*, *Louis le Juste*, *Louis le Grand*, *Louis le Martyr*, je vois qu'il est question de *Charles V*, de *Louis XIII*, de *Louis XIV*, de *Louis XVI.*

En disant : *le pauvre Julien*, je ne parle que d'un seul *Julien.* En disant : *Julien le Pauvre*, je donne à entendre qu'il y a plus d'un *Julien ;* et je distingue celui dont je parle par la qualification de *pauvre.*

Quelquefois l'adjectif qui précède le nom propre fait distinguer l'individu des autres qui portent le même nom. En entendant nommer *le brave Crillon*, *le grand Gustave*, *le grand Condé*, *le grand Corneille*, on reconnoît tout de suite le compagnon d'armes d'Henri IV, Gustave Adolphe, roi de Suède, le vainqueur de Rocroi et l'auteur de Cinna.

Quand les noms propres de régions, de contrées, de rivières, sont employés comme sujets, comme régimes directs, ou comme régimes des prépositions *à*, *dans*, *par*, *sur*,... ils prennent ordinairement l'article. *La France est contiguë à l'Espagne. Elle est arrosée par la Seine*, *la Loire*, *le Rhône*, *la Garonne et plusieurs autres rivières. La plus grande des îles britanniques contient l'Angleterre et l'Écosse. Il a passé par la Normandie pour aller dans la Bretagne*, par *l'Italie pour aller dans la Grèce. La ville de Hambourg est située sur l'Elbe. J'ai lu un ouvrage curieux sur la Russie.*

Quand un nom propre de contrée est régime de *en*, il n'y a jamais d'article. *Je vais* en Provence, *et de là* en Italie. *Il s'embarquera* en Danemarck *pour passer* en Amérique.

Lorsque les noms de contrées, de rivières, sont régis par *de*, on omet quelquefois l'article. Quoiqu'on dise : *L'or* du Pérou, *l'étendue* de l'Allemagne, on dit : *l'argent* d'Allemagne.

On dit avec l'article : *L'empire* de la Chine, *le royaume* du Brésil, *la porcelaine* du Japon, *les rives* de la Seine, *le sol* de la Bourgogne. Et on dit sans article : *L'empire* de Russie, *le royaume* de Portugal, *la porcelaine* de Saxe, *la rivière* de Seine, *les vins* de Bourgogne.

Là dessus il faut se régler sur l'usage.

Les noms des contrées éloignées ou peu connues, de certains pays de l'Europe et de quelques provinces de France, sont toujours précédés de l'article ; il en est de même des noms de montagnes. *Il vient de* la Chine, des Indes, du Paraguai, du Mexique, du Canada.... *Il arrive de* la Morée, *de* la Calabre, du Milanès, du Parmesan, des Asturies.... *Le duché* du Maine, *la province* du Perche, *celle de* la Marche. *Les anciennes provinces de* l'Orléanois *et* du Lyonnois *tiroient leur nom de leurs capitales. Le Rhin et le Tésin descendent* du Saint-Gothard, *une des plus hautes montagnes* des Alpes. *La cime* du Caucase. *Le pied* des Pyrénées.

### *Des adjectifs autres que les prépositifs.*

Les adjectifs autres que les prépositifs se placent pour la plupart après les noms, et ceux qui se placent communément avant les noms, peuvent les suivre dans bien des cas.

## PLACE DES ADJECTIFS.

### Adjectifs qui se placent avant le nom.

L'euphonie demande ordinairement que les adjectifs monosyllabes soient placés avant le nom. *Beau jardin, bon ouvrier, gros arbre.*

Ce qui n'empêche pas que ces adjectifs ne soient quelquefois placés après le substantif. Par exemple, quoique *arbre gros* ne se dise pas, on pourra dire : *Voilà un arbre fort gros.* On dit : *Avoir les* yeux gros *de larmes, avoir le* cœur gros *de dépit.*

Si l'on doit dire : *Marcher à* grands pas, on dit aussi : *Marcher à* pas lents. Ce dernier adjectif monosyllabe se met toujours après le nom. *Esprit lent, poison lent, fièvre lente.*

### Adjectifs qui se placent après le nom.

On place toujours après le nom les participes pris adjectivement : *Histoire détaillée, lettre écrite, peine perdue, chose promise, chose due, parure recherchée....*

Les gérondifs pris adjectivement se placent ordinairement après le nom : *Ame reconnoissante, manières caressantes, maître exigeant, femme médisante, chemin glissant....*

Quelques-uns de ces adjectifs verbaux peuvent se mettre avant le substantif. *La campagne offroit mille riantes images.*

On met assez généralement après le substantif les adjectifs qui marquent

La forme : *chambre carrée, salon ovale, table ronde, verre convexe....*

La saveur : *fruit aigre, herbe amère, vin doux, sauce fade....*

Les qualités relatives aux sens de l'ouïe et du toucher : *instrument harmonieux, voix sonore, voix discordante ; corps dur, corps mou, chair molle, chemin raboteux, liqueur gluante, liqueur visqueuse.*

La couleur : *linge blanc, soie noire, habit vert, robe bleue, cheveux blonds, cheveux châtains, vin rouge.*

Les adjectifs *blanc, rouge,* précèdent le substantif dans les noms composés : *Blanc-bec* (jeune homme sans barbe et sans expérience), *blanc-manger, blanc-seing* ou *blanc-signé, rouge-gorge, rouge-bord, rouge-trogne.*

On place encore *blanc* avant le nom dans la phrase suivante, que l'on emploie pour marquer qu'il n'y a presque point de différence entre deux choses. *C'est* bonnet blanc *et* blanc bonnet.

On dit *verte vieillesse,* pour désigner une vieillesse saine et robuste.

On dit familièrement d'un homme vif et alerte, que c'est un *vert galant.*

On place après le substantif les adjectifs qui indiquent les nations. *Mot latin, modes françoises, gravité espagnole, musique italienne.*

*Tout a l'humeur gasconne en un auteur gascon.*

On place toujours après le substantif les adjectifs terminés en *c dur. Esprit public, état monarchique, acte authentique, mot équivoque, âge caduc, bois sec, valeur intrinsèque, homme fantasque, poëme burlesque, raison quelconque.*

On place presque toujours après le substantif les adjectifs terminés par *f. Ouvrier actif, mot expressif, ton plaintif, manières naïves, chair vive, habit neuf, vie sauve.*

*Sauf*, *vif*, se placent avant le substantif dans les noms composés *sauf-conduit*, *vif-argent*.

Les adjectifs qui peuvent être employés comme noms de personnes, suivent ordinairement le substantif, quand ils ne font que le qualifier. Ainsi, puisqu'on dit : *Le riche*, *l'avare*, *le prodigue*, *le boiteux*, *le muet...* on dira : *Homme riche*, *père avare*, *enfant prodigue*, *cheval boiteux*, *langage muet...*

On dit : *Air modeste*, *bien réel*, *esprit gai*, *état ecclésiastique*, *étoiles fixes*, *main droite*, *vue courte*, *zone tempérée...*

Ces exemples peuvent servir de guide dans les cas analogues. On dira par analogie : *Air hautain*, *air grave*, *air sensé*, *air simple*, *air niais*, *air indolent*; *bien solide*, *bien passager*; *esprit badin*, *esprit folâtre*, *esprit jovial*; *état militaire*; *étoiles errantes*, *étoiles nébuleuses*; *main gauche*, *pied droit*, *pied gauche*; *oreille droite*, *oreille gauche*; *vue basse*, *vue trouble*; *zone torride*, *zone glaciale...*

Les adjectifs ordinaux, et les adjectifs cardinaux mis pour les ordinaux, se placent toujours après les noms propres.

*A* Louis douze *succédèrent dans l'ordre suivant* François premier, Henri second, François second, Charles neuf *et* Henri trois, *tous issus de* Philippe six, *chef de la branche royale des Valois.*

Les adjectifs ordinaux suivent les noms qui sont en titre, ou en citation et sans article.

JÉRUSALEM DÉLIVRÉE.

CHANT ONZIÈME.

*Vous trouverez cela* chapitre cinquième, article second.

*Adjectifs qui se placent indifféremment avant ou après le substantif.*

La place de l'adjectif ordinal devient indifférente, lorsque le nom auquel il se rapporte est précédé de l'article. On pourra dire également bien : *C'est* au cinquième livre *que vous verrez cela*, ou *c'est* au livre cinquième *que...*

Il y a plusieurs autres adjectifs qu'il est indifférent de placer avant ou après le substantif. On dira également bien : *Enfant aimable, aimable enfant; ami véritable, véritable ami; avocat habile, habile avocat; ouvrage admirable, admirable ouvrage; intelligence suprême, suprême intelligence; savoir profond, profond savoir; événement heureux, heureux événement...*

*Adjectifs qui, placés avant le substantif, ont une signification, et une signification différente quand ils sont placés après le substantif.*

Un *homme grand* est un homme d'une grande taille.
Un *grand homme* est un homme justement célèbre.
Toutefois, l'adjectif *grand* peut précéder le substantif sans qu'il s'agisse de grandeur morale.

> . . . . . . . *Il viendra me demander peut-être*
> *Un* grand homme sec, *là qui me sert de témoin,*
> *Et qui jure pour moi lorsque j'en ai besoin.*

L'adjectif *sec*, qui marque une qualité du corps, fait assez voir qu'il ne s'agit ici que d'une grandeur physique.

*Plaisant*, placé avant le nom, se prend en mauvaise part; il signifie *impertinent, ridicule. Voilà un* plaisant homme. *Le* plaisant conte *que vous nous faites là!*

Après le nom, *plaisant* se prend en bonne part ; il signifie *gai, enjoué. Voilà un* homme plaisant. *Il fait des* contes plaisants, *des contes pleins de sel et de traits comiques.*

Un *homme brave* est un homme qui a beaucoup de courage, que le danger n'effraie point.

Un *brave homme* est un homme qui a de la probité, de la droiture.

Un *homme honnête* est un homme poli, prévenant.

Un *honnête homme* est un homme d'honneur, qui a de la probité, des mœurs, et qui ordinairement est aussi un *homme honnête.*

Un *homme galant* est un homme qui est assidu à faire sa cour aux dames.

Un *galant homme* est un homme de bonne société, dont le commerce est aussi sûr qu'agréable.

Dire de quelqu'un : *C'est un* vrai charlatan, c'est dire qu'il est réellement charlatan.

Dire de quelqu'un : *C'est un* homme vrai, c'est dire qu'il parle, qu'il agit sans déguisement.

Une *grosse femme* est une femme qui a beaucoup d'embonpoint.

Une *femme grosse* est une femme enceinte.

Une *sage-femme* est celle dont la profession est d'accoucher les femmes.

Une *femme sage* est une femme vertueuse, exacte à remplir ses devoirs.

L'adjectif *pauvre*, dans tous les sens dont il est susceptible, se place avant le nom. Assister une *pauvre femme*, un *pauvre vieillard*, c'est assister une femme, un vieillard qui sont dans le besoin. *Le pauvre prince, la pauvre reine, les pauvres enfants,* sont des expressions de tendresse, de commisération.

*Un pauvre orateur, une pauvre langue, de pauvre vin, une pauvre chère,* sont des expressions de dénigrement. Dans ce dernier sens on pourra dire : *Un homme riche est souvent un* pauvre homme.

Il arrive aussi que l'adjectif *pauvre,* employé dans le sens qui lui est propre, se place après le nom, si on le met en opposition avec *pauvre* employé dans le sens de dénigrement. *Linière, en parlant de Chapelain et de Patru, dit que le second étoit un* auteur pauvre, *et le premier un* pauvre auteur.

*Vilain,* placé après un nom de personne, signifie *avare. Un vilain homme qui est un* homme vilain *est doublement vilain.*

Cet adjectif se place avant le nom dans ses autres acceptions. *Vilain homme, vilaine femme, vilain animal, vilain jardin, vilaine étoffe, vilain temps, vilain gîte, vilaine action, vilain métier, vilain trait...*

Dans l'exemple suivant, *méchant* a deux significations différentes. Dire : *Ce* méchant poëte *a le front d'être un* poëte méchant ; c'est dire : *Cet homme qui fait de* mauvais vers *a le front de les faire* satiriques.

Lorsque l'adjectif *mortel* signifie *qui est sujet à la mort, qui cause la mort,* on le place après le substantif. *Cette* vie mortelle *est pleine de misères. Il a reçu un* coup mortel.

On place de même *mortel* après le substantif, lorsqu'il signifie *extrême, excessif dans son genre. Haine mortelle, déplaisir mortel, froid mortel.*

Mais on dit : *Il y a six* mortelles lieues *de tel endroit à tel autre,* pour dire, *six lieues longues et ennuyeuses.*

Un *homme cruel* est un homme qui se plaît à faire du mal aux autres, qui est inhumain, sanguinaire.

Un *cruel homme* est un homme insupportable par ses manières d'agir.

*Cruel* avant un nom de chose signifie *rigoureux*, *douloureux*, *insupportable*. *Cruel hiver, cruel supplice, cruel affront*.

Un *animal furieux* est un animal en furie.

Un *furieux animal* est un animal énorme.

L'éléphant est un *furieux animal*. Le tigre est presque toujours un *animal furieux*.

Une *voix commune*, c'est une voix qui n'a rien d'extraordinaire.

On dit : *D'une commune voix*, pour dire : *Unanimement*. On dit aussi par analogie : *D'un commun accord, d'un commun consentement*.

Mais l'adjectif *commun* suit ordinairement le nom auquel il se rapporte. *Sens commun, pensée commune, lieux communs, intérêt commun, bourse commune, chemin commun, escalier commun, puits commun, cour commune*.

Du *vin nouveau*, c'est du vin nouvellement fait.

Du *nouveau vin*, c'est du vin différent de celui qu'on buvoit auparavant.

Un *habit nouveau* est un habit d'une nouvelle mode.

Un *nouvel habit* est un habit différent de celui qu'on vient de quitter.

*Même*, placé avant le nom, signifie *qui n'est point autre, qui n'est point différent. Puisque vous m'apportez toujours les* mêmes raisons, *je vous ferai toujours la* même réponse.

*Même*, placé après le substantif ou le pronom, sert à donner plus d'énergie au discours. *Là* ( dans le Tartare ) *Télémaque aperçut des visages pâles, hideux et consternés. C'est une tristesse noire qui ronge ces criminels :*

*ils ont horreur d'eux-mêmes, et ils ne peuvent non plus se délivrer de cette horreur que de leur propre nature : ils n'ont point d'autres châtimens de leurs fautes que leurs* fautes mêmes : *ils les voient sans cesse dans toute leur énormité.*

Placé après un substantif qui exprime quelque qualité bonne ou mauvaise, l'adjectif *même* la porte au plus haut point. *C'est la* probité même. *C'est la* fausseté même.

*Nota. Même,* soit comme adjectif, soit comme conjonction, se place souvent après le substantif : vous reconnoîtrez que ce mot est conjonction lorsque vous pourrez, sans altérer le sens, le placer avant l'article qui précède le nom. *Il lui en a coûté tout son bien, et* la vie même. Dans cet exemple, *même* est conjonction, parce qu'on peut dire : *Il lui en a coûté tout son bien, et* même la vie.

Les *termes propres* sont les termes convenables à la chose dont on parle. *Un bon écrivain n'emploie jamais que des* termes propres ; *la propriété des termes est exactement observée dans tout ce qu'il écrit.*

Les *propres termes* sont ceux que l'on rapporte comme ayant été employés ou par soi ou par la personne dont on parle, ou dans un écrit que l'on cite. *Je lui ai dit la chose en* propres termes, *il m'a dit la chose en* propres termes, c'est-à-dire, *dans les* mêmes termes *que je viens de rapporter. Je vous rapporte les* propres termes *de l'auteur.*

*Les* propres termes *d'un auteur peuvent n'être point des* termes propres, c'est-à-dire, les termes dont un auteur s'est servi peuvent n'être point les termes dont il devoit se servir.

*Certain*, placé avant le nom, est un adjectif prépositif. *Il se répand une* certaine nouvelle *que je crois fausse.*

*Certain*, placé après un nom de chose, signifie *indubitable* ou *déterminé;* placé après un nom de personne, il signifie *assuré.*

*C'est une* nouvelle certaine, *puisqu'elle est garantie par un homme aussi véridique.*

*L'assemblée doit se tenir à* jour certain.

*Je vous cite un* auteur certain *de ce qu'il avance.*

*Nul*, placé avant le substantif, est un adjectif prépositif.

*Nul*, placé après le substantif, signifie *qui n'est d'aucune valeur. Acte nul, contrat nul, mariage nul, testament nul.*

*Nul*, adjectif prépositif, n'a point de pluriel.

*Nul (* qui n'est d'aucune valeur *)* a le pluriel. *Toutes les* procédures *ont été déclarées* nulles.

*Dernier* se place ordinairement avant le nom.

*Réduit à la* dernière misère. *Rendre le* dernier soupir. *Employer jusqu'au* dernier sou. *Faire un* dernier effort. *Est-ce votre* dernier mot? *La* dernière année *de la guerre. Le* dernier dimanche *du mois. La* dernière semaine *du carême. Le* dernier mois *de l'année. La* dernière année *du siècle.*

Mais on dit : *Le siècle dernier, l'année dernière, le mois dernier, la semaine dernière,* lorsqu'on veut parler du siècle, de l'année, du mois, de la semaine qui précède immédiatement le siècle, l'année, le mois, la semaine où l'on parle.

On dit de même : *Dimanche dernier, lundi dernier...* quand il s'agit du dimanche, du lundi passé le plus prochainement.

*Des pronoms*

*et des noms auxquels ils peuvent avoir rapport.*

Les pronoms *il*,... *le* ,... *le mien* ,... *celui* ,... *qui, que*, *lequel, dont*... ne peuvent se rapporter à un nom commun que lorsqu'il est pris dans un sens déterminé.

Ainsi ces pronoms pourront se rapporter à un nom commun, toutes les fois qu'il sera précédé de l'article ou de quelque autre prépositif.

On ne pourra point dire : *Ils se sont juré* amitié *qui doit être inviolable. On m'a fait* offre *de service* que *j'ai* acceptée avec reconnoissance. *Je lui ai donné* parole : *il m'a donné* la sienne. *Il m'a donné* parole ; *je suis sûr qu'il la tiendra.*

On dira : *Ils se sont juré* une amitié *qui doit être inviolable. On m'a fait* des offres *de service* que *j'ai acceptées avec reconnoissance. Je lui ai donné* ma parole ; *il m'a donné* la sienne. *Il m'a donné* sa parole ; *je suis sûr qu'il la tiendra.*

Si l'on met quelquefois un de ces pronoms après un nom commun, quoiqu'il n'ait pas de prépositif, c'est qu'il y a un prépositif de sous-entendu. Les phrases : *Il n'y a* homme qui *ne sache cela ; il n'y a point d'*injustice qu'*il ne commette ; il agit en* roi qui *sait gouverner*, équivalent à celles-ci : *Il n'y a* aucun homme qui *ne sache cela ; il n'y a* aucune injustice qu'*il ne commette ; il agit comme* un roi qui *sait gouverner*.

Le nom commun, employé au vocatif, ayant, par cela seul, une signification suffisamment déterminée, peut toujours être représenté par un pronom.

Vérité que *j'implore* , achève de *descendre !*

On peut dire la même chose de tous les noms propres, parce que de leur nature ils sont toujours déterminés.

Après deux substantifs employés, l'un comme sujet, l'autre comme attribut, ou faisant partie de l'attribut, il vaut mieux faire rapporter au sujet le pronom personnel qui suit. *Leurs* années (les années des hommes) *se poussent successivement comme des* flots; elles *ne cessent de s'écouler.*

*Ils* à la place de *elles* seroit une faute.

### Remarque.

Les pronoms possessifs *le mien* ,... le pronom démonstratif *celui*, ne peuvent se rapporter à des noms de choses mis pour des noms de personnes.

On dira à un excellent maître d'escrime : *Je n'ai pas connu de meilleure* épée *que* vous.

Mettre *la vôtre* à la place de *vous*, ce seroit louer la qualité de l'arme, et non celle de celui qui sait la manier.

On dira : *Cet auteur écrit bien : mais je connois une meilleure* plume *que* lui; *c'est* M. ***.

Dire *que* la sienne; *c'est* celle *de M.* ***, ce seroit comparer, non les deux auteurs, mais les instruments dont ils se servent pour mettre par écrit leurs ouvrages.

### De l'emploi des mots comme sujets, comme régimes.

Tous les noms, soit communs, soit propres, peuvent toujours être employés comme sujets ou comme régimes. Il n'en est pas de même des pronoms.

Il y en a qui ne peuvent être que sujets; ce sont les pronoms personnels *je*, *tu*, *il*, *ils*, le pronom indéfini *on* et l'adjectif *nul* ne employé comme pronom.

*Pronoms personnels*
*employés comme sujets ou comme régimes.*

A *je*, *tu*, qui sont, pour le singulier, sujets de la première et de la seconde personne, répondent *nous*, *vous*, qui sont, pour le pluriel, sujets des mêmes personnes.

A *il*, *ils*, sujets de la troisième personne pour le masculin, répondent *elle*, *elles*, sujets de la même personne pour le féminin.

*Nous*, *vous*, *elle*, *elles*, peuvent aussi être régimes directs et compléments d'une préposition.

Les pronoms *me*, *te*, *se*, peuvent être régimes directs ou indirects, et ne peuvent jamais être sujets.

Les pronoms *moi*, *toi*, *soi*, *lui*, *eux*, peuvent être régimes directs ou compléments d'une préposition.

*Quand on n'aime que soi, on n'est pas digne d'avoir des amis. On n'est jamais plus content de soi que lorsqu'on a fait une bonne action.*

*Soi* est le seul de ces pronoms qui ne puisse être considéré comme sujet.

*Moi* est sujet d'un verbe sous-entendu dans la phrase elliptique qui termine ce vers :

> *Dans un si grand revers, que vous reste-t-il ? —* Moi.

Et ce verbe sous-entendu dans la réponse est le même que celui qui se trouve dans l'interrogation. *Moi*, c'est-à-dire, *je me reste*.

*Moi*, *toi*, *lui*, *eux*, ne pourroient-ils pas être considérés comme sujets des infinitifs dans des phrases semblables aux suivantes ?

> Moi, régner ! moi, ranger *un état sous ma loi*,
> *Quand ma foible raison ne règne plus sur moi !*

*On t'a battu? — Vraiment. — Et qui? — Moi. — Toi, te* battre?

**Lui**, *se* taire!

**Eux**, *l'*emporter *sur vous!*

Dans ces phrases, *moi, toi, lui, eux*, font le même effet avant les infinitifsque les pronoms *je, te, il, ils* sur les temps qu'ils précèdent dans les phrases équivalentes :

*Je régnerois! je rangerois un Etat sous ma loi, quand ma foible raison ne règne plus sur moi!*

*On t'a battu? — Vraiment. — Et qui? — Moi.* — Tu *te* serois battu?

Il *se* tairoit!

Ils *l'*emporteroient *sur vous!*

*Lui, eux*, peuvent être sujets lorsque quelques expressions incidentes sont interposées entre le pronom et le verbe.

*Lui, sans s'embarrasser des suites*, prend *le parti de...*

*Je leur proposai de...* Eux, *qui vouloient en finir, se prêtèrent à cet accommodement.*

> *Et* lui-même *aujourd'hui*
> *Par une heureuse erreur nous arme contre lui.*

*Lui, eux*, peuvent encore être considérés comme sujets, lorsqu'on veut marquer séparément et distinctement l'état ou l'action de plusieurs et d'un seul.

*Un prêtre, un lévite et un samaritain rencontrent successivement, sur le chemin de Jérusalem à Jéricho, un homme assassiné, couvert de plaies, à demi-mort. Quelle différence entre la conduite des* ministres de la religion *et celle du* samaritain! Eux passent *outre, sans marquer la moindre pitié;* lui, *ému de compassion*, s'arrête, *et ne* quitte pas *l'infortuné voyageur qu'il n'ait pourvu à tout ce qui est nécessaire pour lui sauver la vie.*

*Le*, *la*, *les* ( pronom ) ne s'emploient que comme régimes directs.

*Leur* ( pronom personnel ) n'est jamais que régime indirect.

Les pronoms personnels de la première et de la seconde personne désignent toujours des personnes ou des choses personnifiées.

*Il*, *ils*, *se*, *soi*, se disent des personnes et des choses.

En parlant des choses, on peut employer *soi* dans un sens déterminé.

*L*'aimant *attire le fer à* soi. *La* vertu *est aimable de* soi.

Mais en parlant des personnes, on ne peut employer *soi* que dans un sens général et indéterminé.

On *a souvent besoin d'un plus petit que* soi.

Quiconque *rapporte tout à* soi *n'a point d'amis.*

*Elle*, *elles*, sujets, et *le*, *la*, *les*, toujours régimes directs, se disent des personnes et des choses.

*Lui*, quand il est régime sans préposition, *leur* ( pronom personnel ), toujours régime sans préposition, se disent des personnes, des choses personnifiées, des animaux et des plantes.

*Les* torrents *entraînent tout. Quelques digues qu'on* leur *oppose*, *rien n'est capable de les arrêter.* ( Les torrents sont ici comme animés : on leur attribue ce qui convient aux personnes. )

*Si vous retenez cette* fauvette, *voilà des petits privés de leur mère : donnez*–lui *la liberté.*

*La grande sécheresse qu'il fait nuit beaucoup aux* plantes ; *il* leur *faudroit de la pluie.*

14

*Lui, eux, elle, elles,* régimes directs ou régimes d'une préposition , ne se disent que des personnes ou des choses personnifiées.

*Je ne* veux *que* lui *pour m'accompagner. Les* torrents *entraînent* avec eux *tout ce qu'ils rencontrent.*

S'il est question de représenter un nom de choses non personnifiées, au lieu d'employer ces pronoms, on se sert de *en*, de *y* ou d'un adverbe ; et si on ne peut employer ni *en*, ni *y*, ni un adverbe, on répète le nom.

*Voilà une mauvaise* plume ; *je ne puis m'en servir.*

*Cette* planche *est trop large ; ôtez-*en *la largeur d'une ligne.*

*Il trouve trop petite sa* maison *de campagne ; il y ajoutera un pavillon.*

*Vous me donnez de bonnes* raisons ; *je m'y rends.*

*Cet* arbre *est trop haut ; n'y montez pas.*

*Voilà des* chênes *bien touffus ; nous nous mettrons* dessous *pour avoir de l'ombre.*

*Il y a dans ce bois une belle* fontaine ; *allons nous asseoir* auprès.

On ne diroit pas en parlant de la *plume : Je ne puis me servir* d'elle ; en parlant de la *planche : Otez-*lui *la largeur d'une ligne ;* en parlant de la *maison* de campagne : *Il* lui *ajoutera un pavillon ;* en parlant des *raisons : Je me rends* à elles ; en parlant de l'*arbre : Ne montez pas* sur lui ; en parlant des *chênes : Nous nous mettrons* sous eux ; en parlant de la *fontaine : Allons nous asseoir* près d'elle.

Dans les verbes impersonnels, *il* tient lieu du sujet sans l'être. Le sujet de la phrase se trouveroit plutôt ou exprimé dans ce qui suit le verbe impersonnel, ou renfermé dans la signification même du verbe.

Les phrases : *Il s'est passé bien des* choses *depuis*

*votre départ; il me* manque *six* francs; *il me* plaît *d'*aller *à la campagne; il* convient *que nous* allions *au-devant de lui; il* est jour; *il* est *deux* heures, signifient : *Bien des* choses *se* sont passées *depuis votre départ; six* francs *me* manquent; aller *à la campagne me* plaît, ou *l'*action d'aller *à la campagne me* plaît; *l'*action d'aller *au-devant de lui* convient : *Le* jour est. *Deux* heures sont.

Les phrases : *Il* pleut, *il* tonne, signifient : *La* pluie tombe, *le* tonnerre gronde.

### Pronoms relatifs
#### employés comme sujets ou comme régimes.

*Qui* (pronom relatif) peut être sujet ou régime d'une préposition.

Sujet précédé d'un antécédent, il se dit des personnes et des choses, et il ne doit jamais être séparé de cet antécédent.

*L'*homme qui *sait s'occuper ne connoît point l'ennui. Il faut obéir aux* lois qui *sont établies.*

*Qui* (pronom relatif sujet) est séparé de son antécédent dans la phrase suivante : *Il y a un air* de présomption *dans ce jeune homme* qui *gâte ses bonnes qualités.*

La même chose a lieu dans la phrase : *Il parut alors une* beauté *à la cour* qui *attira les yeux de tout le monde.*

Avec une légère transposition, les relatifs seront rapprochés de leurs antécédents. *Il y a dans ce jeune homme un* air de présomption qui *gâte ses bonnes qualités. Il parut alors à la cour une* beauté qui *attira les yeux de tout le monde.*

Nota. On entend par *antécédent,* non-seulement le nom auquel le relatif se rapporte, mais encore les dépendances de ce nom. Dans le premier exemple, les mots *de présomption* font partie de l'antécédent.

Sujet sans antécédent exprimé, le relatif ne se dit guère que des personnes. *Je le dis à* qui *veut l'entendre,* c'est-à-dire, *à* tout homme qui *veut l'entendre.*

> *Heureux* qui, *satisfait de son humble fortune,*
> *Libre du joug superbe où je suis attaché,*
> *Vît dans l'état obscur où les dieux l'ont caché!*

Voici des expressions familières que l'usage autorise, et où *qui* sans antécédent se dit des choses. *Voilà* qui *va bien. Voilà* qui *va mal. Voilà* qui *me plaît. Voilà* qui *est beau.*

*Voilà* qui *va bien, voilà* qui *me plaît,* c'est-à-dire, *voilà une* affaire qui *va bien, voilà une* chose qui *me plaît.*

*Qui,* relatif, ne peut être régime d'une préposition que lorsque l'antécédent est un nom de personnes ou de choses personnifiées.

*Nous venons de perdre le* prince à qui *nous devons notre fortune. La* personne de qui *je tiens la nouvelle est digne de foi. Songeons à fléchir le* juge devant qui *nous devons paroître un jour. Elle est aveugle, inconstante, la* Fortune sur qui *vous fondez votre espoir.*

*Lequel* se dit des personnes et des choses. Ce pronom n'est guère employé comme sujet.

On l'emploie comme sujet pour ne pas mettre deux *qui* de suite. Par exemple, au lieu de dire : *J'ai vu un* auteur qui *a commencé une* critique qui *causera du trouble dans la république des lettres ;* on peut mettre : *J'ai vu un* auteur qui *a commencé une* critique laquelle *causera du trouble...*

On doit s'en servir toutes les fois qu'il y a une équivoque à éviter. *Aussitôt que je fus débarrassé des affaires de la cour, j'allai trouver l'homme qui m'avoit parlé du mariage de madame Miramion,* lequel *me parut dans les mêmes sentiments.*

Si Bussi Rabutin eût mis *qui* à la place de *lequel,* on auroit pu croire qu'il affirmoit de madame Miramion ce qu'il vouloit affirmer de l'homme qui lui avoit parlé du mariage de cette dame.

*Lequel*, rarement sujet, est presque toujours régime de quelque préposition. *Le* cheval sur lequel *vous êtes monte est ombrageux. La* cause pour laquelle *nous avons combattu a été victorieuse.*

Mais les prépositions qui régissent le plus souvent ce pronom sont les prépositions *à* et *de*, qui se trouvent renfermées par contraction dans les mots *auquel, auxquels, auxquelles, duquel, desquels, desquelles.*

Il y a à remarquer sur les mots *duquel, de laquelle, desquels, desquelles*, qu'ils ont, outre un antécédent qu'ils représentent, un autre substantif dont ils dépendent et dont ils sont le complément.

*Ce sont des* hommes *sur le* compte desquels *il a couru de mauvais bruits.* Le mot *desquels*, qui a pour antécédent le substantif *hommes*, est le complément du substantif *compte. Il a couru de mauvais bruits sur le* compte de ces hommes.

Les mots *duquel, de laquelle, desquels, desquelles*, sont les seuls qu'on puisse employer en parlant des choses, quand le relatif est précédé du substantif dont il est le complément.

*La Seine, dans le* lit de laquelle *se sont déjà jetées l'Yonne et la Marne, reçoit l'Oise au-dessous de Paris.*

On emploie *dont*, lorsque le relatif est suivi du substantif dont il est le complément.

*La nature* dont *nous ignorons les* secrets... *Les livres* dont *on m'a fait* présent *sont bien reliés.*

Si l'emploi de ce mot donnoit lieu à une équivoque, on se serviroit de *duquel, de laquelle....*

*Nous espérons tout de la* protection *du prince*, de laquelle *nous avons tant de fois ressenti les effets.*

*Que* (pronom relatif) est presque toujours régime direct.

Employé comme régime direct, il se dit des personnes et des choses.

*Les* soldats que *vous commandez sont braves. Acceptez les* fruits que *je vous envoie. Vous n'avez pas entendu* ce que *j'ai dit.*

Il n'est pas régime direct, et il ne se dit que des choses, lorsqu'il est mis pour *lequel....* et une préposition.

*Les deux* heures que *notre entretien a duré m'ont paru courtes. Que*, c'est-à-dire, *pendant lesquelles.*

*Quoi* (pronom relatif) ne se dit que des choses. Ce pronom ne s'emploie guère que comme régime d'une préposition. *Voyez le* danger à quoi *vous vous exposez. Tel est le* sujet pour quoi *on l'a arrêté. C'est* sur quoi *je ne saurois compter. Il n'y a* rien à quoi *il ne s'assujettisse.*

On pourroit dire aussi : *Voyez le* danger auquel *vous vous exposez. Tel est le* sujet pour lequel *on l'a arrêté.* Mais quand l'antécédent est *ce* ou *rien*, comme dans les derniers exemples, c'est *quoi* qu'il faut employer.

Il faut aussi employer *quoi* après *en* préposition. En effet, cette préposition ne pouvant être suivie que de l'article *l'* ( **V.** page 189), ne peut l'être de *lequel, laquelle....* mots dans la composition desquels entre l'article entier.

### Pronoms absolus ou interrogatifs, employés comme sujets ou comme régimes.

*Qui* ( pronom absolu ou interrogatif ) ne se dit que

des personnes. Il peut être sujet, régime direct ou régime d'une préposition.

Qui *me* demande? Qui demandez-*vous?* A qui *peut-on se fier? Sur* qui *peut-on compter? Dites-nous* pour qui *on sollicite cette pension?*

A la place du pronom interrogatif *qui*, on peut mettre *qui est-ce qui* ou *qui est-ce que*, selon que le pronom est sujet ou régime direct.

Qui est-ce qui *me* demande? Qui est-ce que *vous* demandez?

*Que*, dans la seconde phrase, et le second *qui*, dans la première, sont pronoms relatifs. En effet, ces phrases équivalent à celles-ci : *Quelle est la* personne qui *me demande? Quelle est la* personne que *vous demandez?*

*Que* ( pronom absolu ou interrogatif ) ne se dit que des choses. Il est presque toujours régime direct.

Que demande-*t-on?* Que répondit-*il? Il ne sut* que répondre.

L'adjectif qui se rapporte à ce pronom se met au masculin, et est toujours précédé de la particule *de*. Que *dit-on* de nouveau?

A la place de ce pronom on peut mettre *qu'est-ce que.*

Qu'est-ce que *vous* demandez? Dans cette phrase *qu'est-ce* signifie *quelle est la chose ;* ainsi le second *que* est pronom relatif.

*Que*, lorsqu'il n'est point régime direct, signifie *à quoi, de quoi.* Que *sert la science sans la vertu ?* c'est-à-dire, à quoi *sert la....* Que *sert-il à un général d'être brave, s'il n'a point de prudence ?* c'est-à-dire, de quoi *sert-il à....*

*Quoi* ( pronom absolu ou interrogatif ) ne se dit que

des choses. Il peut être sujet ; mais il est plus souvent régime d'une préposition. A quoi *pensez-vous? Dites-moi* sur quoi *vous appuyez votre sentiment.*

Sujet, il n'a point de verbe exprimé, et *de* précède toujours l'adjectif qui s'y rapporte.

Quoi de plus odieux, *et cependant* de plus commun *que l'ingratitude?*

*Pronoms possessifs employés comme sujets ou comme régimes.*

Les pronoms possessifs *le mien,... le nôtre,... le tien,... le vôtre,... le sien,... le leur,...* peuvent être sujets, régimes directs ou compléments d'une préposition.

Les pronoms possessifs de la troisième personne, *le sien,... le leur,...* peuvent toujours se rapporter à des noms relatifs aux personnes, aux objets animés, aux choses personnifiées.

Nous *aimons mieux notre* maison *que* la leur. *Votre* cheval *a déjà mangé son* avoine : le mien *n'a pas encore mangé* la sienne.

Mais on ne peut les faire rapporter à des noms relatifs aux choses inanimées, que lorsque ces choses sont en quelque sorte personnifiées par quelque expression d'une signification active qui puisse convenir aux personnes.

*La* Garonne *qui a sa source dans les Pyrénées, et la* Dordogne *qui* prend la sienne *au Mont d'Or, se joignent au Bec d'Ambès. Cet* arbre-*là* pousse *ses* branches *dans une direction presque verticale : cet* arbre-*ci* étend les siennes *horizontalement. Nos* orangers ont perdu *la moitié de leurs* feuilles : les vôtres ont conservé *toutes* les leurs.

Les fleuves, les arbres dont on parle dans les exemples précédents, sont en quelque sorte personnifiés par
les verbes *avoir, prendre, pousser, étendre, perdre,
conserver*, expressions d'une signification active, qui
peuvent convenir aux personnes. C'est ce qui autorise à
employer les pronoms possessifs pour remplacer les
noms qui y sont relatifs.

Après avoir dit : *Voilà un* arbre *qui a ses* branches
*chargées de fruit : voyez cet* autre.... il ne faudroit point
ajouter : les siennes sont *encore plus chargées*, parce
que *sont* n'exprime aucune action. On dira : il a les
siennes *plus chargées encore.*

*Pronoms démonstratifs employés comme sujets ou
comme régimes.*

*Celui,... celui-ci,... celui-là,...* se disent des personnes
et des choses. Ils peuvent être sujets, régimes directs
et régimes d'une préposition.

Quand le pronom *celui ,...* se dit des personnes, on
peut l'employer sans rapport à un nom ; mais, dans ce
cas, il doit être suivi d'une proposition incidente déterminative. *Celui* qui vous remettra cette lettre *se
charge de m'apporter votre réponse.*

> *On reconnoît Joad à cette violence.*
> *Toutefois il devroit montrer plus de prudence,*
> *Respecter une reine, et ne pas outrager*
> *Celui que de son ordre elle a daigné charger.*

*Ceci, cela,* se disent des choses.

Quelquefois, dans le style familier, *cela* se dit aussi
des personnes. Par exemple, on dira d'un enfant : Cela
*ne fait que jouer. En moins de rien* cela *pleure et* cela
*rit. Il faudroit à* cela *toujours de nouveaux jouets.*

*Ce* peut être sujet, régime direct ou régime d'une préposition.

Sujet, il est souvent suivi du verbe *être*, et quelquefois du relatif. C'est *bon*. C'est *bien*. C'est *assez*.

> *De loin c'est quelque chose, et de près ce n'est rien.*

*Tout* ce qui *reluit* n'est *pas or.*

Régime direct ou régime d'une préposition, il est toujours suivi d'un relatif. Retenez ce que *je vous dis*. *Faites attention* à ce dont *je vous ai parlé*.

> *Combien tout ce qu'on dit est* loin de ce qu'on pense !

### Gallicismes où entre le pronom démonstratif *ce*.

Dans chacune des phrases suivantes :

> C'est *vous* qui *m'ordonnez de me justifier.*
>
> C'est *son appui* qu'on cherche en cherchant votre appui.
>
> . . . . C'est *un exil* que *mes pleurs vous demandent.*

le pronom *ce*, le verbe *être* et le relatif forment un *gallicisme*.

Il y a aussi *gallicisme* dans chacune des phrases qui suivent :

> C'est *à Rome, mes fils*, que je prétends marcher.
>
> . . . . . . . . . . . *Une femme chantoit :*
> C'étoit *bien de chansons* qu'alors il s'agissoit !
>
> C'est *par l'étude* que nous sommes
> Contemporains de tous les hommes,
> Et citoyens de tous les lieux.

Dans les trois premiers exemples supprimez *ce*, *est* et le relatif, et faites remplir à l'antécédent la fonction de ce relatif, c'est-à-dire, à *vous* la fonction de sujet, à *appui* et à *exil* celle de régime direct, vous aurez :

*Vous m'ordonnez de me justifier.*

*On cherche son appui en cherchant votre appui.*

*Mes pleurs vous demandent un exil.*

Dans les trois autres exemples supprimez *ce*, le verbe *être* et la conjonction *que*, vous aurez :

*Mes fils, je prétends marcher à Rome.*

*Une femme chantoit : il s'agissoit bien alors de chansons !*

*Nous sommes par l'étude contemporains de tous les hommes, et citoyens de tous les lieux.*

Les six nouvelles phrases ont le même sens que les premières ; mais elles n'ont pas l'énergie que leur donne la première forme : c'est que dans cette première forme le pronom *ce* et le verbe *être* appellent l'attention et la fixent sur l'idée principale que celui qui parle a en vue.

Si après le verbe *être* il y a un nom ou un pronom sans préposition, le gallicisme est formé par le pronom *ce*, le verbe *être* et le relatif.

C'est *votre illustre* mère à qui *je veux parler.*

C'est vous, *Messieurs*, qu'*il faut remercier.*

Si le verbe *être* est suivi d'une préposition, d'un adverbe ou d'une conjonction, le gallicisme est composé du pronom *ce*, du verbe *être* et de la conjonction *que*.

C'est à *vous* que *je voulois parler.* C'est de *son oncle* qu'*il tient toute sa fortune.*

C'est ainsi qu'*il parla.* C'est là que *je demeure.*

Ce fut de peur qu'*il ne traversât mes desseins*, que *je les lui cachai.*

Dans les phrases suivantes et semblables : *C'est une belle chose* que *la discrétion ; c'est une belle chose* que de *garder le secret ; c'est une lâcheté* que de *mentir ; c'est une sottise* que d'*être trop content de soi : ce* et *que* ou *que de* s'emploient pour donner plus de force au discours. Ôtez *ce*, *que* ou *que de*, vous aurez le même sens plus foiblement exprimé. *La discrétion est une belle chose. Garder le secret est une belle chose. Mentir est une lâcheté. Etre trop content de soi est une sottise.*

Il ne faut même que *ce* pour rendre le discours plus expressif. *Le vrai moyen d'être trompé*, c'est *de se croire plus fin que les autres.* La Rochefoucauld pouvoit dire : *est de se croire....* mais l'expression eût été plus foible.

*A quel nombre doit-on mettre le verbe* être *après* ce?

Après *ce* le verbe *être* se met au singulier, lorsqu'il est suivi d'un singulier substantif ou pronom, de l'un des pronoms pluriels *nous*, *vous*, ou d'un pluriel quelconque régime d'une préposition.

*C'est la* vérité. *C'est la* vertu *qui nous rend recommandables. C'est l'ambition des grands et l'inquiétude des peuples qui causent les révolutions. Ce sera toi. C'est le nôtre. Ce sera lui. Ce fut celui-ci.*

*C'est nous qu'il faut croire. C'est vous qui vous êtes rencontrés.*

*C'est de ces messieurs que je tiens la nouvelle. C'est d'après eux que je parle. C'est pour ceux-ci que nous intercédons auprès de vous.*

Mais le verbe *être* se met au pluriel si le substantif pluriel, si le pronom pluriel de troisième personne sont sans préposition. *Ce sont des mensonges. Ce sont les vices qui rendent méprisable. Ces étoiles que vous voyez briller, ce sont autant de soleils.*

*Ce ne sont que festons ; ce ne sont qu'astragales.*

*Ce ne* furent *que* fêtes. *Ce* sont *nos* affaires; *ce ne* sont *pas* les vôtres. *Ce* sont eux. *C*'étoient ceux-là qu'*il falloit envoyer.*

*Pronoms indéfinis et adjectifs pronoms considérés comme sujets ou comme régimes.*

*On* et *nul ne* ne peuvent être que sujets : nous l'avons déjà dit.

*On* ne peut être employé deux fois dans la même phrase, à moins qu'il ne désigne le même objet. On *nous flatte, parce qu*'on *est sûr de notre crédulité.* Dans cette phrase *on* a pu être répété, parce que ceux qui nous flattent et ceux qui sont sûrs de notre crédulité, sont les mêmes personnes. Mais un maître ne pourra point dire à son domestique : *Il faut qu*'on *suive les ordres qu*'on *a donnés*, parce que celui qui a donné les ordres et celui qui doit les suivre, ne sont pas la même personne. Le maître dira : *Il faut que* vous *suiviez les ordres qu*'on *vous a donnés*, ou *il faut qu*'on *suive les ordres que j*'ai *donnés.*

Quand le pronom *quelqu*'un n'a rapport à aucun nom, le singulier peut être sujet, régime direct ou complément d'une préposition; mais le pluriel ne peut être que sujet. Quelqu'un *m*'a dit. Prenez quelqu'un *pour vous accompagner. J*'ai ordonné à quelqu'un *de vous accompagner.* Quelques-uns assurent *que....*

Lorsque *quelqu*'un a rapport à un nom, il peut être sujet, régime direct ou régime indirect, soit au singulier, soit au pluriel.

*Entre les* nouvelles qu'*il a débitées*, quelques-unes sont *vraies. Je* ferai relier quelques-uns *de ces* volumes : *les autres resteront brochés. Avez-vous affaire* à quelqu'une *de ces* dames?

*Chacun* peut être sujet, régime direct ou complément d'une préposition.

Chacun *se* gouverne *à sa mode. Je* vois chacun *se gouverner à sa mode. Rendez* à chacun *ce qui lui appartient. Toutes les* dames *étoient bien mises*, et chacune avoit *une parure différente. Il faut* placer chacun *de ces* messieurs *selon son rang. Il a légué* à chacun *de ses* neveux *la somme de....*

*Quiconque* peut être sujet, régime direct ou complément d'une préposition.

Dans cet exemple : *Il a promis de le protéger* contre quiconque *l'*attaqueroit; *quiconque* est en même temps régime de *contre* et sujet d'*attaqueroit.* Cela doit être ; *quiconque* signifiant *toute personne qui, toute personne* est régime de la préposition, et *qui* est sujet du verbe *attaqueroit.*

*Autrui* n'est jamais sujet. Régime, il n'est guère employé qu'à la suite d'une préposition. *On est toujours mieux chez soi que* chez autrui. *Mal* d'autrui *n'est que songe.*

Quand les pronoms composés de *ne* et de l'un des mots *personne, rien, aucun,* sont sujets, la particule suit le mot; elle le précède, lorsque ces pronoms sont régimes directs ou compléments d'une préposition.

Personne ne *me l'*a dit. *Je* ne *l'ai dit* à personne. *Je* n'ai vu personne. *Je n'ai* rien appris. Rien n'embarrasse *celui qui* ne *doute* de rien. Aucun *de ces* livres n'est *à sa place. Avez-vous vu ces* messieurs? — *Je* n'*en* ai vu aucun. *Je* ne *puis me servir* d'aucune *de ces* plumes.

Comme *nul ne* ne peut être que sujet, la particule *ne* ne peut jamais précéder *nul* employé comme pronom.

Quand *l'un l'autre*, *l'une l'autre*, *les uns les autres*, *les unes les autres*, sont de suite, *l'un*, *l'une*, *les uns*, *les unes* sont sujets d'un verbe qui exprime une action réciproque ; et *l'autre*, *les autres* sont régimes directs de ce verbe. Charles *et* Louis *s'estiment* l'un l'autre. Cela signifie que *Charles estime Louis*, et que *Louis estime Charles*. Charles et Louis sont successivement représentés par *l'un* ; Louis et Charles sont successivement représentés par *l'autre*.

*L'autre*, *les autres*, employés avec un verbe réciproque, peuvent être précédés d'une préposition ; alors ils sont régimes indirects du verbe réciproque. *Ils se méfioient les uns* des autres.

Quand *l'un*, *l'autre*, *l'une*, *l'autre*, *les uns*, *les autres*, *les unes*, *les autres*, sont employés séparément, ils peuvent être sujets, régimes directs ou compléments d'une préposition.

*Ces deux* frères *se sont conduits bien différemment. Nous* avons vu l'un *se ruiner en peu de temps*, *tandis que* l'autre augmentoit *tous les jours son revenu. Cet homme n'est point secret ; il dit ses affaires* aux uns *et* aux autres.

*L'un* est régime direct de *avons vu*, l'autre est sujet de *augmentoit ; les uns*, *les autres*, sont régimes indirects de *dit*.

*Tel*, *même*, *plusieurs*, employés comme pronoms, peuvent être sujets, régimes directs ou compléments d'une préposition.

*Tel* fait *des libéralités*, *qui ne paye pas ses dettes. On* congédiera tel, *qui ne s'y attend point. L'orage tombera* sur tel *qui n'y pense pas.*

*Nous ne changeons point de* marchand ; le même

fournit *toujours notre maison; nous achetons toujours* chez le même.

*Les* brigands *ont été poursuivis; on* en a arrêté plusieurs. *Les* brigands *ont été pris : on a trouvé* sur plusieurs *des effets volés.*

*Tous*, *toutes*, employés comme pronoms, peuvent être sujets ou compléments d'une préposition, mais jamais régimes directs. *Les* domestiques *auront lieu d'être contents;* tous recevront *une gratification*, ou *une gratification sera donnée* à tous.

Dans la phrase : *Les* officiers *n'auront point à se plaindre de quelque passe-droit; on* les avance *tous : tous* n'est mis là que par apposition; c'est le pronom *les* qui est le régime direct.

### Place du sujet par rapport au verbe.

Ordinairement le sujet précède le verbe.

Dans plusieurs phrases le sujet peut précéder ou suivre le verbe.

*La justice que ses* contemporains *lui* ont rendue *a été bien tardive. La justice que lui* ont rendue *ses* contemporains *a été bien tardive. Son frère vous a rendu un grand service; mais celui que* le mien *vous a* rendu, ou *que vous* a rendu le mien, *n'est pas moindre.*

Quand le sujet doit être immédiatement suivi de plusieurs mots qui s'y rapportent, c'est le verbe qu'on doit placer d'abord.

*D'un autre côté on voyoit une rivière où* se formoient *des* îles *bordées de tilleuls fleuris et de hauts peupliers qui....*

*Du sommet* descend un ruisseau *qui serpente sur un lit bordé de gazon et ombragé par des arbres.*

*Nous devons suivre les conseils que nous* donnent ceux *qui à un jugement solide, à une longue expérience, joignent un parfait désintéressement.*

Le substantif sujet suit le verbe quand la phrase commence par l'adjectif *tel*, par l'adverbe *ainsi*.

*Telle* fut *sa* réponse. *Tel* étoit *alors l'*état *des affaires. Ainsi* parla *le* souverain.

> *Je fuis : ainsi le* veut *la* fortune *ennemie.*

Après les adverbes *peut-être, en vain*, et la conjonction *aussi*, le pronom indéfini *on*, le pronom *ce* et les pronoms personnels sujets doivent suivre le verbe.

*Peut-être* viendra-*t*-on. *Peut-être les* admettrons-nous. *En vain, inutilement* voudrois-je *m'y opposer. Il sert un maître qui le traite mal; aussi* veut-il *le quitter. Il sert un.... aussi n'est-ce pas sans raison qu'il le quitte.*

Toutes les fois qu'un pronom (sujet ou régime) suit le verbe. on joint l'un et l'autre par un trait qu'on appelle *trait d'union.*

### Remarque.

Quand nous avons dit qu'après les adverbes *peut-être, en vain*, et la conjonction *aussi*, le pronom indéfini *on*, et les pronoms personnels sujets doivent suivre le verbe, nous avons parlé seulement du verbe employé à un temps simple ; car si le verbe est à un temps composé, alors le sujet ne suit pas tout le verbe : il se place entre l'auxiliaire et le participe, si l'auxiliaire est simple, ou entre les deux mots de l'auxiliaire, s'il est composé.

*Peut-être* sera-*t*-on venu. *Peut-être* auront-ils été admis. *En vain* aurois-je voulu *m'y opposer. Il servoit un maître qui le traitoit mal; aussi l'*a-*t*-il quitté.

15

Dans le premier, le troisième et le quatrième exemple, le pronom sujet est placé entre l'auxiliaire et le participe; dans le second, le pronom sujet est placé entre les deux mots qui composent l'auxiliaire.

Quand *peut-être* est suivi de *que*, le sujet reprend sa place ordinaire; il précède le verbe. *Peut-être qu'*on viendra. *Peut-être qu'*on sera venu. *Peut-être que* nous *les* admettrons. *Peut-être qu'*ils auront été admis.

Lorsque le verbe au présent du subjonctif n'est pas précédé de *que*, il veut alors être placé avant le sujet, soit nom, soit pronom.

Fasse *le* ciel! Vive *le* Roi! Vivent *les* Bourbons! Puissent *leurs* jours *être toujours sereins !*

*Enfants, ainsi toujours* puissiez-vous *être unis !*

Mais le présent du subjonctif veut être placé après le sujet, lorsqu'il est précédé de la conjonction.

Que *cet* homme *se* garde *de paroître.* Qu'il *ne* vienne *point.*

Lorsque l'imparfait et le plusque-parfait du subjonctif sont mis pour *quand même* et un conditionnel, le sujet se place après le verbe, si le verbe est à un temps simple, ou, comme il a été dit dans la remarque précédente, si le verbe est à un temps composé.

> *Dût le* peuple *en fureur pour ses maîtres nouveaux*
> *De mon sang odieux arroser leurs tombeaux;*
> *Dût le* Parthe *vengeur me trouver sans défense;*
> *Dût le* ciel *égaler le supplice à l'offense,*
> *Trône, à t'abandonner je ne puis consentir.*

*Dût le* peuple.... c'est-à-dire, *quand même le peuple....* devroit....

*Notre cause est juste : je la soutiendrai,* dussé-je (1) *périr. Dussé-je périr*, c'est-à-dire , *quand même je devrois périr.*

*Je tenterai l'entreprise* , fût-ce *sans espoir de succès. Fût-ce...* c'est-à-dire, *quand même ce seroit...*

*Il ne cédera pas ce cheval, lui en* donnât - on *mille écus.*

*Il n'auroit pas cédé ce cheval , lui en* eût-on donné *mille écus.*

*J'aurois partagé avec lui* , eussé - je été réduit *à l'indigence.*

Dans l'exemple pénultième, le sujet se trouve placé entre l'auxiliaire et le participe; et dans le dernier exemple, il est placé entre les deux mots qui composent l'auxiliaire.

*Nota.* On peut, si l'on veut, regarder toutes les phrases précédentes qui commencent par un temps du subjonctif, comme des phrases elliptiques faisant suite aux deux mots *supposé que* sous-entendus.

*Dût le* peuple *en fureur....* c'est-à-dire , supposé que *le peuple en fureur pour ses maîtres nouveaux dût arroser leurs tombeaux de mon sang odieux , que le Parthe vengeur* dût.... que *le ciel* dût....

*Dussé-je périr*, c'est-à-dire, supposé que *je dusse périr.*

*Fût-ce sans espoir de succès*, c'est-à-dire , supposé que *ce fût sans espoir de succès.*

Quelquefois le substantif sujet suit l'adverbe *en vain*, la conjonction *aussi*, ou précède les temps du subjonctif mis pour *quand même* et des conditionnels ; alors il faut qu'un pronom personnel de troisième personne , sujet

---

(1) Dans un verbe , l'*e muet* final suivi de *je* se change en *è fermé.* Parlé-je *bien ou mal?*

surabondant, qui désigne la même chose que le substantif, suive le verbe employé à un temps simple,
ou le premier mot du verbe employé à un temps
composé.

*En vain l'*ennemi vouloit-il *forcer nos retranche-
ments. Le service chez cet homme est extrêmement dur ;
aussi son* domestique s'est-il déterminé *à changer de
maître.*

*J'irai les prier, cette* démarche fût-elle *inutile. Il
n'auroit pas vendu ce cheval, le* marchand *lui en* eût-il
offert *mille écus. Le remède auroit produit son effet, le*
malade eût-il été réduit *à l'extrémité.*

Lorsque, dans un discours, on indique entre deux
marques de ponctuation le sujet qui le tient, ce sujet
se met toujours après le verbe.

*Quelques courtisans excitoient Louis XII à se venger
du seigneur de La Trémouille qui, après l'avoir fait
prisonnier à la bataille de Saint-Aubin, sembloit avoir
pris plaisir à insulter à son malheur : Un roi de
France*, répondit Louis, *ne venge point les querelles
d'un duc d'Orléans.*

Lorsque le sujet de la phrase incise est *on* ou un pronom personnel, et que le verbe est à un temps composé,
le pronom sujet se place entre l'auxiliaire et le participe,
ou entre les deux mots qui composent l'auxiliaire.

*Songez donc, lui* a-t-on dit, *à quoi vous vous exposez. Faites ce que vous voudrez, nous* ont-ils répondu.
*Hâtez-vous d'en finir, nous* a-t-il été *vivement*
répliqué.

Quand la personne qui parle veut insister sur ce
qu'elle a déjà dit ou ordonné, et qu'elle emploie pour
cela le présent de l'indicatif du verbe *dire*, elle met le
sujet après ce verbe.

*Dans un si grand revers, que vous reste-t-il? — Moi.*
*Moi, dis-je, et c'est assez.*

*Sortez sur-le-champ... sortez, vous* dis-je.

## Place du sujet dans les phrases interrogatives.

Dans les phrases interrogatives, le pronom indéfini
*on*, le pronom *ce* et les pronoms personnels, faisant
la fonction de sujets, se placent après le verbe employé
à un temps simple, ou après le premier mot du verbe,
si le verbe est à un temps composé.

*Qui* demande-*t*-on? *Qui* a-*t*-on demandé? *Que ré-
pondra-t*-on *à cela? Qu'*aura-*t*-on répondu *à cela?*
Seroit-ce *vous qui...? Je vous avois confié plusieurs
lettres :* ont-elles été remises *à leur adresse? Ne* disois-je
*pas la même chose en d'autres termes? N'*avois-je
*pas* dit *la même chose...? Quels propos* tenez-vous *là?*
*Quels propos* avez-vous tenus? *Vous* demandent-elles
*beaucoup de choses? Vous* ont-elles demandé *beaucoup
de choses?*

*Qui*, interrogatif, faisant la fonction de sujet, précède
toujours le verbe.

*Voilà donc quels vengeurs s'arment pour ta querelle,*
*Des prêtres, des enfants, ô sagesse éternelle!*
*Mais, si tu les soutiens*, qui peut *les ébranler?*

Le substantif sujet se met avant le verbe quand il est
joint à l'adjectif interrogatif *quel. Quels* témoins ont
déposé *en sa faveur?*

*Quel* climat renfermoit *un si rare trésor?*

*Chargé du crime affreux dont vous me soupçonnez,*
*Quels* amis *me* plaindront, *quand vous m'abandonnez?*

Souvent le verbe *être* se met entre l'adjectif *quel* et le substantif sujet. *Quelle* est *votre* réponse ?

*Quel* est *dans le lieu saint ce* pontife *égorgé ?*

Le substantif sujet se met après le verbe, lorsque la phrase commence par *que* interrogatif, soit que ce pronom soit régime direct, soit qu'il signifie *à quoi*, *de quoi*.

*Que* peuvent *contre Dieu tous les* rois *de la terre ?*

*Que* servent *les* richesses *sans l'économie qui en règle l'emploi ?*

On peut aussi mettre le substantif sujet après le verbe, lorsque la phrase renferme ou l'adjectif *quel* se rapportant à un régime, ou le pronom absolu *qui* employé comme régime, ou l'un des autres mots interrogatifs *combien, comment, où, quand...*

*Quel service vous* rendront *vos* amis ? *Quel service vous* ont rendu *vos* amis ? *A quel dessein* sont venus *ces* messieurs ?

*Pour qui* sont ces serpents *qui sifflent sur vos têtes ?*

*Combien* vaut cela ? *Comment* se porte *la* malade ? *Comment* s'est sauvé *le* prisonnier ? *Où* vont *ces* gens-*là ?*

*D'où vous* vient *aujourd'hui ce noir* pressentiment ?

*A quand* a été remise *la* partie ? *Depuis quand* est sorti *votre* maître ?

Si dans ces phrases on veut mettre le substantif sujet avant le verbe, un pronom personnel, sujet surabondant qui désigne la même chose que le substantif, doit alors suivre immédiatement le verbe employé à un temps simple, ou le premier mot du verbe, si le verbe est à un temps composé.

*Quel service vos* amis *vous* rendront-ils? *Quel service vos* amis *vous* ont-ils rendu? *A quel dessein ces* messieurs sont-ils venus?

*Ces* serpents *qui sifflent... pour qui* sont-ils?

*Combien* cela vaut-il? *Comment la* malade se porte-*t*-elle? *Comment le* prisonnier s'est-il sauvé? *Où ces* gens *là* vont-ils?

*Ce noir* pressentiment, *d'où vous* vient-il?

*A quand la* partie a-*t*-elle été remise? *Depuis quand votre* maître est-il sorti?

En général, toutes les fois que le substantif sujet d'une phrase interrogative précède le verbe, le temps simple de ce verbe, ou le premier mot du temps composé de ce verbe, doit être suivi du pronom qui désigne le même substantif sujet.

*Ces* hommes arriveront-ils? *Les* dames *que vous attendiez* sont-elles venues? *Les* chevaux ont-ils été attelés *au carrosse? Ses* ordres ont-ils été *ponctuellement* exécutés?

*Place des substantifs régimes par rapport aux verbes.*

Le substantif régime direct ou indirect se place ordinairement après le verbe.

Quelquefois on place le substantif régime direct avec ses dépendances avant le sujet et le verbe régissant; mais alors on met avant ce verbe le pronom personnel qui a rapport à ce substantif.

*La* justice *qui nous est quelquefois refusée par nos contemporains, la* postérité *sait nous* la rendre. *Ces* victoires *dont vous vous enorgueillissez tant*, vous les devez *à des flots de sang qui ont inondé l'Europe.*

Les phrases de cette sorte ont de la grâce. Il en est de même de celles où le substantif sujet suit le verbe, précédé lui-même du pronom personnel qui représente le substantif.

Il est *inflexible, le* juge *devant qui nous devons paroître un jour.* Elle viendra, *notre* heure *dernière, quand nous y penserons le moins.*

Le substantif régime indirect se place aussi quelquefois avant le verbe. A *des* ennemis *si redoutables par le nombre, par la valeur, par le souvenir de leurs anciens triomphes, il falloit* opposer *un homme d'un courage ferme, assuré, d'une capacité étendue, d'une expérience consommée, qui....*

Aux promesses *du ciel pourquoi renoncez-vous ?*

*Tout,* pris substantivement sans être précédé de l'article, se place avant le présent de l'infinitif ou le participe dont il est le régime direct.

*Il veut* tout avoir. *Il joue à* tout perdre. *Il* a tout perdu. **Avez-***vous* tout dit ?

*Et que vos conjurés entendent publier*
*Qu'Auguste* a tout appris, *et veut* tout oublier.

Mais *tout* suit le verbe employé à tout autre temps simple qu'au présent de l'infinitif.

*Il* oublie tout. *Il* perdra tout.

### *Place des pronoms considérés comme régimes.*

Le pronom *se* précède toujours le verbe qui le régit.
*Elles* s'estiment *beaucoup l'une l'autre ; en cela elles* se rendent *justice.*

*Place des pronoms* me, te, nous, vous, le, la, les, lui,
  leur, en, y, *dans les phrases où ces pronoms ne
  sont pas régis par des verbes à l'impératif avec
  affirmation.*

*Me*, te, nous, vous, le, la, les, lui, leur, en, y, se
placent avant le verbe dans les phrases où ces pronoms
ne sont pas régis par un verbe employé à l'impératif
avec affirmation.

> *Mais hier il* m'aborde ; *et* me serrant *la main,*
> *Ah! monsieur,* m'a-t-il dit, *je* vous attends *demain.*

> *Nous* nous pardonnons *tout, et rien aux autres hommes.*

>      *Le fabricateur souverain*
> Nous créa *besaciers tous de même, manière.*

> *Deux voyageurs à jeun rencontrèrent une huître :*
> *Tous deux* la contestoient. . . . . . . .
> *La justice, pesant ce droit litigieux,*
> *Demande l'huître,* l'ouvre, *et* l'avale *à leurs yeux.*

> *Un souffle, une ombre, un rien, tout* lui donnoit *la fièvre.*

> *Eh bien ! manger moutons, canaille, sotte espèce,*
> *Est-ce péché? Non, non :* vous leur fîtes, *seigneur,*
>     *En* les croquant, *beaucoup d'honneur.*

*Cette maladie est dangereuse; il pourroit bien* en mourir.
*J'ai lu votre mémoire;* j'y répondrai *incessamment. Il faut* y
donner *ordre.*

  *Ne* me regarde *pas. Ne* me laisse *pas seul. Ne* t'appuie
*pas sur lui. Ne* nous attendez *point. Ne* nous parlez *pas si
haut. Évitez de* le voir, *de* lui parler. *Ne* leur répondez *rien.
Ce fruit n'est pas mûr;* n'en mangez *pas. Il ne fait pas sûr
en ce lieu-là;* n'y allez *point.*

### Remarque.

On emploie *moi, toi,* au lieu de *me, te,* lorsque les

pronoms singuliers de la première et de la seconde personne doivent suivre l'impératif affirmatif.

*Place des pronoms* moi, toi, nous, vous, le, la, les, lui, leur, en, y, *régis par des impératifs affirmatifs.*

Les pronoms *moi, toi, nous, vous, le, la, les, lui, leur, en, y,* se placent après le verbe qui les régit, lorsqu'il est à l'impératif avec affirmation, et on les joint au verbe par le *trait d'union.*

Regarde-moi *en face.* Laisse-moi *seul.* Appuie-toi *sur lui.* Attendez-nous *un peu.* Parlez-nous *plus bas.* Voyez-le, *et* parlez-lui. Réponds-leur *par écrit. Ce fruit est mûr;* mangez-en. *Il y fait bon;* allez-y *tout de suite.*

*Dans quel cas les pronoms peuvent-ils précéder l'impératif affirmatif?*

Ces pronoms peuvent se mettre avant un second impératif affirmatif joint au premier soit par *et*, soit par *ou.*

> *C'est à ces furieux que vous devez courir;*
> Séparez-les, *mon père,* et me laissez *mourir.*

> *Vingt fois sur le métier remettez votre ouvrage;*
> Polissez-le *sans cesse,* et le repolissez.

> *Et puisque Jean Lapin vous demande la vie,*
> Donnez-la *lui, de grâce,* ou l'ôtez *à tous deux.*

*Dans quel ordre faut-il placer* me, te, se, nous, vous, le, la, les, lui, leur, en, y, *quand deux de ces pronoms doivent se suivre l'un l'autre?*

Souvent ces pronoms régimes se présentent deux à deux, comme on vient de le voir dans le dernier des

vers précédents : dans quel ordre faut-il alors les placer ?
On place avant les autres *me*, *te*, *se*, *nous*, *vous*, ensuite *le*, *la*, *les*, puis *lui*, *leur*, *y*. On place *en* le dernier
de tous.

*Quand vous aurez des nouvelles, vous* me les *ferez
savoir. Quand on recevra des lettres, on* vous les *com-
muniquera*.

> *Un jour deux pèlerins sur le sable rencontrent*
> *Une huître. . . . . . . . .*
> *Ils l'avalent des yeux ; du doigt ils* se la *montrent*.

*Elles comptoient sur sa protection :* il la leur *avoit
promise. Ils alloient au jardin ; ils* ne m'y *ont pas
mené. Vous êtes dans une belle place ; maintenez-*
vous-y. *Voilà de belles poires ;* donnez-nous-en. *Puisque vous vous êtes mis dans cet embarras de gaîté de
cœur, tirez-*vous-en *comme vous pourrez*.

*Nota* 1°. Après un impératif affirmatif, *le*, *la*, *les* se
mettent avant le pronom *moi*.

*Je voudrois lire ce livre ; prêtez-le-moi*.

*Nota* 2°. Si, après un impératif affirmatif, la particule
relative *en* doit suivre immédiatement les pronoms
singuliers de première et de seconde personne, on emploie *me*, *te* au lieu de *moi*, *toi*.

*Voilà de belles poires ;* donnez-m'en. *Puisque tu t'es
mis dans cet embarras de gaîté de cœur, tire-*t'en
*comme tu pourras*.

Il n'en est pas de même lorsque ces pronoms doivent
être suivis de la particule relative *y*. Après avoir dit :
*Vous allez au jardin*, on n'ajoutera point : *Menez-*m'y;
on dira : *Menez-*y-moi, ou mieux : *Je vous prie de* m'y
*mener*. Après avoir dit : *Tu as une belle place*, on ne

dira point : *Maintiens*-t'y. On prendra un autre tour ; on dira, par exemple : *Songe à t'y maintenir.*

### *Place des pronoms personnels régimes d'un infinitif régi directement par un premier verbe.*

Si le premier verbe est à l'impératif avec affirmation, le pronom se place entre l'impératif et l'infinitif. *Venez* me voir. *Venez* me parler. *Va* te divertir.

Si le premier verbe est à l'impératif avec négation, ou s'il est à un autre temps simple, on peut absolument mettre les pronoms avant le premier verbe ; mais le mieux est de les placer auprès du verbe qui les régit.

Il est mieux de dire : *Ne venez point* me voir ; *n'allez pas* les chercher ; *vous voudriez* nous contraindre ; *je souhaiterois pouvoir* vous obliger ; *cette marque de confiance, vous pouvez* la leur donner *sans crainte*; que de dire : *Ne* me *venez point* voir ; *ne* les *allez pas* chercher ; *vous* nous *voudriez* contraindre ; *je souhaiterois* vous *pouvoir* obliger ; *cette marque de confiance, vous* la leur *pouvez* donner *sans crainte.*

Quand le premier verbe est à un temps composé, le pronom doit être placé immédiatement avant le verbe régissant.

*Ils auroient bien voulu* se rencontrer *à la promenade.* Ce seroit une faute de dire : *Ils s'auroient bien voulu* rencontrer *à la promenade.*

Lorsque le premier verbe est *faire* ou *laisser*, et que ce premier verbe n'est pas employé à l'impératif avec affirmation, le pronom doit se placer avant les deux verbes.

*Nous* les *avons fait* accompagner, *de peur qu'ils ne s'égarassent. Ne* te *fais pas* peindre *par ce barbouilleur. Vous* nous *avez fait* attendre. *Son insolence l'a fait* disgracier. *Ne* vous *laissez pas* séduire *par ses promesses. Ils ne se sont pas laissé* vaincre *en générosité.*

Si l'un des verbes *faire, laisser,* est employé à l'impératif, avec affirmation, le pronom se place entre l'impératif et l'infinitif, et alors on emploie *moi, toi,* à la place de *me, te. Faites*-le attendre. *Faites*-moi instruire. *Fais*-toi rendre *ton argent. Laisse*-toi conduire.

*Pronoms personnels employés comme régimes après ne... que mis pour seulement.*

*Moi, toi, soi, nous, vous, lui, elle, eux, elles,* sont les pronoms personnels qu'on emploie comme régimes après le *que* de *ne... que* mis pour *seulement.*

Je ne *veux plus* que moi *dedans* (1) *ma confidence.*

*Quiconque* n'*aime* que soi *n'est aimé de personne. N'emmenez* que lui. *Vos tantes sont enfin arrivées; nous* n'*attendions plus* qu'elles *pour nous mettre à table.*

*Quels sont les pronoms personnels qu'on emploie à la suite des prépositions ?*

Les pronoms *moi, toi, soi, nous, vous, lui, elle, eux, elles,* sont les pronoms personnels qu'on emploie comme régimes des prépositions exprimées.

*Pense-t-on* à moi ? Selon moi, *vous avez raison. Nous nous promenerons* sans vous. *La santé demande qu'on soit propre* sur soi. *C'est* pour eux *que l'on travaille.*

_____

(1) *Dedans,* qui étoit autrefois préposition, est adverbe. A présent, on emploieroit *dans.*

*Quels sont les pronoms personnels qui peuvent être*
*liés par des conjonctions?*

*Moi, toi, nous, vous, lui, elle, eux, elles*, sont les
seuls pronoms personnels qui puissent être liés par des
conjonctions.

*Vous et moi. Lui et toi. Vous ou moi. Elles ou nous.*
*Ni lui ni moi. Ni vous ni elle. Soit vous, soit lui. Tantôt*
*vous, tantôt lui. Vous aussi bien que moi. Toi aussi*
*bien qu'eux...*

*Arrangement des substantifs régimes, l'un direct,*
*l'autre indirect.*

Lorsqu'un verbe a deux substantifs régimes, l'un
direct, l'autre indirect, et que tous deux sont de même
longueur, l'usage ordinaire est de placer le régime direct
le premier.

*Il faut préférer* l'honnête *à l'utile. Il a sauvé* la ville *du*
*pillage.*

Lorsque les régimes sont de longueur inégale, c'est le
plus court qu'il faut placer le premier.

*Ainsi Dieu fait-il voir* au monde *le néant de ses*
*pompes et de ses grandeurs. Il adressa* ces prières *à des*
*hommes farouches, incapables de se laisser fléchir.*
*Les stoïciens ont tracé* à l'homme *l'idée d'une perfec-*
*tion et d'un héroïsme dont il n'est point capable. Sa*
*prudence a préservé* d'une ruine totale *le bel établisse-*
*ment que sa munificence avoit procuré à la colonie.*

# ACCORD

## DE L'ARTICLE, DE L'ADJECTIF, DU PRONOM, DU VERBE, AVEC LE NOM.

---

### Règle première.

L'ARTICLE, l'adjectif et le pronom doivent se mettre au même genre et au même nombre que le nom auquel ils se rapportent.

L'adjectif qui se rapporte à un pronom, le pronom qui se rapporte à un autre pronom, doivent aussi s'accorder en genre et en nombre avec ce pronom.

Quant au verbe, il doit s'accorder en nombre et en personne avec le nom ou pronom sujet de la phrase.

(Dans les exemples suivants, nous indiquerons par le même chiffre les mots qui sont en accord.)

1    1    1    1
*Les* délicats *sont malheureux,*

2    2    1
Rien *ne sauroit les satisfaire.*

1    1    1    2  2
Dieu *ne recherche point, aveugle en sa* colère,

3  3  3  1  3  4  4   5  5
*Sur le* fils *qui le craint l'*impiété *du* père.

*Qui* est au singulier et à la troisième personne : aussi le verbe *craint*, dont ce relatif est le sujet immédiat, est–il au singulier et à la troisième personne.

 1  1     2      2       2      2      3    1   3
J'ai vu cette grande ville *dont* vous m'avez parlé, et
 2  4      4         4             2
que le commerce *rend si florissante.*

            1         1       2    2   4    1       3      3
    Armand, qui *pour six* vers *me donnez six cents livres*,
              4   4   5   5    1        6   6   6
    *Que ne puis*-je à ce prix *vous vendre tous mes* livres !

Dans cet exemple, *qui* est au singulier et à la seconde personne : aussi le verbe *donnez*, dont ce relatif est le sujet, est–il au singulier et à la seconde personne.

 1   1    2      2    1              3    3    3
L'amour *des* peuples *a toujours été la* gloire *la plus*
 3     3            3       4        4            5    5
*réelle et la moins équivoque des* souverains; *et les* peu-
             5                 6      6            7    7
ples *n'aiment guère dans les* souverains *que les* vertus
 7   7      8     8       8
qui *rendent leur* règne *heureux.*

      1            1     1      1          2   2   3   3   1
    *Quelles que soient vos* prétentions, *c'est* moi qui *les*
 3
*ferai valoir.*

      1             1          2    2       1           2
    *Quelques* richesses *que* vous *oyez*, elles *ne vous*
 1        2                       2         2       3
*rendront heureux qu'autant que* vous *en ferez bon*
 3
usage.

*Quelque habiles que soient ces messieurs, je crois qu'ils ne feront pas mieux que leurs devanciers.*

Lorsqu'on emploie *vous* pour *tu*, on donne au verbe la forme du pluriel; mais l'adjectif se met au singulier.

> *Selon que* vous serez puissant *ou* misérable,
> *Les jugements de cour* vous *rendront* blanc *ou* noir.

L'adjectif s'accorde quelquefois avec le singulier sous-entendu d'un nom pluriel exprimé après l'adjectif.

*Paris est* la plus grande *de toutes les* villes *du royaume de France. C'est* une *des* choses *qui contribuèrent* (1) *le plus à unir étroitement les deux maisons.*

Lorsqu'il y a comparaison entre deux personnes ou entre deux choses de genre différent , l'adjectif prend le genre de la personne ou de la chose qui est nommée la première.

*Le* frère *est* plus grand que *la sœur. La* sœur *est* plus grande que *le frère. Les* cerises *sont* meilleures que *le raisin. Le* raisin *est* meilleur que *les* cerises.

Quand un adjectif est suivi d'un autre qui le modifie, il est indéclinable. *Des cheveux* châtain clair. *Une robe* bleu céleste. *Une robe* vert foncé.

---

(1) Il faut *contribuèrent*, et non *contribua*, comme le veulent quelques-uns, parce que c'est le substantif *choses*, et non pas l'adjectif *une*, qui est l'antécédent du relatif. Si on vouloit qu'il y eût *contribua*, il n'y auroit qu'à changer le commencement de la phrase, et dire : *C'est la* chose qui contribua *le plus à unir étroitement les deux maisons.*

16

*Remarque sur les adjectifs* nu , demi, feu, grand , tout.

On écrit suivant la règle : *Tête nue , pieds nus , jambes nues;* mais si l'adjectif précède le nom, il ne prend ni genre ni nombre, et le trait d'union joint le nom à l'adjectif. *Nu-tête , nu-pieds , nu-jambes.*

Lorsque *demi* précède le nom , il est indéclinable. *Un demi-franc , une demi-heure , deux demi-guinées.* Lorsqu'il est placé après le substantif, il en prend le genre , et la conjonction *et* les joint ensemble. *Midi et demi, une heure et demie , deux guinées et demie.*

*Feu,* adjectif sans pluriel , ne prend point le genre du nom auquel il se rapporte, quand il est placé avant l'article ou un adjectif pronominal : Feu votre *mère;* feu la *reine;* mais on écrit suivant la règle : *La* feue *reine ; votre* feue *mère.*

L'adjectif *grand*, placé avant certains noms féminins qui commencent par une consonne , prend l'apostrophe au lieu de l'*e muet.* On écrit : *Grand'chose, grand'chère, grand'messe, grand'mère, grand'tante, à grand'peine, grand'pitié, grand'chambre* ( la première des chambres des anciens parlements ), et l'on prononce *grand'* comme si les noms étoient masculins.

L'adjectif *tout* qui précède immédiatement un nom propre de ville , ne prend jamais la marque du genre féminin. Par exemple , *Rome* est du genre féminin.

> *Ne vous figurez point que de cette contrée*
> *Par d'éternels remparts* Rome *soit* séparée.

Cependant on dit : Tout Rome *le sait.* Tout Rome *l'a vu.*

*Remarque sur le nom* chose *, précédé immédiatement de l'adjectif* quelque.

Le nom *chose* est féminin. *C'est* une chose précieuse *qu'un ami véritable. On lui a donné* quelque bonne chose.

Mais lorsque ce nom est immédiatement précédé de l'adjectif *quelque*, les deux mots réunis veulent au masculin l'adjectif ou le pronom qui s'y rapportent. *J'ai lu* quelque chose qui *m'a paru* bon. *Y a-t-il* quelque chose *de* nouveau ? *Lui demande-t-on* quelque chose? *il* le *donne sur-le-champ.*

*Remarque sur les mots qui se rapportent au nom* gens.

Lorsque le nom *gens* est immédiatement précédé de l'article, ou d'un adjectif possessif, ou de l'adjectif démonstratif, ou d'un adjectif terminé au singulier masculin par un *e muet*, tout ce qui s'y rapporte se met au masculin. Tous les gens *de bien. Donnez-moi* un *de* vos gens *pour m'accompagner.* Tous nos gens *ont été* exacts *à tenir leur parole.* Quels *sont* ces gens-*là?* Tous ces gens-*là sont* fous. *Nous recevons bien* tous les honnêtes gens. Tous les habiles gens *seront* consultés.

Lorsque le nom *gens* est immédiatement précédé de tout autre adjectif, il veut au féminin ce qui le précède, et au masculin ce qui le suit. *Il y a de* certaines gens qui *sont bien* sots. Quelles gens *trouve-t-on* qui *soient* contents *de leur sort ?* Toutes les vieilles gens *ne soient pas* soupçonneux.

*Nota.* Aucun autre adjectif numéral que l'adjectif *mille* ne peut précéder immédiatement le nom *gens.* On ne peut pas dire : *Deux gens, huit gens, dix gens*... et si l'on dit *Mille gens*, ce n'est qu'en prenant *mille* pour un nombre indéterminé.

Toutefois le mot *gens*, précédé d'un adjectif autre que le numéral, peut se dire en nombre déterminé.

*Voilà* deux habiles gens *que je vous présente. Il se fit suivre de* trois *de* ses gens.

### Remarques sur le.

1°. Quand *le* se rapporte à un nom, il prend toujours le genre et le nombre de ce nom.

*Etes-vous* la malade *pour laquelle on m'a fait venir? — Oui, je* la *suis.*

*Mesdemoiselles, êtes-vous* les parentes *de la mariée? — Nous ne* les *sommes pas; nous ne sommes que ses amies.*

*Ce n'est pas vous qui êtes* les héritiers *de ce bien. — Vous vous trompez; nous* les *sommes.*

2°. Le ne prend ni genre ni nombre, lorsqu'il se rapporte à des adjectifs ou à des noms pris adjectivement.

*Mes sœurs sont tombées* malades *la semaine dernière, et elles* le *sont encore.*

*Ces dames sont-elles* contentes? *— Nous ne* le *sommes guère.*

*Avez-vous été* témoins *du fait? — Oui, nous* l'a*vons été.*

*Mademoiselle a-t-elle déjà été* marraine? *— Non, elle* le *sera bientôt.*

*Ces dames sont-elles* parentes? *— Oui, elles* le *sont.*

*Témoins, marraine, parentes*, sont ici des noms pris adjectivement : *témoins*, adjectif qui se rapporte à *vous; marraine*, adjectif qui se rapporte à *mademoiselle; parentes*, adjectif qui se rapporte à *dames.*

*Le* indéclinable peut aussi se rapporter au gérondif pris adjectivement, et au participe; mais il ne peut remplacer aucun autre mot verbal.

On dira : *Ne vous étonnez point qu'ils soient si obligeants; ils le sont avec trop de plaisir....*

*Ils ont été bien* reçus, *mieux qu'ils ne méritoient de l'être.*

Mais on ne dira point : *Nous le* traiterons *comme il mérite de l'être.* Dites : *d'être* traité. Il ne faut pas dire : *Cette histoire achevera de* désabuser *ceux qui sont dignes de l'être.* Dites : *d'être* désabusés.

*Le* est encore invariable lorsqu'il tient la place de tout un membre de phrase.

*Croirons-nous que la véritable gloire des souverains consiste dans la gloire des conquêtes? Non, nous ne le croirons point, nous à qui cette sorte de gloire a été si funeste;* c'est-à-dire, *nous ne croirons point* que la véritable gloire des souverains consiste dans la gloire des conquêtes, *nous à qui...*

*Vous venez de les voir à la ville : soutiendrez-vous encore qu'ils sont à la campagne? — Je ne le soutiendrai plus;* c'est-à-dire, *je ne soutiendrai plus* qu'ils sont à la campagne.

*Application de la première règle aux noms collectifs.*

1°. Ce qui règle l'accord pour les collectifs partitifs, c'est le nom qui suit la préposition *de.*

*Une partie de notre* monde est *fort* content *d'avoir attendu.*

*Quantité de* monde, assemblé *autour de lui,* étoit *très*-attentif *à ne rien perdre de ce qu'il disoit.*

*Quantité de* fruits tombent, abattus *par le vent.*

*Une infinité de* peuple, rempli *d'une présomption ridicule,* se croit capable *de gouverner l'Etat.*

*Une infinité de* gens qui *ne* savent *point gouverner* leur *maison*, se croient capables *de gouverner l'Etat.*

*Une infinité de* peuple se présente *à la porte : faut-il* le *laisser entrer?*

*Une foule de* gens se présentent *à la porte : faut-il* les *laisser entrer ?*

*La plupart du* monde est *également* facile *à recevoir les impressions*, *et* négligent *à s'en éclaircir.*

*La plupart des* hommes sont *également* faciles *à recevoir les impressions*, *et* négligents *à s'en éclaircir.*

*Nota.* Le partitif *la plupart*, employé absolument, veut après lui le pluriel et le masculin.

La plupart sont mécontents *de* leur *sort.* La plupart, *peu portés à la vertu*, se contentent *de l'honorer de bouche.*

*Une troupe de* pélerins ont passé *par le village*, *et* l'ont quitté, satisfaits *de la réception qu'on* leur *a faite.*

*Une multitude de* vieillards, accablés *d'années*, suivoient *à pas lents.*

*Un grand nombre de* jeunes gens se gâtent *le cœur et l'esprit par la lecture des mauvais livres.*

*Une troupe de* nymphes, couronnées *de fleurs*, nageoient *en foule derrière le char.*

*A son retour des Indes, il trouva une partie de ses* enfants morts.

*On nous a apporté des poires : il y en avoit une partie de* véreuses. Cet adjectif est au pluriel féminin, parce qu'il se rapporte à la particule relative *en* mise pour *poires.*

*Remarque.* Quelquefois le *de* du collectif partitif et le nom, régime de cette préposition, sont sous-entendus ; mais il est aisé de les suppléer pour régler l'accord.

*Les* ennemis *prirent la fuite : un grand nombre* se noyèrent *en traversant le fleuve.*

*Ne vous fiez pas à ces* dames : *la plupart* sont indiscrètes.

Si le collectif partitif est exprimé par un adverbe de quantité, c'est encore le nom suivant qui règle l'accord.

*Trop d'*indulgence est pernicieuse *à la jeunesse.*

*Il y a beaucoup de* poëtes capables *de faire des vers tels quels ; mais bien peu* sont capables *d'en faire d'excellents.*

Les deux mots *de* et *poëtes* sont sous-entendus après *peu ;* et c'est au second que *sont capables* se rapportent.

*Peu de* gens savent *être* vieux.

*Tant d'*années *d'habitude* étoient *des chaînes de fer qui me lioient à ces deux hommes.*

> *Jamais tant de* beauté fut-elle couronnée?

> *Tant de* Romains *sans vie, en cent lieux* dispersés,
> Suffisent *à ma cendre, et l'*honorent *assez.*

> *Assez d'*autres viendront*, à mes ordres* soumis,
> *Se couvrir des lauriers qui vous furent promis.*

2°. Le nom collectif général règle seul l'accord.

*La* quantité *des insectes* est innombrable. *La* foule *des spectateurs m'*empêchoit *d'avancer. La* foule *des affaires l'*accable. *L'*armée *des Croisés* entra triomphante dans Jérusalem. *La* flotte *des alliés* engagea *le combat*, *et bientôt* elle *en* sortit victorieuse.

> *Un* peuple *de héros* va *naître en ces climats.*

*Un* corps *de troupes, plus* nombreux *que* le précédent,

vint *se réunir à nous. Cette* sorte *de pommes n*'est bonne *qu'à faire du cidre.*

### Remarque.

Ainsi, le collectif général règle l'accord indépendamment de ce qui suit, tandis que, pour le collectif partitif, c'est le nom qui suit qui règle l'accord.

La raison de cette différence, c'est que le collectif général présente une idée complète indépendamment de ce qui peut suivre, au lieu que le collectif partitif et le nom qui suit ne font qu'une même expression. Dans cette expression, le partitif seul ne signifie rien de complet sans le secours du nom dont le partitif n'est, pour ainsi dire, qu'un modificatif.

### *Règle seconde.*

Lorsque le même verbe a plusieurs sujets de différentes personnes, il se met au pluriel et à la première personne, s'il y a un sujet de première personne, ou à la seconde personne, s'il n'y a de sujets que de seconde et de troisième.

Vous *et* moi, nous sommes contents. Pénélope *sa femme, et* moi *qui suis son fils,* nous avons perdu *l'espérance de le revoir.* ( L'usage veut que celui qui parle se nomme le dernier. ) Jacques *et* toi, vous *me* suivrez.

Lorsque le relatif *qui* se rapporte à des mots de différentes personnes, il est de la première, s'il y a dans l'antécédent un pronom de première personne ; et le verbe, dont ce *qui* est le sujet, se met à la première personne du pluriel.

*Ce sera* vous, *votre* mère *et* moi qui raccommoderons *l'affaire.*

Quand le relatif se rapporte à des mots de seconde et de troisième personne, il est de la seconde, et le verbe, dont il est le sujet, se met à la seconde personne du pluriel.

*Ce sera* lui *et* toi qui ferez *la commission.*

### Règle troisième.

Lorsque le verbe a pour sujet plusieurs noms singuliers, le verbe, l'adjectif, le pronom qui s'y rapportent, se mettent au pluriel.

Si les noms sont de même genre, l'adjectif et le pronom prennent ce genre.

Si les noms sont de genres différents, l'adjectif et le pronom se mettent au masculin.

*Le* pauvre *et le* riche sont égaux *après la mort. La* clémence *et la* majesté, peintes *sur le front de cet auguste enfant, nous* annoncent *déjà la félicité des peuples. La* guerre, *la* famine, *la* peste, sont *également* désastreuses; elles sont *dans la main de Dieu des fléaux dont il châtie les hommes.*

*Le* frère *et la* sœur sont *aussi* grands *l'un que l'autre. Son* père *et sa* mère ont *sujet d'être* contents *de lui. Le* frère *et la* sœur sortirent, *l'un du collége, l'autre de sa pension, parfaitement* instruits; ils *n'*ont *qu'à* se *louer de leur* oncle *et de leur* tante qui, soigneux *de leur éducation, n'*ont *rien* épargné *pour la rendre excellente. Une profonde* ignorance *et un* jugement *solide* peuvent *quelquefois se trouver* réunis.

*Remarque.* Quand un nom singulier et un nom pluriel sont sujets d'un même verbe, quand un nom masculin et un nom féminin sont qualifiés par le même adjectif, placez le nom pluriel plus près du verbe, et le

nom masculin plus près de l'adjectif, afin qu'on aper-
çoive mieux l'influence du pluriel et du masculin sur
l'accord. *Dans cet homme la* vertu *et les* talents *se*
trouvent réunis.

Si l'on ne pouvoit faire sentir en même temps l'influence du pluriel et celle du masculin sur l'accord, on
feroit sentir de préférence celle du masculin.

On diroit, par exemple : *Dans cette femme les* grâces
*de son sexe et le* courage *d'un homme se* trouvent
réunis.

### Remarque.

Des auteurs célèbres se sont quelquefois permis de ne pas
suivre cette règle, quand ils ont eu pour sujets plusieurs noms
de choses.

On lit dans Racine :

> *Vous pensez qu'approuvant vos desseins odieux,*
> *Je vous laisse immoler votre fille à mes yeux ;*
> *Que ma* foi, *mon* amour, *mon* honneur *y* consente.

> *Mais le* fer, *le* bandeau, *la* flamme est toute prête.

*Tous les* mots *de la langue, toutes les* syllabes *nous* pa-
roissent précieuses.

On lit dans Pélisson : *Le* courage, *la* bonté *du grand
Henri* a été célébrée *de mille louanges.*

.... Dans Fénélon : *La* gloire *et la* prospérité *des méchants*
est courte. *Une* pâleur *de défaillance, une* sueur *froide* se
répand *dans* tous ses membres.

.... Dans Massillon : *La* politesse *et* l'affabilité est *la seule
distinction qu'ils affectent.*

Dans toutes ces phrases, c'est le dernier sujet qui règle
l'accord.

Mais, quelle que soit l'autorité de ces exemples, nous
croyons qu'il vaut mieux s'en tenir à l'observation de la règle.

Le seul cas où on pourroit s'en permettre la transgression, c'est lorsqu'il y auroit gradation dans les idées excitées par les divers sujets de la phrase, et que l'idée excitée par le dernier l'emporteroit sur les précédentes, de manière à attirer plus particulièrement l'attention, et à effacer en quelque sorte toutes les autres.

.... *Le* fer, *le* bandeau, *la* flamme est toute prête.

Le *fer* et le *bandeau*, remarque M. Domergue, peuvent fixer un instant l'attention ; mais ils s'effacent devant la *flamme* qui va dévorer une victime innocente et chère.

*Règles d'accord lorsque les sujets sont liés par les conjonctions* ainsi que, aussi bien que, autant que, comme, ou, ni, non-seulement.... mais encore.

Quand des sujets du nombre singulier sont liés par les conjonctions *ainsi que, aussi bien que, autant que, comme*, on met le singulier.

> *Le* nourrisson *du Pinde*, ainsi que *le* guerrier,
> *A tout l'or du Pérou* préfère *un beau laurier.*

*La* fille, aussi bien que *la* mère, est *fort* capricieuse.

> *Ne parlons plus d'un choix dont votre esprit s'irrite ;*
> *La* faveur *l'a pu faire autant* que *le mérite.*

*L'*éléphant, comme *le* castor, aime *la société de ses semblables.*

Lorsque deux sujets singuliers de troisième personne sont liés par *ou*, on met le singulier.

> *Sa* perte ou *son* salut dépend *de sa réponse.*

*La* force ou *la* disette contraindra *les assiégés de se rendre.*

Si les sujets sont de nombres différents, on met le

pluriel, en observant de mettre le sujet pluriel le plus près du verbe. *La* disette ou *les* assiégeants *nous* force-ront *de capituler.*

On met aussi le pluriel quand *ou* lie plus de deux sujets de nombre singulier. *A quoi tient l'espérance du laboureur? Une* grêle, ou *une* inondation, ou *une* sécheresse, peuvent *la détruire.*

Si les sujets liés par *ou* sont de différentes personnes, on met le pluriel.

> *Avant l'affaire,*
> Le roi, *l'*âne ou moi, nous mourrons.

*Il faut qu'un de nous deux,* lui ou moi, nous sortions. *Est ce* lui ou toi qui *me* demandez?

Quand les sujets sont liés par *ni* répété, on met le pluriel ou le singulier : le pluriel, si l'action est faite ou reçue en même temps par les deux sujets ; le singulier, s'il ne peut y avoir qu'un des sujets qui fasse ou qui reçoive l'action.

> Ni *l'*or ni *la* grandeur *ne nous* rendent *heureux.*

*Rendent* est au pluriel, parce que la faculté de *rendre heureux* est refusée en même temps à l'*or* et à la *grandeur.*

*Ce ne sera* ni Jacques ni Antoine qui fera *la com-mission.*

*Qui* et *fera* sont au singulier, parce qu'il ne doit y avoir qu'un commissionnaire.

Si les deux sujets liés par *ni* sont de différentes per-sonnes, on met le pluriel.

*Il faut quelqu'un pour une commission ; mais ce ne sera* ni Jacques ni toi qui *la* ferez. *Il faut quelqu'un pour une commission; mais ce ne sera* ni toi ni moi qui *la* ferons.

Lorsque, dans une phrase composée de deux parties, la première commence par *non-seulement*, la seconde par *mais* ou *mais encore*, et que le même verbe doit exprimer l'état ou l'action du sujet de chaque partie, on sous-entend le verbe dans une partie, et on l'exprime dans l'autre, en le faisant accorder avec le sujet de la partie où il est exprimé.

Non–seulement *ses deux* aïeuls, mais encore *son* bisaïeul, *malgré son grand âge*, assista *à la cérémonie*. Non–seulement *ses deux* aïeuls assistèrent *à la cérémonie*, mais encore *son* bisaïeul, *malgré son grand âge*.

Après plusieurs sujets, on ne met que le singulier, quand il y a une expression de ce nombre qui réunit tous les sujets en un seul.

*Madame la Dauphine voulut éviter ces dangers :* jeux, conversations, spectacles, rien ne *la* tira *de sa solitude*. Riches *et* pauvres, grands *et* petits, rois *et* sujets, nul ne peut se *soustraire à la mort*. Parents, voisins, amis, personne ne put *lui faire entendre raison*.

> *Le* maître *du logis*, *les* valets, *le* chien *même*,
> Poules, poulets, chapons, tout dormoit....

Dans ces exemples, le verbe est sous-entendu après chaque sujet. *Le* maître *du logis* dormoit; *les* valets dormoient; *le* chien *même* dormoit; *les* poules dormoient....

*Les* parents *ne* purent *lui faire entendre raison ; les* voisins *ne* purent *lui faire entendre raison ; les* amis *ne* purent *lui faire entendre raison.*

*Accord de l'adjectif qui se rapporte à plusieurs noms employés comme régimes.*

La régularité demande que l'adjectif qui se rapporte à plusieurs noms employés comme régimes se mette au pluriel ; que, si les noms sont de même genre, l'adjectif prenne le genre commun ; que, si les noms sont de genres différents, l'adjectif se mette au masculin.

*N'attendez pas, messieurs, que j'expose à vos yeux les tristes images de la* religion *et de la* patrie éplorées.

*Les* étangs *et les* rivières qu'*il trouva partout* glacés *l'empêchèrent de...*

> *Mais je n'ai plus trouvé qu'un horrible mélange*
> *D'os et de* chair meurtris *et* traînés *dans la fange....*

Cependant, lorsque les noms régimes auxquels se rapporte l'adjectif sont des noms de choses, on peut ne le faire accorder qu'avec le nom qui le précède immédiatement. *Il marchoit les* pieds *et la* tête nue. *Il avoit les* yeux *et la* bouche ouverte. *C'est en vain qu'on met la véritable gloire dans l'*honneur *et la* probité mondaine.

> *Armez-vous d'un* courage *et d'une* foi nouvelle.

Généralement parlant, l'accord de l'adjectif avec tous les noms auxquels il se rapporte est préférable.

Toutefois, il ne faut pas que l'oreille soit blessée par cet accord. Par exemple, elle le seroit dans les deux derniers exemples, si les auteurs n'avoient point pris le parti de ne faire accorder l'adjectif qu'avec le dernier substantif. L'oreille ne supporteroit pas *mondains* à la place de *mondaine*, ni *nouveaux* à la place de *nouvelle*.

Mais aux deux premières phrases nous préférerions

celles-ci : *Il marchoit la* tête *et les* pieds nus. *Il avoit la*
bouche *et les* yeux ouverts, qui disent la même chose,
et où l'accord est tout-à-fait régulier, sans qu'il y ait
rien de choquant pour l'oreille.

*Remarques sur quelques adjectifs pris adverbialement.*

Les adverbes étant indéclinables, c'est une conséquence que les adjectifs pris adverbialement le soient
aussi.

On dit cependant : *De* nouveaux *venus, une* nouvelle
*venue, des vins* nouveaux *percés, des herbes* fraîches
*cueillies, des fleurs* fraîches *écloses,* pour *des gens* nouvellement *venus, une femme* nouvellement *arrivée, des
vins* nouvellement *percés, des herbes* nouvellement
*cueillies, des fleurs* récemment *écloses.*

*Remarque sur* tout *mis pour* entièrement *ou* quoique.

*Tout,* mis pour *entièrement,* est adverbe de manière.
Employé comme adverbe, il devroit être toujours indéclinable. Cependant, lorsqu'il est immédiatement placé
avant un adjectif féminin qui commence par une consonne ou une *h aspirée,* il prend le genre et le nombre
de cet adjectif.

On dit avec *tout* indéclinable : *Ils sont* tout *dévoués
à votre service. Depuis qu'on a réparé sa maison, elle
est* tout *autre qu'elle n'étoit. Cette femme demeura* tout
*interdite. Elle est* tout *habituée à l'âpreté du climat.
Elles furent* tout *étonnées de l'entendre parler ainsi.
Ils arrivèrent* tout *haletants à force d'avoir couru. Ces
hardes sont* tout *usées ; faites-en faire d'autres.*

Mais l'usage veut qu'on dise : *Elles sont* toutes *dé-
vouées à votre service. Depuis qu'on a réparé sa mai-*

*son*, *elle est* toute différente *de ce qu'elle étoit. Cette femme est* toute malade. *Elle est* toute honteuse *de s'être emportée comme elle a fait. Elles furent* toutes surprises *de le voir. Elles arrivèrent* toutes haletantes *à force d'avoir couru. Ces hardes sont* toutes déchirées ; *faites-en faire d'autres.*

Il en est de même de *tout* quand, suivi de *que*, il s'emploie dans la signification de *quoique*. En ce sens, il se décline avant les adjectifs féminins qui commencent par une consonne ou une *h* aspirée.

*Tout* est indéclinable dans : Tout *savants* que *vous êtes* ( quoique *vous soyez* très-savants ), *vous ignorez encore bien des choses. Je ne puis l'abandonner,* tout *ingrate* qu'*elle est.* Tout *habiles et* tout *artificieuses* qu'*elles sont, elles ne parviendront pas à me tromper.* Tout *hautains* qu'*ils sont, on saura bien rabaisser leur orgueil.*

Mais *tout* prend le genre et le nombre de l'adjectif dans : Toute malade que *vous êtes des suites de votre couche, ne désespérez pas de votre guérison.* Toutes raisonnables qu'*elles sont, ne les voyez que rarement. Elle n'osera,* toute hardie qu'*elle est.* Toutes hautaines qu'*elles sont, on saura bien rabaisser leur orgueil.*

~~~~~~~~~~~~~~~~~~~~~~~~~~~~~~~~~~~~~~~~~~~~~~~~~~~~~~~~~~~~~~~~~~~~~~

# REGLES D'ACCORD

## CONCERNANT LES PARTICIPES.

---

*Des participes considérés comme adjectifs.*

### RÈGLE.

Tout participe pris adjectivement suit les règles d'accord prescrites pour les adjectifs.

*Des participes considérés dans les verbes.*

#### REMARQUES PRÉLIMINAIRES.

Rappelons-nous ici que nous avons cinq espèces de verbes, les verbes actifs, les verbes passifs, les verbes neutres, les verbes impersonnels et les verbes pronominaux.

Entre ces derniers, il y en a qui peuvent être ramenés à quelqu'une des trois premières espèces de verbes, en leur ôtant la forme pronominale.

| *Verbes pronominaux.* | *Verbes actifs équivalents.* |
|---|---|
| *Pierre* s'est blessé. | *Pierre* a blessé lui-même. |
| *Lucrèce* s'est donné *la mort*. | *Lucrèce* a donné *la mort* à elle-même. |
| *Dès que Thésée et Pirithoüs* se furent vus, *ils* se donnèrent *des marques d'estime*. | *Dès que Thésée* eut vu *Pirithoüs, et que Pirithoüs* eut vu Thésée, *chacun* donna à l'autre *des marques d'estime* |

17

Le pronom qui donne la forme pronominale est régime direct dans le premier exemple et dans la première partie du troisième. Il est régime indirect dans le second exemple et dans la seconde partie du troisième, puisque chacun de ses équivalents se trouve régi par une préposition, la préposition *à*.

| *Verbes pronominaux.* | *Verbes passifs équivalents.* |
|---|---|
| *Susanne* s'est trouvée *innocente*. | *Susanne* a été trouvée *innocente ;* |
| *Ces marchandises* se sont vendues *trop cher.* | *Ces marchandises* ont été vendues *trop cher.* |
| *Ces phrases* ne signifient point que *Susanne* a trouvé, elle-même *innocente*, que *ces marchandises* ont vendu elles-mêmes *trop cher ;* | |
| Elles signifient que | |

| *Verbes pronominaux.* | *Verbes neutres équivalents.* |
|---|---|
| *Nous* nous sommes parlé *très-amicalement.* | *Nous* avons parlé *l'un* à l'autre *très-amicalement.* |
| *Vous* vous nuisez *plus que vous ne nous servez.* | *Vous* nuisez à vous *plus que vous ne nous servez.* |

Ainsi, nous avons des verbes pronominaux actifs, des verbes pronominaux passifs, des verbes pronominaux neutres.

Pour qu'un verbe pronominal soit réputé pronominal neutre, il faut

Ou qu'en changeant d'auxiliaire il ait en régime indirect l'équivalent du pronom qui a donné la forme pronominale : *Vous* vous *êtes nui* ( *vous avez nui* à vous ); *ils* se *sont proposé d'être de la partie* ( *ils ont proposé* en eux-mêmes *d'être...* ); *elles* se *sont plu* (*elles ont plu l'une* à l'autre; *chacune a plu* à l'autre; *elles ont plu les unes* aux autres );

Ou que le sujet puisse devenir lui-même ce régime indirect. Elle *s'est plu à me contredire* (*il* lui *a plu de me contredire*, ou *me contredire* lui *a plu.* (Ils *se sont plu à la campagne* (*il* leur *a plu d'être à la campagne*, ou *le séjour de la campagne* leur *a plu.* )

Nous avons aussi des verbes pronominaux impersonnels. Il se passe *bien des choses en votre absence. Hier* il se fit *une vente considérable de tableaux.*

Les verbes pronominaux des exemples précédents ne sont pronominaux qu'accidentellement. Il n'en est pas de même de ceux-ci : *S'absenter, s'abstenir, s'emparer, s'évanouir, se repentir, se soucier, se souvenir...* Ces verbes sont toujours revêtus de la forme pronominale; et comme on ne peut les ramener à aucune des formes précédentes, on peut les appeler *verbes uniquement pronominaux.*

*S'arroger* doit être excepté. Ce verbe peut être classé parmi les verbes pronominaux actifs, à cause d'un régime direct dont il est toujours accompagné. *Il* s'est arrogé *là un beau* privilége.

Considéré dans les verbes, tantôt le participe s'accorde en genre et en nombre avec le sujet; tantôt il est invariable; tantôt il s'accorde avec le régime direct.

### Règle première.

Dans les verbes passifs, dans les verbes pronominaux passifs, dans les verbes neutres qui se conjuguent avec *être*, et dans les verbes uniquement pronominaux, le participe s'accorde en genre et en nombre avec le sujet.

*La* vertu *n'est que trop souvent* opprimée.

Nous fûmes accueillis *de l'orage.*

*Ai-je écrit quelque chose* qui *mérite d'*être lu?

*Qui* et *lu* sont au masculin, parce que le nom *chose*, précédé de *quelque*, veut au masculin tout ce qui s'y rapporte.

*Cette mauvaise* nouvelle *s'*est confirmée.

*Les mauvaises* nouvelles *se* sont *toujours* répandues *plus promptement que les bonnes.*

*Ces* maisons *sé* sont louées *très-cher.*

*Quand* ils seront arrivés, *on servira.*

Nous sommes partis *à temps.*

Elles *ne* sont *pas encore* venues.

*Quand* nous *nous* serons emparés *des dehors de la place, nous serons bientôt maîtres du reste.*

*Les* ennemis *se* sont enfuis.

*Ces* dames *se* seroient-elles moquées *de nous?*

*Modèle de conjugaison pour les verbes passifs.*

## INFINITIF.

*Présent de l'infinitif.*

| MASCULIN. | FÉMININ. |
|---|---|
| Être aimé. | Être aimée. |
| Être aimés. | Être aimées. |

*Parfait de l'infinitif.*

| | |
|---|---|
| Avoir été aimé. | Avoir été aimée. |
| Avoir été aimés. | Avoir été aimées. |

*Gérondif présent.*

| | |
|---|---|
| Étant aimé. | Étant aimée. |
| Étant aimés. | Étant aimées. |

*Gérondif passé.*

| | |
|---|---|
| Ayant été aimé. | Ayant été aimée. |
| Ayant été aimés. | Ayant été aimées. |

## INDICATIF.

*Présent de l'indicatif.*

| | |
|---|---|
| Je suis aimé. | Je suis aimée. |
| Tu es aimé, | Tu es aimée, |
| *ou* vous êtes aimé. | *ou* vous êtes aimée. |
| Il est aimé. | Elle est aimée. |
| Nous sommes aimés. | Nous sommes aimées. |
| Vous êtes aimés. | Vous êtes aimées. |
| Ils sont aimés. | Elles sont aimées. |

Conjuguez de même chacun des autres temps avec le temps correspondant du verbe *être.*

Le participe et un temps simple du verbe *être* ne donnent pas toujours le même temps du verbe passif. Par exemple, dans *la lettre est écrite, la lettre étoit écrite, la lettre sera écrite*, on n'a ni le présent, ni l'imparfait, ni le futur du verbe passif ; car ces phrases ne signifient point : *On écrit la lettre, on écrivoit la lettre, on écrira la lettre ;* elles signifient : *On a écrit la lettre, on avoit écrit la lettre, on aura écrit la lettre.* Celui qui traduiroit les premières phrases en latin devroit mettre : *Litteræ scriptæ sunt, litteræ scriptæ erant, litteræ scriptæ erunt.*

Dans des cas pareils, il faut que le verbe passif ait un régime, pour que les temps se correspondent en latin et en françois. *La lettre sera écrite* par *mon* frère : *Litteræ scribentur* à fratre *meo.*

*Modèle de conjugaisons pour les verbes neutres qui se conjuguent avec* être. | *uniquement pronominaux.*

### INFINITIF.

| | | |
|---|---|---|
| *Présent.* | Tomber. | Se souvenir. |
| *Parfait.* | *Masculin.* | *Masculin.* |
| Il est composé du prés. de l'inf. *être* et du participe. | Être tombé.<br>Être tombés.<br><br>*Féminin.*<br>Être tombée.<br>Être tombées. | S'être souvenu.<br>S'être souvenus.<br><br>*Féminin.*<br>S'être souvenue.<br>S'être souvenues. |
| *Gérondif prés.* | Tombant. | Se souvenant. |
| *Gérondif passé.* | *Masculin.* | *Masculin.* |
| Il est composé du gérond. prés. du verbe *être* et du participe. | Étant tombé.<br>Étant tombés.<br><br>*Féminin.*<br>Étant tombée.<br>Étant tombées. | S'étant souvenu.<br>S'étant souvenus.<br><br>*Féminin.*<br>S'étant souvenue.<br>S'étant souvenues. |

## INDICATIF.

| | | |
|---|---|---|
| **Présent,** | Je tombe. | Je me souviens.<br>Tu te souviens.<br>Il se souvient.<br>Nous nous souvenons.<br>Vous vous souvenez.<br>Ils se *souviennent*. |
| **Imparfait.** | Je tombois. | Je me souvenois. |
| **Parfait défini.** | Je tombai. | Je me souvins.<br>( *Voy.* page 89, colonne 1. |

| | *Masculin.* | *Masculin.* |
|---|---|---|
| **Parfait indéfini.**<br><br>**On le compose** du prés. de l'ind. du verbe *être* et du participe. | Je suis (1) tombé.<br>Tu es tombé,<br>*ou* vous êtes tombé.<br>Il est tombé.<br>Nous sommes tombés.<br>Vous êtes tombés.<br>Ils sont tombés. | Je me suis souvenu.<br>Tu t'es souvenu,<br>*ou* v. v. êtes souvenu.<br>Il s'est souvenu.<br>N. n. sommes souvenus.<br>V. v. êtes souvenus.<br>Ils se sont souvenus. |
| | *Féminin.* | *Féminin.* |
| | Je suis tombée.<br>Tu es tombée,<br>*ou* vous êtes tombée.<br>Elle est tombée.<br>Nous sommes tombées.<br>Vous êtes tombées.<br>Elles sont tombées. | Je me suis souvenue.<br>Tu t'es souvenue,<br>*ou* v. v. êtes souvenue.<br>Elle s'est souvenue.<br>N. n. sommes souvenues ;<br>V. v. êtes souvenues.<br>Elles se sont souvenues. |

---

(1) Les mots *suis*, *es*.... qui, avec le participe, expriment un présent dans les verbes passifs, expriment un passé avec le participe des verbes neutres qui se conjuguent avec *être*. *Je suis aimé* (on m'aime). *Je suis tombé* (j'ai fait une chute).

|  | *Masculin.* | *Masculin.* |
|---|---|---|
| **Parf. antérieur.** | Je fus tombé. | Je me fus souvenu. |
| | Nous fûmes tombés. | N. n. fûmes souvenus. |
| On le compose du parfait défini du verbe *être* et du participe. | *Féminin.* | *Féminin.* |
| | Je fus tombée. | Je me fus souvenue. |
| | Nous fûmes tombées. | N. n. fûmes souvenues. |

|  | *Masculin.* | *Masculin.* |
|---|---|---|
| **Plusque-parfait.** | J'étois tombé. | Je m'étois souvenu. |
| | Nous étions tombés. | N. n. étions souvenus. |
| Il est composé de l'imparfait du verbe *être* et du participe. | *Féminin.* | *Féminin.* |
| | J'étois tombée. | Je m'étois souvenue. |
| | Nous étions tombées. | N. n. étions souvenues. |

|  |  |  |
|---|---|---|
| **Futur.** | Je tomberai. | Je me *souviendrai.* |
| | | Tu te *souviendras.* |
| | | Il se *souviendra.* |
| | | Nous nous *souviendrons.* |
| | | Vous vous *souviendrez.* |
| | | Ils se *souviendront.* |

|  | *Masculin.* | *Masculin.* |
|---|---|---|
| **Futur antérieur.** | Je serai tombé. | Je me serai souvenu. |
| | Nous serons tombés. | N. n. serons souvenus. |
| On le compose du futur du verbe *être* et du participe. | *Féminin.* | *Féminin.* |
| | Je serai tombée. | Je me serai souvenue. |
| | Nous serons tombées. | N. n. serons souvenues. |

## CONDITIONNEL.

| | | |
|---|---|---|
| *Présent.* | Je tomberois. | Je me souviendrois. |

|  | | *Masculin.* | *Masculin.* |
|---|---|---|---|
| *Passé.* | | Je serois tombé. | Je me serois souvenu. |
| On le compose du conditionnel présent du verbe *être* et du participe. | | Nous serions tombés. | N. n. serions souvenus. |
| | | *Féminin.* | *Féminin.* |
| | | Je serois tombée. | Je me serois souvenue. |
| | | Nous serions tombées. | N. n. serions souvenues. |

| | *Masculin.* | *Masculin.* |
|---|---|---|
| On le compose aussi de l'imparf. du subjonctif du verbe *être* et du participe. | Je fusse tombé. | Je me fusse souvenu. |
| | Nous fussions tombés. | N. n. fussions souvenus. |
| | *Féminin.* | *Féminin.* |
| | Je fusse tombée. | Je me fusse souvenue. |
| | Nous fussions tombées. | N. n. fussions souvenues. |

## SUBJONCTIF.

| | | |
|---|---|---|
| *Présent.* | Que je tombe. | Que je me *souvienne.*<br>Que tu te *souviennes.*<br>Qu'il se *souvienne.*<br>Que n. n. souvenions.<br>Que v. v. souveniez.<br>Qu'ils se *souviennent.* |
| *Imparfait.* | Que je tombasse. | Que je me souvinsse.<br>(*Voy.* page 94, colonne 1.) |

| | *Masculin.* | *Masculin.* |
|---|---|---|
| *Parfait.* | | |
| On le compose du prés. du subj. du verbe *être* et du participe. | Que je sois tombé. <br> Que n. soyons tombés. | Que je me sois souvenu. <br> Que n. n. soyons souvenus, |
| | *Féminin.* | *Féminin.* |
| | Que je sois tombée. <br> Que n. soyons tombées. | Que je me sois souvenue. <br> Que n. n. soyons souvenues. |

| | *Masculin.* | *Masculin.* |
|---|---|---|
| *Plusque-parfait.* | | |
| Il est composé de l'imparfait du subjonct. du verbe *être* et du participe. | Que je fusse tombé. <br> Que n. fussions tombés. | Que je me fusse souvenu. <br> Que n. n. fussions souvenus. |
| | *Féminin.* | *Féminin.* |
| | Que je fusse tombée. <br> Que n. fussions tombées. | Que je me fusse souvenue. <br> Que n. n. fussions souvenues. |

## IMPÉRATIF.

| | |
|---|---|
| Tombe. | Souviens-toi. <br> Qu'il se souvienne. <br> Souvenons-nous, <br> Souvenez-vous. <br> Qu'ils se souviennent. |

Plusieurs verbes neutres qui se conjuguent avec *être*, peuvent avoir le futur antérieur de l'impératif.

On le compose de l'impératif du verbe *être* et du participe. *Messieurs,* soyez rentrés *à dix heures.*

*Règle seconde.*

Le participe est invariable dans les verbes neutres qui se conjuguent avec *avoir*, dans les verbes pronominaux neutres, dans les verbes impersonnels et dans les verbes pronominaux impersonnels.

*Nous* avons travaillé *sans relâche.*

*Ils* ont abusé *de leur crédit.*

*Ces dames* auront-*elles bientôt* dîné?

*Cette fantaisie lui* a passé *de la tête.*

*Qu'elle m'a paru longue l'heure qu'a* duré *cette visite !*

Le *que* relatif au substantif *heure* est ici régime d'une préposition sous-entendue. *L'heure que* est pour *l'heure pendant laquelle.* Pareillement *que* signifie *pendant lesquels*, dans : *les* jours qu'*ils* ont vécu *ensemble.*

*De la façon que j'*ai parlé, *il a été facile de m'entendre.*

Dans cet exemple, *que* est une conjonction qui lie les trois premiers mots avec *j'ai parlé.* ( Voy. le premier exemple de la troisième règle. )

*Ils m'*ont proposé *d'être de la partie.*

*Ils se* sont proposé *d'être de la partie.*

*Du premier abord elles se* sont plu ; *elles se* sont *parfaitement* convenu.

*Les poëtes épiques se* sont *toujours* plu *à décrire des batailles.*

*Ces femmes se* sont nui *par leur indiscrétion.*

*Les Étoliens, qui s'*étoient imaginé ( avoient imaginé (1) en eux-mêmes ) *qu'ils domineroient dans la Grèce*, *voyant qu'ils n'avoient fait que se donner des maîtres, furent au désespoir.*

*Les chaleurs qu'*il a fait *ont été supportables.*

*La querelle qu'*il y a eu *entre eux n'aura point de suite.*

*La poésie est une langue qu'*il est donné *à très-peu de personnes de posséder.*

Il *lui* est arrivé *une fâcheuse aventure.*

Il est venu *des nouvelles toutes fraîches.*

Il s'est élevé *une grande question parmi nous.*

Il s'est présenté *tant d'occasions de les obliger !*

Il s'est fait *aujourd'hui beaucoup d'affaires à la Bourse.*

*Ce tableau auroit été bien vendu*, s'il s'étoit trouvé *des connoisseurs.*

### Règle troisième.

Dans les verbes actifs et les verbes pronominaux

---

(1) Les participes *imaginé*, *pensé*, *cru*, sont pareillement invariables dans les phrases semblables à la suivante : *Elles ne sont pas aussi belles que je* l'ai imaginé, parce que *le*, qui précède *ai imaginé*, tient ici la place de tout un membre de phrase. *Elles ne sont pas aussi belles que j'*ai imaginé qu'elles étoient belles.

Veut-on que *je l'ai imaginé* soit pour *j'ai imaginé cela ?* on aura toujours *imaginé*, qui alors sera au singulier masculin, s'accordant avec *le* ( mis pour *cela* ), régime direct qui précède le participe. ( *Voy.* la quatrième règle. )

actifs, le participe est invariable, lorsqu'il est suivi de son régime direct.

*C'est de cette façon que j'*ai dit *les* choses; *aussi a-t-il été facile de m'entendre.*

*On lui* a proposé *sa* sœur *aînée pour modèle.* Voy. l'ex. ci-après, n° 1.

*Nous nous* sommes arrogé *une* autorité *qui n'*a produit *que des* troubles. Voy. l'ex. ci-après, n° 2.

*Madame se* seroit donné *cette* bague, *si elle* eût eu de *l'*argent *pour l'acheter.* Voy. l'ex. ci-après, n° 3.

*Elles se* sont communiqué *de grands* secrets. Voyez l'ex. n° 4.

*Ces messieurs se* sont appliqué *des* louanges *qui s'a-dressoient à d'autres.* Voy. l'ex. n° 5.

*Nous nous* sommes prescrit *des* règles *de conduite.* Voy. l'ex. n° 6.

*Elles se* sont imposé *une* tâche *difficile.* Voy. l'ex. n° 7.

*Elle s'*est mis *des* chimères *dans la tête.* Voyez l'ex. n° 8.

*De trois filles qu'elle avoit, elle en* a fait une *religieuse.*

*Vous m'*avez demandé *des* livres, *je vous en* ai envoyé quelques-uns.

Que le participe, précédé de la particule *en*, soit encore suivi d'un régime direct, comme dans les exemples précédents, ou qu'il ne soit accompagné que de la particule, comme dans les exemples suivants, il est toujours invariable.

*Vous m'avez demandé des livres; je vous en* ai envoyé.

*Nous avons reçu moins de lettres que vous n'en* avez écrit.

*Il a fait seul plus d'exploits que les autres n'en* ont lu.

## Règle quatrième.

Dans les verbes actifs et les verbes pronominaux actifs, le participe qui est précédé de son régime s'accorde en genre et en nombre avec ce régime.

*Quels* progrès avez-*vous* faits?

*Quels* succès avez-*vous* eus?

*Quelle* guerre *intestine* avons-*nous* allumée?

Laquelle *de ses victoires* a-*t-il* estimée *par le nombre...*
*des morts qu'il laissoit sur le champ de bataille?*
*Combien de* services a-*t-il* rendus?
*Que de* fautes *nous* avons commises!
*Que de* libertés *n'*ont-*ils pas* prises!
*Que de* licences *ne se* sont-*ils pas* données!

*Nota.* Le régime direct qui précède le participe est le plus souvent un des pronoms personnels *me*, *nous*, *te*, *vous*, *le*, *la*, *les*, *se*, ou le relatif *que*.

*On* nous a imposés *à la somme de...* *Si nous* nous étions imposés *nous-mêmes, le fisc y eût gagné.*
*Nous* nous sommes rencontrés *ce matin.*

*Malheureuse! voilà comme tu* m'as perdue.

*Dis-moi, ne t'es-tu point* présentée *à sa vue?*
*L'ingrat a-t-il rougi lorsqu'il t'a reconnue?*

*Au joug depuis long-temps ils se sont façonnés.*

*Toutes les dignités que tu m'*as demandées,
*Je te* les ai, *sur l'heure et sans peine,* accordées.

*S'assure-t-on sur l'alliance*
*Qu'a faite la nécessité?*

*Villes* que *nos ennemis* s'étoient *déjà* partagées, *vous êtes encore dans l'enceinte de notre empire. Provinces* qu'*ils* avoient *déjà* ravagées *dans le désir et dans la pensée, vous avez encore recueilli vos moissons. Vous durez encore, places* que *l'art et la nature* ont fortifiées...

*J'ai envoyé les lettres aussitôt que je* les ai eu écrites.

1. *C'est son aînée* qu'on *lui* a proposée *pour modèle.*

2. *Tels sont les troubles* qu'a produits *l'autorité* que *nous nous* étions arrogée.

3. *Cette bague, elle se* la seroit donnée*, si...*

4. *Voilà les secrets* qu'*elles se* sont communiqués.

5. *Elles s'adressoient à d'autres, les louanges* que *se* sont appliquées *ces Messieurs.*

6. Les avons-*nous* suivies, *les règles de conduite* que *nous nous* étions prescrites?

7. L'ont-*elles* achevée, *la tâche* qu'*elles se* sont imposée?

8. *Quelles* chimères *elle s'*est mises *dans la tête!*

*Ils* s'étoient persuadés (1) *qu'on n'oseroit les contredire.*

---

(1) Le verbe *persuader,* qui a le régime direct de la personne et le régime indirect de la chose, a aussi le régime direct de la chose et le régime indirect de la personne.

On dit également : *Persuader quelqu'un de quelque chose, se persuader de quelque chose,* ou *persuader quelque chose à quelqu'un, se persuader quelque chose.*

On pourra donc également écrire :

*Ils* s'étoient persuadés *qu'on n'oseroit les contredire.*

*Ils* s'étoient persuadé *qu'on n'oseroit les contredire.*

Dans la première phrase, *se* est régime direct. *Ils* avoient persuadé eux *de cela qu'on n'oseroit les contredire.*

Dans la seconde, *se* est régime indirect. *Ils* avoient persuadé *à eux* cela *qu'on n'oseroit les contredire.*

*Vous ai-je dit quelque chose* que *vous n'ayez point* redit *à d'autres ?*

*Que* et *redit* doivent être au masculin. ( *Voy.* pag. 243. )

*Les sottes gens* que *nous* avons vus !

*Que* et *vus* doivent être au masculin. ( *Voy.* pag. 243. )

*Le peu d'activité* que *vous* avez mis *dans cette affaire, la fera manquer.*

*Mis* est au singulier masculin, parce que le relatif *que* ne se rapporte pas à *activité* (on n'en a point eu), mais au manque d'activité dont *peu* est l'expression adoucie. Ainsi le participe doit prendre le genre et le nombre de *peu*, employé ici substantivement. Mais on dira :

*Le peu d'*activité que *vous* avez mise *dans cette affaire a suffi pour la faire réussir.*

*Mise* s'accorde ici avec *activité*, parce qu'on en a eu, peu, il est vrai, mais assez pour que l'affaire ait réussi.

Dans des cas semblables, *peu* règle l'accord quand il signifie le manque de la chose exprimée ensuite. Si *peu* ne fait que modifier la chose exprimée ensuite, c'est le nom de cette chose qui règle l'accord.

On lit dans Britannicus :

> *Après tous les ennuis que ce jour m'a coûtés,*
> *Ai-je pu rassurer mes esprits agités ?*

On lit dans Phèdre :

> *Que de soins m'eût coûtés cette tête charmante !*

On lit dans Télémaque :

*Vous n'avez pas oublié les soins* que *vous m'avez*
coûtés *depuis votre enfance.*

Fénélon et Racine ont donc regardé le participe *coûté*
comme déclinable.

Selon le Dictionnaire de l'Académie, *valoir* est actif lorsqu'il signifie *procurer, faire obtenir, produire.* Ainsi on devra
écrire :

*Que d*'attentions *m*'a values *mon habit !*
*Que d*'honneurs *lui* ont valus *ses grandes actions !*

Cependant, plusieurs pensent que les participes *coûté, valu,*
doivent être invariables, parce que les verbes auxquels ils
appartiennent n'ont point de passif. Mais puisque le verbe
*avoir* a son participe déclinable, quoiqu'il n'ait point de
passif, ne peut-il pas en être de même de *coûter* et de *valoir* (1) ?

L'application de la quatrième règle est facile. Seulement il faut une attention particulière lorsque le régime
direct est suivi de deux verbes : car, dans ce cas, le participe doit souvent rester invariable. Il le doit être,
1° quand le régime direct est régime, non du participe,
mais du verbe qui suit le participe ; 2° quand il est régime
des deux verbes considérés comme n'en faisant qu'un.

---

(1) Ainsi, quelques verbes peuvent être actifs ou être pris activement sans avoir de passif.

Tel verbe neutre peut aussi, sans pouvoir être pris activement,
avoir le passif. *Obéir* est neutre, et ne peut être pris activement ;
cependant il a le passif.

*Mon père,*
*Cessez de vous troubler ; vous n'êtes point trahi :*
*Quand vous commanderez, vous serez obéi.*

Le régime appartient au participe, si on peut placer immédiatement après le participe ce régime ou son antécédent.

*Ces enfants, je* les ai entendus *lire* ( *J*'ai entendu eux *lire* ou *qui lisoient* ).

*Elle a une belle voix, la cantatrice* que *nous* avons entendue *chanter* ( *Nous* avons entendu *la* cantatrice *chanter* ou *qui chantoit* ).

*Madame*\*\*\* *avoit les pinceaux à la main : je* l'ai vue *peindre* ( *J*'ai vu elle *qui peignoit* ).

*Les missionnaires* que *nous* avons entendus *prêcher, ne* les avons – *nous pas* vus *aussi prêcher d'exemple ?* ( *Nous* avons entendu *les* missionnaires *prêcher; n*'avons-*nous pas* vu eux *prêcher d'exemple ?* )

*Le monde* vous a laissés *rire et pleurer tout seuls* ( *Le monde* a laissé vous... ).

*La pauvre bête avoit faim : je* l'ai laissée *manger autant qu'elle a voulu* ( *J*'ai laissé elle *manger...* ).

Quand chaque verbe a son régime direct, et que ces deux régimes précèdent le participe, il est facile de connoître à quel verbe chaque régime appartient.

*La domestique a apporté les livres* QUE *je* l'avois envoyée ACHETER ( *J*'avois envoyé elle ACHETER *les* LIVRES ).

*Elles sont douces les larmes* QUE *tu* nous as vus RÉPANDRE ( *Tu* as vu nous RÉPANDRE *des* LARMES ).

*C'est un procès* QU'*ils* se sont déterminés *à* FINIR ( *Ils* ont déterminé eux *à* FINIR *ce* PROCÈS ).

Lorsque le régime ou son antécédent ne peut se placer qu'après le second verbe, et que ce verbe est actif, c'est à ce verbe actif que le régime appartient; et alors le participe est invariable.

*Que dit la gazette ? Vous l'avez entendu* lire (*Vous avez entendu* lire *la* gazette ).

*Avez-vous entendu chanter la nouvelle cantate ? — Oui, je l'ai entendu* chanter ( *J'ai entendu* chanter *la nouvelle* cantate ).

*Madame \*\*\* fait faire son portrait : je l'ai vu* peindre ( *J'ai vu* peindre elle ).

*Cette morale salutaire, nous l'avons bien entendu* prêcher; *mais nous ne l'avons pas vu* pratiquer ( *Nous avons entendu* prêcher *la* morale ; *nous n'avons pas vu* pratiquer *la* morale ).

*Les fanfarons se sont laissé* battre (*Les fanfarons ont laissé* battre eux ).

*Vous deviez avoir des perdrix ; mais la cuisinière* les *a laissé* manger ( *a laissé* manger elles ) *par le chat.*

*Que ne nous conformons-nous aux règles de conduite que nous nous sommes prescrit de* suivre! ( *Nous nous sommes prescrit de* suivre *des* règles.... )

*Aussitôt que ces livres ont paru, je* les *ai envoyé* acheter ( *J'ai envoyé* acheter *ces* livres. )

*C'est une faveur que nous nous sommes promis* d'obtenir ( *Nous nous sommes promis* d'obtenir *cette faveur* ).

*C'est son aînée* qu'*elle s'est proposé de* prendre *pour modèle* ( *Elle s'est proposé de* prendre *son aînée...* ).

*Avez-vous terminé les affaires* que *j'avois prévu que vous* auriez? ( *J'avois prévu que vous* auriez *ces* affaires).

*Cette calèche est celle* que *mon compagnon de voyage a désiré que j'*achetasse ( *Mon compagnon... a désiré que j'*achetasse *cette* calèche (1).

*Ces troupes, je* les *ai vu* ranger *en bataille* ( *J'ai vu ranger ces* troupes... ).

*Ils ne se sont pas entendu* louer , *sans que leur modestie en ait souffert* ( *Ils n'ont pas entendu* louer *eux...* ).

*Ces dames* se *sont fait* peindre ( *ont fait* peindre elles ).

Quelquefois l'infinitif qui régit est sous-entendu, comme dans les exemples suivants :

*Il a nous a rendu tous les services* qu'*il a pu.*

*J'ai eu pour elles tous les égards* que *j'ai dû.*

*Il m'a dit toutes les injures* qu'*il a voulu.*

Dans chacune de ces phrases, le relatif est régime de l'infinitif sous-entendu du premier verbe.

*Il nous a rendu tous les services* qu'*il a pu nous* rendre.

---

(1) Quand le participe est suivi de deux verbes , il est toujours facile de connoître auquel des deux appartient le régime direct.

*Cette calèche est celle* que *vous avez paru désirer que j'*achetasse ( *Vous avez paru désirer que j'*achetasse *cette* calèche ).

*C'est la conséquence* que *j'ai prétendu vous en faire* tirer ( *J'ai prétendu vous en faire* tirer *cette* conséquence ).

*C'est une chose* que *j'ai cru devoir vous* dire ( *J'ai cru devoir vous* dire *cette* chose ).

*J'ai eu pour elles tous les égards* que *j'ai dû* avoir.

*Il m'a dit toutes les injures* qu'*il a voulu me* dire.

Lorsque le régime ou son antécédent ne peut se placer qu'après le second verbe, et que ce verbe est neutre, le régime n'appartient ni au participe ni au verbe neutre; mais il appartient aux deux verbes considérés comme ne faisant qu'un seul verbe actif.

Le régime n'appartenant point alors au participe seul, celui-ci ne prend ni le genre ni le nombre de celui-là, et est par conséquent invariable.

*Les troupes* que *le général* a fait (1) marcher *n'arriveront pas assez tôt pour arrêter l'ennemi.*

Dans cet exemple, *que* n'est point régime direct de *a fait*, et ne peut l'être de *marcher*, verbe neutre; mais il est régi par les deux verbes conjointement, formant ensemble un sens indivisible. *Le général* a fait marcher *les* troupes.

*Remarque.* Quelques-uns admettent deux exceptions de la quatrième règle. Ils veulent que le participe, quoique précédé de son régime direct, soit indéclinable, quand il est suivi de son sujet ou d'un mot (nom ou adjectif) relatif au régime.

Au lieu de *donnée, rendue, rendus*, dans: *La peine que m'a donnée cette affaire; Elle s'est rendue la maîtresse; Ils se sont*

---

(1) Plusieurs grammairiens, entre autres M. de Wailly, veulent qu'il en soit du participe *laissé* comme du participe *fait;* que *laissé*, suivi de l'infinitif d'un verbe neutre, soit invariable. La raison qu'ils en donnent, c'est que ce participe et l'infinitif du verbe neutre régissent conjointement, étant des mots inséparables qui ne présentent qu'une idée à l'esprit. *Cette pauvre malade; on l'a laissé mourir faute de secours (On* a laissé mourir *cette pauvre malade...* ).

rendus *célèbres;* il faut écrire, suivant eux, *donné, rendu, rendu.* Mais la plupart des grammairiens rejettent ces exceptions (1).

## Remarque.

Nous ne comptons au nombre des verbes pronominaux actifs que ceux qui, en changeant d'auxiliaire, ont en régime direct ou indirect l'équivalent du pronom qui a donné la forme pronominale.

Des deux verbes qui entrent dans la phrase suivante : *Il s'est saisi d'un poignard, et s'en est frappé,* le second est pronominal actif, le premier ne l'est pas. En effet, la personne dont on parle *a* bien *frappé elle-même;* mais elle n'*a* pas *saisi elle-même.* Le pronom *se* qui précède *est saisi* n'a donc pas d'équivalent en régime direct. Le verbe *s'est saisi* n'est donc pas pronominal actif.

---

(1) Cependant, M. de Wailly croit qu'il faut laisser aux poëtes la liberté de faire accorder ou de ne pas faire accorder, avec le régime précédent, le participe qui est suivi de son sujet ou d'un adjectif. Aussi ne regarde-t-il pas comme une faute *enduré*, dans ces vers de Cinna :

> *Là, par un long récit de toutes les misères*
> *Que, durant notre enfance, ont enduré nos pères....*

ni *fait*, dans ceux-ci d'Electre :

> *Moi, l'esclave d'Egisthe! Ah! fille infortunée!*
> *Qui m'a fait son esclave, et de qui suis-je née?*

Les poëtes doivent aussi trouver plus commode de suivre l'opinion dont il est parlé dans la note précédente, sur l'indéclinabilité du participe *laissé* suivi d'un verbe neutre.

Racine, de qui nous avons cité cet exemple : *Le monde* vous a laissés *rire et pleurer tout seuls*, a fait dire à Néron, parlant de Junie :

> *Je l'ai laissé passer dans son appartement.*

Il n'est pas non plus pronominal passif. La phrase :
*Il s'est saisi d'un poignard*, peut, il est vrai, se tourner
par *un poignard a été saisi par lui ;* mais ici le verbe
pronominal ne se change pas en passif en conservant
son sujet, comme cela doit arriver dans les verbes
pronominaux passifs.

*Susanne s'est trouvée innocente. Susanne a été trouvée
innocente.*

*Taire* est un verbe actif. Ce verbe n'est ni pronominal
actif ni pronominal passif dans *il s'est tu*. On ne peut
tourner ni par *il a tu lui*, ni par *il a été tu.*

*Douter, prévaloir*, sont des verbes neutres. *Se douter, se prévaloir,* ne sont pas cependant pronominaux
neutres.

On ne tourneroit pas : *Il s'est douté de la chose ; il
s'est prévalu de son crédit*, de manière à trouver un régime indirect dans un équivalent du pronom *se* ou du
sujet. ( Voy. pag. 258 et 259. )

Outre les verbes pronominaux actifs, les verbes pronominaux passifs, les verbes pronominaux neutres, les
verbes pronominaux impersonnels et les verbes uniquement pronominaux, nous avons donc une sixième
espèce de verbes pronominaux.

Ce sont des verbes actifs ou neutres qui sont revêtus
de la forme pronominale, et qui néanmoins diffèrent
beaucoup des verbes pronominaux actifs et des verbes
pronominaux neutres.

Dans les verbes pronominaux actifs et les verbes pronominaux neutres, l'auxiliaire *être* est employé pour
l'auxiliaire *avoir :* ce qui n'a point lieu dans les verbes
dont il est ici question ; *être* n'y tient point la place
d'*avoir.*

Ces verbes ont cela de commun avec les verbes pro-

nominaux passifs et avec les verbes uniquement pronominaux ; et, de plus, l'usage veut que la première
règle leur soit commune. En effet,

Dans les verbes pronominaux de cette sixième espèce, le participe doit s'accorder en genre et en nombre
avec le sujet.

Elle *s'*est saisie *d'un poignard.*

Nous *nous* sommes aperçus *de notre erreur.*

*Nota.* Dans quelques-uns de ceux de ces verbes qui sont
actifs, le régime direct se présente sous la forme d'un régime
indirect. *S'apercevoir de son erreur, se saisir d'un poignard,
s'attaquer à quelqu'un,* c'est *apercevoir son erreur, saisir un
poignard, attaquer quelqu'un.*

*Nos* troupes *se* sont battues (1) *en retraite.*

*Nous* serions-nous attendus *à cela?*

Ils *se* sont attaqués *à plus forts qu'eux.*

*Se* sont-ils doutés *de quelque chose?*

Elle *s'*est prévalue *de la foiblesse de sa mère.*

*Elles* s'en *seroient prises à moi, si...*

*Ces* dames *s'en* sont rapportées *à vous.*

> *Si tant de mères se sont tues,*
> *Que ne vous taisez-vous aussi?*

----

(1) Quand le verbe *se battre* est réciproque, il est pronominal
actif. *Si Roger et Charles* s'étoient rencontrés, *ils* se seroient battus.

## DES PHRASES PARTIELLES,

### ET DE LEUR LIAISON PAR LES CONJONCTIONS.

———

Une phrase n'a point de conjonction, qu'elle ne renferme au moins deux phrases partielles.

*Les riches* et *les pauvres sont également sujets à la* mort.

Ni *l'or* ni *la grandeur* ne *nous rendent heureux.*

*Tout bourgeois veut bâtir* comme *les grands seigneurs.*

Ainsi que *la vertu le crime a ses degrés.*

Plus *fait douceur* que *violence.*

*La tante est* moins *âgée* que *la nièce.*

*Je sais cela* aussi bien que *vous.*

Chacune de ces phrases contient deux propositions.
*Les riches sont sujets à la mort.*
*Les pauvres sont sujets à la mort.*

*L'or ne nous rend point heureux.*
*La grandeur ne nous rend point heureux.*

*Tout bourgeois veut bâtir* comme *les grands seigneurs bâtissent.*

*Le crime a ses degrés* ainsi que *la vertu a ses degrés.*

*La douceur fait* plus que *la violence ne fait.*

*La tante est* moins *âgée* que *la nièce n'est âgée.*

*Je sais cela* aussi bien que *vous le savez.*

Ainsi il suffit d'une conjonction dans une phrase, n'y eût-il qu'un verbe d'exprimé, pour qu'il y ait deux phrases partielles.

*Que*, placé au commencement d'une phrase et suivi d'un subjonctif, est une conjonction qui lie une phrase exprimée à une phrase sous-entendue.

> Qu'*on rappelle mon fils*, qu'*il vienne se défendre*,
> Qu'*il vienne me parler ; je suis prêt à l'entendre.*

Qu'*on rappelle mon fils....* c'est-à-dire, *je veux* qu'on rap-*pelle mon fils ; je veux* qu'il vienne *se défendre ; je veux* qu'il *vienne me parler.*

> Qu'*on m'aille soutenir, après un tel récit,*
> *Que les bêtes n'ont point d'esprit !*

C'est-à-dire, *je défie* ou *je ne crains point* qu'on m'aille *soutenir que les bêtes n'ont point d'esprit.*

On voit, par tous ces exemples, que souvent les phrases où se trouvent les conjonctions sont des phrases elliptiques.

La conjonction qui lie les deux phrases peut même être sous-entendue. *Puisse la France jouir d'une paix durable !* c'est-à-dire, *je souhaite que la France puisse jouir d'une paix durable* (1).

La phrase qui suit la conjonction *que*, exprimée ou

---

(1) A une exception unique près, le subjonctif est toujours régi par une conjonction exprimée ou sous-entendue. Il n'y a que la première personne du singulier du présent du subjonctif du verbe *savoir* qui s'emploie sans être régie par *que ;* ce qui n'a lieu qu'au-

sous-entendue, s'appelle *complétive* ou *subordonnée* : *complétive*, parce qu'elle sert à rendre complet le sens de la première phrase ; *subordonnée*, parce qu'elle dépend en quelque sorte de la première phrase, dont le verbe règle souvent le temps où l'on doit mettre le verbe de la seconde, comme on le verra ci-après.

Il en est de même des phrases qui suivent plusieurs autres conjonctions, celles surtout dans la composition desquelles entre *que*.

A cause de l'espèce d'empire que la phrase qui n'a point de conjonction exerce ordinairement sur celle qui en est précédée, celle-là est appelée *phrase principale*.

Quelquefois la phrase principale ne vient qu'après la phrase subordonnée.

*Loin qu'il soit disposé à vous faire satisfaction, il est homme à vous quereller.*

On emploie l'indicatif, le conditionnel et l'impératif dans les phrases principales. L'indicatif et le conditionnel peuvent aussi être employés dans les phrases complétives ; mais le subjonctif ne convient qu'aux phrases subordonnées.

*J'avois écrit ma lettre*, lorsque *vous* êtes entré. *Nous* savons qu'*ils* auroient été *très-contents de vous voir. Je me* promènerois, s'*il* faisoit *beau temps.* Quand *vous lui* auriez offert *des trésors, il n'*auroit *pas* consenti

---

tant que cette première personne est précédée de *ne*, et qu'elle est mise pour la première personne du présent de l'indicatif.

En effet, *sache* est pour *sais* dans : *Je ne* sache *rien de plus convenable* ; mais *sache* est au subjonctif régi par *que*, dans : *Faites en sorte que je ne sache rien de cette affaire.*

*à votre demande.* Soyez *intimement* persuadé que *nous ne* voulons *que votre bien.*

Etudiez, afin que *vous* deveniez *instruit. Il l'*a fait sans qu'*on le lui* ai dit. *Je* désirerois qu'*on* fût *sincère.*

### Emploi de l'indicatif ou du subjonctif à la suite de la conjonction que.

Lorsque, par le verbe qui suit la conjonction *que*, on veut exprimer l'état ou l'action du sujet d'une manière certaine, absolue, indépendante, on met ce verbe à l'indicatif.

*Je suis sûr* que *Pierre* viendra. Le second verbe *viendra* est à l'indicatif, parce que la venue de **Pierre** est une chose certaine.

Quand le premier verbe est au présent, on met le second verbe au présent pour signifier le présent, au parfait pour marquer le passé, au futur pour marquer le futur. *Je* crois qu'*il* pleut. *Je* crois qu'*il* a plu. *Je* crois qu'*il* pleuvra.

Quand le premier verbe est à un temps passé,

Le second verbe doit être à l'imparfait, pour marquer un présent.

*Je* croyois qu'*il* pleuvoit. J'ai cru qu'*il* pleuvoit. J'avois cru qu'*il* pleuvoit. *Dès que j'*eus vu qu'*il* faisoit *beau temps, je* dis qu'*on* pouvoit *se mettre en route.*

Le second verbe doit être au plusque-parfait pour marquer un passé.

*Je* croyois, *j'*ai cru que *votre frère* étoit parti *hier matin.*

Le second verbe doit être au conditionnel présent, pour marquer un futur simple.

J'ai appris que *l'assemblée ne se* tiendroit *que de-main*.

Quoique le premier verbe soit à un temps passé , le second verbe doit être mis au présent , lorsqu'il doit servir à exprimer une chose vraie dans tous les temps.

*Nous vous* avons démontré que *les trois angles d'un triangle quelconque* équivalent *à deux angles droits. La plupart des anciens philosophes* pensoient que *l'âme* est *immortelle.*

Quoique le premier verbe soit à un temps passé , le second verbe , employé à l'imparfait, désigne un passé , lorsqu'il marque une chose passée avant celle qui est marquée par le premier verbe.

*Nous* avons lu *dans l'Histoire Romaine* que *Rome* étoit *d'abord* gouvernée *par des rois.* L'imparfait *étoit gouvernée* ne désigne pas ici un présent relatif. Rome fut gouvernée par des rois, avant que nous l'eussions lu dans l'Histoire Romaine.

On met au subjonctif le verbe qui suit la conjonction *que*, lorsque l'action ou l'état qu'il énonce dépend d'un verbe précédent qui exprime le désir, la volonté, le consentement, la crainte, ou le doute du sujet de ce verbe précédent.

*Je* désire que *Pierre* vienne. J'ordonne que *Pierre* vienne. *Je* consens que *Pierre* vienne. *Je* crains que *Pierre ne* vienne *pas. Je* doute que *Pierre* vienne. Dans tous ces exemples , *vienne* est au subjonctif, parce que la venue de Pierre est une chose incertaine. En effet, il peut arriver que Pierre vienne ou ne vienne pas.

Si, après le verbe qui exprime le doute, on emploie *si* dubitatif à la place de *que ,* on met alors le futur à la place du subjonctif dans la phrase subordonnée. Au lieu de : *Je doute* que *Pierre* vienne, on dit : *Je doute* si *Pierre* viendra.

Quand le verbe de la première phrase est employé interrogativement ou négativement, et qu'il y a quelque incertitude, quelque doute concernant l'action ou l'état qu'exprime le second verbe, on met ce second verbe au subjonctif.

Croyez-vous qu'*il* réussisse *dans son entreprise?* Je ne crois pas que *vous* deveniez *jamais aussi habile que votre maître.*

Mais si l'on veut affirmer positivement l'état ou l'action qu'exprime le verbe de la phrase complétive, on met ce verbe à l'indicatif.

*Comment! vous* ne voulez pas *croire* qu'*il* est *dans sa chambre! je viens de l'y voir.*

*Vous le voyez à la promenade :* soutiendrez-vous encore qu'*il n*'est pas sorti *de chez lui?*

Lorsque le verbe de la phrase principale exprime l'étonnement, la surprise, le verbe de la phrase qui suit la conjonction *que* se met au subjonctif.

*Je m*'étonne, *je* suis surpris qu'*il se* soit *encore* laissé *tromper.*

Si, au lieu de *que*, on emploie *de ce que*, le verbe de la phrase complétive se met à l'indicatif. *Je m'é-tonne, je* suis surpris de ce qu'*il* s'est *encore* laissé *tromper.*

On met le subjonctif après le *que* qui suit immédiatement l'adjectif *quel*, et après celui qui ne suit que médiatement le mot *quelque*, employé comme adjectif ou comme adverbe.

Quelle que soit *votre intention...*

*De* quelques *talents* que *la nature vous* ait doué...

Quelque *grandes* que soient *vos richesses*...

Lorsque *si* est employé pour *quelque*, le *que* suivant régit aussi le subjonctif. Si *mince* qu'*il* soit, *un cheveu fait de l'ombre.*

*Tout... que*, employé dans la signification de *quoique*, veut l'indicatif.

Tout *instruits* que *vous* êtes, *vous avez encore bien des choses à apprendre.*

Je la crois d'une grandeur *suffisante*, toute *petite* qu'*elle* paroît.

### Régime des conjonctions terminées par que.

Parmi les conjonctions qui sont terminées par *que*, il y en a qui veulent le verbe qui les suit à l'indicatif.

Ce sont les conjonctions *lorsque*, *dès que*, *aussitôt que*, *après que*, *pendant que*, *tandis que*, *tant que*, *depuis que*, *parce que*, *puisque*, *attendu que*, *vu que*, *plus que*, *moins que*, *de même que*, *ainsi que*, *aussi bien que*, *aussi peu que*, *autant que*, *excepté que*, *outre que*, *selon que*.

Je vous parlerai de cette affaire lorsque *vous* serez rentré.

Nous *n'avons pas vu votre parent* depuis qu'il est revenu. Est-il besoin de délibérer, puisque *la chose* est résolue?

Un enfant reçoit facilement toutes les impressions qu'on veut lui donner, de même que *la cire molle* reçoit toutes sortes d'empreintes et de figures.

Parmi les conjonctions qui sont terminées par *que*, les suivantes, *supposé que*, *au cas que*, *en cas que*, *à moins que*, *pour peu que*, *pourvu que*, *quoique*, *bien que*, *encore que*, *avant que*, *jusqu'à ce que*, *afin que*, *pour que*, *de peur que*, *loin que*, *sans que*, *soit que*, *non que*, régissent le subjonctif.

*Seriez-vous venus*, supposé qu'*on vous* eût invités?

*Je ne partirai point*, à moins que *tout ne* soit *prêt*.

A moins qu'*il ne* prenne *bien son temps*, *il n'en viendra pas à bout*.

*Il en viendra à bout*, pour peu que *vous l'*aidiez.

*Vous deviendrez savant*, pourvu que *vous* étudiiez.

*Quoiqu'elle* soit *pauvre*, *elle distribue encore quelques aumônes*.

*Faites votre provision de bois* avant qu'*il* fasse *froid*.

*Bercez cet enfant* jusqu'à ce que *vous l'*ayez endormi.

*Prêtez-moi la gazette*, afin que *je* lise *l'article dont vous m'avez parlé*.

*Vous l'avez négligé trop long-temps* pour qu'*il* puisse *compter sur vous*.

*Faites-le marcher*, de peur qu'*il ne s'*endorme.

*Loin qu'il* médise *de vous*, *il ne tarit point sur vos louanges*.

*Il le fera* sans que *je le lui dise*.

*Cela sera*, soit qu'*il le* veuille, soit qu'*il ne le* veuille *pas*.

*J'essaierai*, non que *je* prétende *m'en tirer mieux qu'un autre*.

### Remarque.

A la place de *que* et du subjonctif suivant, on peut mettre *de* et le présent de l'infinitif après *avant*, *afin*, *de peur*, *loin*, pourvu que l'action exprimée par cet infinitif se rapporte au sujet de la phrase principale. On peut dire, par exemple :

*Etudiez nos mœurs* avant de *les* blâmer.

Il *a pris la poste*, afin d'arriver *plus tôt.*

Nous *ne portons point d'argent sur nous,* de peur d'être volés.

*Bien* loin de *me* remercier, il *m'a dit des injures.*

Dans ces phrases, l'action exprimée par chaque infinitif se rapporte au sujet de la phrase principale.

Vous *à qui j'adresse la parole, étudiez nos mœurs avant que* vous *les* blâmiez.

Il *a pris la poste, afin qu'il* arrivât *plus tôt.*

Nous *ne portons point d'argent sur nous, de peur que* nous *ne* soyons volés.

*Bien loin qu'*il m'ait remercié, il *m'a dit des injures.*

**A** la place de *que* et du subjonctif suivant, on peut mettre aussi le présent de l'infinitif après *pour* et après *sans,* pourvu que l'action exprimée par cet infinitif se rapporte au sujet de la phrase principale.

> *Mais vous savez trop bien l'histoire de ma vie*
> *Pour croire que long-temps, soigneux de me cacher,*
> *J'attende en ces déserts qu'on me vienne chercher.*

Il *ne dispute jamais* sans se mettre *en colère.*

C'est-à-dire, *mais* vous *savez trop bien l'histoire de ma vie, pour que* vous croyiez *que...*

Il *ne dispute jamais sans qu'*il se mette *en colère.*

Les conjonctions *de façon que, de manière que, de sorte que, en sorte que, de telle sorte que, tellement que,* demandent que le verbe qui les suit soit à l'indicatif, lorsqu'il sert à affirmer ; au subjonctif, lorsqu'il n'exprime l'action ou l'état qu'avec incertitude.

Il *a fait* en sorte que *tout le monde* a été *content de lui.*

*Faites* en sorte que *tout le monde* soit *content de vous.*

19

*De la conjonction* si *, mise pour* supposé que.

Le futur simple, le futur antérieur, le conditionnel présent, le conditionnel passé ( celui qui est composé du participe et de *aurois*, *serois* ), ne s'emploient pas avec *si* mis pour *supposé que*. On emploie le présent de l'indicatif à la place du futur simple, le parfait indéfini à la place du futur antérieur, l'imparfait de l'indicatif au lieu du conditionnel présent, et le plusque-parfait de l'indicatif au lieu du conditionnel passé.

*Vous perdrez l'occasion de les voir, si vous ne* venez *qu'à cinq heures.*

*Vous aurez perdu l'occasion de les voir,* si *vous n'*êtes venu *qu'à cinq heures.*

*Nous ne nous ennuierions jamais,* si *nous* savions *faire un bon usage du temps.*

*Je lui aurois parlé,* si *je l'*avois reconnu.

*Nota.* Le conditionnel passé, qui est composé du participe et de *eusse*, *fusse*, peut s'employer avec *si* mis pour *supposé que*.

*Je lui aurois parlé,* si *je l'*eusse reconnu. *Vous l'auriez rencontré,* si *vous* fussiez venu *par la route de....* *Une main si habile eût sauvé l'État,* si *l'État* eût pu *être sauvé.*

*Remarque.* Ce n'est pas toujours le plusque-parfait ou le conditionnel passé qui doit correspondre au conditionnel passé de la phrase principale. Cela ne doit avoir lieu que lorsque le verbe de la phrase complétive exprime une action passagère.

*Il l'*auroit salué, s'*il l'*avoit vu, s'*il l'*eût vu.

Mais si le verbe de la phrase complétive exprime quelque

chose de permanent, alors c'est l'imparfait qui doit correspondre au conditionnel passé de la phrase principale.

*Il l'auroit* salué, *s'il* voyoit, *s'il* n'avoit *pas la vue basse.*
*Il vous* auroit accueilli, *s'il vous* estimoit.

Quand une phrase est liée par *que* à une phrase précédée de *si* conditionnel, et qu'on parle avec quelque incertitude, quelque doute, concernant l'action ou l'état qu'exprime le verbe qui suit *que*, on met ce verbe au subjonctif.

Si *nous étions sûrs* qu'*il* arrivât *aujourd'hui*, *nous irions à sa rencontre.*

*Je resterois*, si *j'étois sûr* qu'*il ne se* fît *pas trop attendre.*

Si on veut affirmer l'action ou l'état qu'exprime le verbe qui suit *que*, on met ce verbe à l'indicatif.

Si *vous saviez aussi bien que moi* qu'*il vous* est *fidèle*, *vous vous fieriez entièrement à lui.*

Après la conjonction conditionnelle *quand, quand même*, c'est toujours le conditionnel qu'on emploie.

Quand *vous me* haïriez, *je ne m'en* plaindrois *pas.*

Quand même *Alexandre*, *roi de Macédoine*, auroit soumis *à son obéissance tous les peuples de la terre*, *il* auroit *encore* regretté *de n'avoir pas un autre monde à conquérir.*

### De la conjonction dubitative si.

Après *si*, mis pour *supposé que*, on ne met ni les futurs, ni les conditionnels; mais ces temps peuvent se mettre après *si* dubitatif.

*Je ne sais si vous* viendrez *à bout de cette entreprise.*
*Demandez – lui* s'*il* aura achevé *son ouvrage demain.*

*Dites-moi si on me* laisseroit *entrer, supposé que je me présentasse habillé convenablement. Dites-moi* si on m'auroit laissé *entrer, supposé que je me fusse présenté vêtu convenablement.*

*Régime de* que *, mis pour les conjonctions précédentes.*

*Que* régit l'indicatif quand il est mis pour *lorsque, depuis que, parce que, puisque, de telle sorte que.*

*Je vous ai vu,* que *vous n'*étiez *pas plus haut que cela. Je me suis levé,* qu'il n'étoit *pas encore jour.*

*Combien y a-t-il de temps* que *je ne vous ai vu?*

*Il est impossible* que *cet homme, prévenu* qu'il est *en votre faveur, ne satisfasse point à votre juste demande.*

*Qu'avez-vous donc,* que *vous ne* mangez *point?*

*Il étoit déguisé,* que *rien ne* pouvoit *le faire reconnoître.*

*Que* régit le subjonctif quand il est mis pour *à moins que, afin que, avant que, de peur que, sans que, soit que.*

*Je ne partirai point* que *tout ne* soit *prêt.*

*Prêtez-moi cette brochure,* que *je la* lise.

*Je ne la prêterai pas* que *je ne l'aie* lue.

*Ce chien est hargneux; laissez-le,* qu'il ne vous morde.

*Il n'a point encore fait de campagne,* qu'il n'ait été blessé.

*Mais que dorénavant on me* blâme, on me *loue,*
*Qu'on* dise *quelque chose, ou* qu'on ne dise *rien,*
*J'en veux faire à ma tête. . . . . . .*

*Que,* mis pour *si* conditionnel, pour *dès que, aussi-*

*tôt que*, employés dans le même sens, régit aussi le subjonctif.

Qu'*il* fasse *le moindre excès*, *il tombe malade ;* c'est-à-dire, s'*il* fait, dès qu'*il* fait, aussitôt qu'*il* fait *le moindre excès*, *il tombe malade*. La première phrase est elliptique. Les mots *il fasse le moindre excès* composent une phrase subordonnée à la phrase sous-entendue, *s'il arrive*, et *que* est le lien des deux phrases.

Si, pour éviter la répétition de *si* conditionnel, on employoit *que*, il faudroit mettre le verbe suivant au subjonctif.

> *Romains, quel triomphe pour vous,*
> Si *vous* saviez *ma honte, et* qu'un *avis fidèle*
> *De mes lâches combats vous* portât *la nouvelle !*

Si *vous l'emportez sur tous vos camarades, et* que *vous ne vous* fassiez *pas pardonner votre supériorité par votre modestie, il est à craindre que leur orgueil offensé ne vous cause bien des chagrins.*

Lorsqu'on emploie *que* au lieu de *quand*, *quand même*, la conjonction n'occupe plus la même place, mais elle est toujours suivie du mode conditionnel. Au lieu de

> Quand *vous me* haïriez, *je ne m'en* plaindrois *pas ;*

Quand même *Alexandre, roi de Macédoine,* auroit soumis à son obéissance *tous les peuples de la terre,* il auroit *encore* regretté *de n'avoir pas un autre monde à conquérir ;* on peut dire : *Vous me* haïriez, que *je ne ne m'en* plaindrois *pas ; Alexandre* auroit soumis à *son obéissance tous les peuples de la terre,* qu'*il* auroit *encore* regretté *de n'avoir pas un autre monde à conquérir.*

*Dans quels cas les relatifs* qui, que, lequel,.... dont,
où, *régissent-ils le subjonctif?*

*Qui, que, lequel,.... dont, où,* veulent au subjonctif
le verbe qui les suit, 1° lorsqu'ils sont précédés d'un
superlatif relatif ; 2° lorsque la phrase est interrogative ;
3° lorsque le verbe de la phrase incidente exprime
quelque chose qui tienne du doute ou d'un avenir
incertain.

La plus noble *conquête* que *l'homme* ait *jamais* faite,
*est celle de ce fier et fougueux animal qui partage avec
lui les fatigues de la guerre et la gloire des combats.*

> *Détestables flatteurs, présent* le plus funeste
> Que puisse *faire aux rois la colère céleste.*

> . . . . . . . . Est-il *aucun moment*
> Qui *vous* puisse *assurer d'un second seulement?*

> *Depuis trois ans entiers,* qu'a-t-il dit, qu'a-t-il fait
> Qui *ne* promette *à Rome un empereur parfait?*

*Si vous êtes sensibles à la compassion, ne me refusez
pas quelque coin de terre infertile... pour y fonder, avec
mes compagnons, une ville* qui soit *du moins une triste
image de notre patrie perdue.*

*Il cherche un domestique* qui sache *faire un peu de
cuisine.*

*Prenons une place d'où nous* puissions *voir à notre
aise toute la cérémonie.*

*Prêtez-moi quelques livres* dont *vous* n'ayez *pas
besoin.*

Quand la chose exprimée par le verbe de la phrase
incidente est affirmée positivement, on met le verbe à
l'indicatif.

*Vous ne nous aurez qu'une médiocre obligation : car nous vous donnons un terrain* qui *nous est inutile.*

*Je lui ai procuré un domestique* qui sait *faire un peu de cuisine.*

*Nous avons une place d'où nous* pouvons *voir com-modément toute la cérémonie.*

*Prêtez-moi ces livres* dont *vous* n'avez *pas besoin.*

## Du choix des temps du subjonctif dans l'emploi de ce mode.

Quand le verbe de la phrase principale est au présent ou au futur, celui de la phrase subordonnée ou de la phrase incidente se met au présent du subjonctif, si l'on veut exprimer un présent ou un futur, relativement au premier verbe.

Je consens que *mes yeux* soient *toujours* abusés.

*On* veut *sur vos soupçons* que *je vous* satisfasse.

*Ils* croiront *en effet* mériter qu'*on les* craigne.

*Vous* réussirez, pourvu que *vous* fassiez *tout ce que je vous dis. Nous nous réunirons, quand vous* aurez permis que *nous* célébrions *la fête.*

. . . . . . . Est-il *si mince coterie*
Qui *n'*ait *son bel esprit, son plaisant, son génie?*

Cherchez *un homme* qui *vous* dise *la vérité.*

Le verbe de la phrase subordonnée ou de la phrase incidente se met au parfait du subjonctif, si l'on veut exprimer un passé.

. . . . . . . *Vous* brûlez que *je ne* sois partie.

*Ne vous* souvenez *plus* qu'*il vous* ait offensée.

*Je ne* croirai *jamais* que *les ennemis* aient remporté *un si grand avantage sur nos troupes.*

*Ne* cherchez *donc pas un homme* qui ait vaincu *les autres dans les jeux d'esprit et de corps, mais* qui *se* soit vaincu *lui-même.*

*Turenne et Condé* sont *les deux plus grands capitaines* que *la France* ait produits *dans le dix septième siècle.*

Quoique le verbe de la phrase principale soit au présent, on met le second à l'imparfait ou au plusque-parfait du subjonctif, quand il suit une phrase conditionnelle, ou seulement une expression conditionnelle.

*Il n'y a aucune famille* qui *ne* donnât *à Baléazar tout ce qu'elle a de biens, s'*il se trouvoit dans une pressante nécessité.

*Je* doute que, sans cet emprunt, *ils se* fussent tirés *d'affaire.*

Les trois mots *sans cet emprunt* forment une expression conditionnelle dont on peut faire la phrase conditionnelle, *s'ils n'avaient pas fait cet emprunt.*

Lorsque le verbe de la phrase principale est au parfait indéfini, on met le second à l'imparfait du subjonctif, si on veut exprimer un présent ou un futur, et au parfait du subjonctif, si on veut exprimer un passé.

*J'ai* exigé *qu'il* partît *sur-le-champ. J'ai* exigé *qu'il* partît *demain. Je me* suis levé avant *qu'il fît jour.*

*J'ai même* défendu, *par une expresse loi,*
*Qu'on osât prononcer votre nom devant moi.*

*On ne m'a point écrit* qu'*il* ait été *malade.*

Toutefois, après un parfait indéfini, on peut mettre le second verbe au présent du subjonctif lorsqu'il exprime une chose habituelle ou une chose vraie dans tous les temps.

*Il* a *pourtant* manqué *son coup*, quoiqu'*il* soit *très-adroit.*

*Dieu* a voulu que *le grain le plus nécessaire à la nourriture de l'homme, le blé,* rende *aussi le plus abondamment.*

Quand le verbe de la phrase principale est à l'imparfait de l'indicatif, au parfait défini, au plusque-parfait de l'indicatif ou à l'un des conditionnels, le second verbe se met à l'imparfait du subjonctif, si l'on veut exprimer un présent ou un futur relativement au premier verbe; et on le met au plusque-parfait du subjonctif, si on veut exprimer un passé.

*Il* falloit *opposer à tant d'ennemis un homme d'un courage ferme et assuré, d'une capacité étendue, d'une expérience consommée,* qui soutînt *la réputation et* qui ménageât *les forces du royaume,* qui n'oubliât *rien d'utile et de nécessaire, et ne fît rien de superflu,* qui sût, *selon les occasions, profiter de ses avantages, ou se relever de ses pertes,* qui fût tantôt *le bouclier et tantôt l'épée de son pays.*

. . . . . . . . . . *Il n'étoit point d'asiles*
*Où l'avarice des Romains*
*Ne* pénétrât *alors, et ne portât les mains.*

*Le rat s'étonnoit que les gens*
*Fussent touchés de voir cette pesante masse.*

*Un lièvre, apercevant l'ombre de ses oreilles,*
*Craignit que quelque inquisiteur*
*N'allât interpréter à cornes leur longueur,*
*Ne les soutînt en tout à des cornes pareilles.*

*Un cerf, s'étant sauvé dans une étable à bœufs,*
*Fut d'abord averti par eux*
*Qu'il cherchât un meilleur asile.*

*Lycurgue ne* permit *pas à toutes sortes de personnes de voyager,* de peur qu'*ils ne* rapportassent *dans leur patrie des mœurs étrangères et des coutumes licencieuses.*

*J'avois défendu qu'on vînt m'interrompre.*

*Deux jours s'étoient passés sans qu'aucun vînt au puits.*

*Qui ne court après la fortune ?*
*Je voudrois être en lieu d'où je* pusse *aisément*
*Contempler la foule importune*
*De ceux qui cherchent vainement*
*Cette fille du sort. . . . .*

*Quelqu'un auroit-il jamais cru*
*Qu'un lion d'un rat eût affaire !*

*Un mourant, qui comptoit plus de cent ans de vie,*
*Se plaignoit à la mort que précipitamment*
*Elle le contraignoit de partir tout à l'heure,*
*Sans qu'il eût fait son testament.*

*A votre place, j'*attendrois qu'*on se fût expliqué plus clairement.*

*On auroit préféré pour cette place un jeune homme qui eût fait toutes ses études.*

Quand *je ne saurois* est employé pour *je ne puis,* on met après ce conditionnel le temps du subjonctif qu'on mettroit après le présent de l'indicatif.

*Nous ne saurions croire qu'il nous fasse cette promesse sans avoir le dessein de la tenir.*

*Nous* ne saurions *croire* qu'*il nous* ait fait *cette promesse sans avoir le dessein de la tenir.*

*Usage de la particule* ne *après la conjonction* que.

On a pu remarquer que la conjonction *que* est quelquefois suivie de la particule *ne*.

Toutes les fois que cette particule est suivie de *pas* ou de *point*, elle est négative; mais elle ne l'est pas toujours quand, après *que*, elle est employée seule.

Par exemple, *ne* n'est pas une négative dans : *Je crains* qu'*il* ne *me rencontre*. Pour qu'il y eût une négation dans la phrase subordonnée, il faudroit : *Je crains* qu'*il* ne *me rencontre* pas. Pareillement, il n'y a point de négation dans : *Vous empêchez* qu'*on* ne *chante* ( vous mettez empêchement à ce qu'on chante).

Le Dictionnaire de l'Académie dit, dans son article *ne, que*, dans ces sortes de phrases, cette particule est le *ne* des Latins, qui a passé dans notre langue.

Que la particule *ne,* employée seule après *que*, soit négative ou non, toujours est-il important de savoir quand et de quelle manière on doit l'employer.

1° On met *ne* avant le subjonctif qui est régi par *à moins que*, *de peur que* et *que* employé pour l'une ou l'autre des conjonctions précédentes.

*Je ne sortirai point* à moins qu'*il* ne *fasse beau*. *Je ne sortirai point* qu'*il* ne *fasse beau.*

*Retirez-vous* de peur qu'*il* ne *vous maltraite. Retirez-vous* qu'*il* ne *vous maltraite.*

2° On met *ne* avant le subjonctif qui est régi par *que* employé pour *avant que, sans que.*

*Je ne prêterai point cette brochure* que *je* ne *l'aie lue.*

*Il ne s'assied jamais, après le repas,* qu'*il ne s'en-dorme.*

3° On met *ne* avant le verbe qui suit *depuis que, il y a* ( tant de temps ) *que,* lorsque ce verbe est à un temps passé.

*Vous êtes-vous bien porté* depuis que *nous* ne *nous* sommes vus?

Il y avoit six jours que *nous* ne *nous* étions parlé.

Mais si le verbe est au présent, il doit être précédé de *ne,* et suivi de *pas* ou de *point.*

*Je suis inquiet* depuis que *je* ne *le* vois pas.

Il y a six jours que *nous* ne *nous* parlons point.

*Usage ou suppression de* ne *après le* que qui suit les verbes empêcher, prendre garde, craindre,... douter...

*Empêcher, prendre garde* ( prendre ses mesures ) employés affirmativement, demandent après le *que* la particule *ne,* suivie d'un temps au subjonctif.

Empêchez qu'*on* ne *m'*interrompe.

Prenez garde qu'*on* ne *vous* réduise *à la mendicité.*

Dans la phrase négative qui suit *que,* après *prendre garde* ( faire réflexion ), *ne* n'est point suivi d'un subjonctif, et on ajoute *pas* ou *point.*

Prenez garde que *l'auteur* ne *dit* pas *précisément cela.*

Prenez garde qu'*après cette échauffourée, il* ne *seroit* pas *convenable de vous montrer sitôt.*

Lorsque *empêcher* est employé négativement, on ne met plus *ne* après le *que* suivant.

N'empêchez pas qu'*on vienne me voir.*

Après *craindre, appréhender, trembler, avoir peur*

(et il faut dire la même chose de ces manières de parler, *de crainte que*, *de peur que*, *dans l'appréhension que*), le verbe (toujours au subjonctif) de la phrase subordonnée, prend *ne... pas* ou *ne... point*, toutes les fois qu'on désire la chose exprimée par ce verbe.

*Je* crains que *vous* ne *réussissiez* pas. *On* appréhende que *le malade* ne *recouvre* pas *ses forces*.

Tremblons que *Dieu* ne *nous exauce* point.

A-*t-on* peur qu'*il* ne *prenne* pas *le bon chemin?*

*Accompagnez-le*, de peur qu'*il* ne *prenne* pas *le bon chemin.*

*N'*ayez *pas* peur qu'*on* ne *vous reconnoisse* point. Avez-*vous* peur qu'*on* ne *vous reconnoisse* point?

Si l'on ne désire point la chose exprimée par le verbe de la phrase subordonnée, ce verbe prend *ne*, ou ne prend aucune particule, selon la manière dont les verbes *craindre*,... sont employés.

Sont-ils employés négativement (1) sans interrogation, ou affirmativement avec interrogation, le verbe de la phrase subordonnée ne prend aucune particule. N'appréhendez pas qu'*on vous reconnoisse*. Avez-*vous* peur qu'*on vous reconnoisse?*

*Battus comme l'ont été les ennemis, on* ne *doit* pas craindre qu'*ils viennent sitôt nous attaquer. Battus comme l'ont été les ennemis, doit-on* craindre qu'*ils viennent sitôt nous attaquer?*

*Hélas! on* ne craint point qu'*il venge un jour son père.*

---

(1) Il y a des mots comme *peu*, *moins*,.... qui, en accompagnant les verbes *craindre*,.... produisent le même effet que les négations *ne.... pas*, *ne.... point.*

*On* craignoit peu, *on* craignoit moins qu'*il cherchât à se venger.*

Les verbes *craindre,...* sont-ils employés affirmative-ment sans interrogation, ou négativement avec inter-rogation, le verbe de la phrase subordonnée prend *ne.*

*On* craint qu'*il n'essuyât* (1) *les larmes de sa mère.*

Craignez, *seigneur*, craignez que le *ciel rigoureux*
Ne *vous haïsse assez pour exaucer vos vœux.*

*Quoi! fille de David, vous parlez à ce traître?*
*Vous souffrez qu'il vous parle? et vous* ne craignez pas
Que, *du fond de l'abîme entr'ouvert sous ses pas,*
*Il ne sorte à l'instant des feux qui vous embrasent,*
*Ou qu'en tombant sur lui ces murs ne vous écrasent?*

*J'*ai peur que *vous* ne *perdiez votre procès.* N'*est-il* pas *à* craindre que *vous* ne *perdiez votre procès?*

*On* appréhende que *la fièvre* ne *revienne.* N'appré-hende-*t-on* pas que *la fièvre* ne *revienne?*

Tremblons que *Dieu* ne *nous punisse.*

*Je l'ai fait accompagner,* de peur qu'*il* ne *s'égare.*

On met *ne* avec le subjonctif après le *que* qui suit *douter, nier, disconvenir,* employés négativement, et après *il s'en faut,* accompagné de *peu* ou de *ne.*

Ne doutez point, *seigneur,* que ce coup ne *la frappe,*
Qu'en *reproches bientôt sa douleur* ne *s'échappe.*

*Je* ne nie pas que *cela* ne *soit.*

*On* ne *peut* disconvenir que *la chose* ne *se soit passée ainsi.*

Peu s'en est fallu qu'*il* n'*ait été tué.*

*Quand il m'aura donné tant,* il ne s'en faudra *guère,*

---

(1) Racine auroit mis *essuie,* si la césure et la mesure du vers eussent permis l'emploi de ce mot.

il ne s'en faudra *presque rien*, il ne s'en faudra *pas de beaucoup* qu'*il* ne *m'ait payé ce qu'il me doit.*

*Emploi de* ne *après le* que *des phrases comparatives.*

On met *ne* après le *que* qui suit les mots *autre*, *autrement*, ou un comparatif d'inégalité marqué par *plus*, *moins*,... si le membre qui précède *que* est affirmatif.

*On se voit d'un* autre *œil* qu'on ne *voit son prochain.*

*Pourquoi parlez-vous* autrement que *vous* ne *pensez?*
*Il est* plus riche, moins riche qu'*on* ne *croit.*
*Ce littérateur écrit* mieux qu'*il* ne *parle.*

*Objet infortuné des vengeances célestes,*
*Je m'abhorre encor* plus que *tu* ne *me détestes.*

**Si** la première partie de la phrase est négative, la seconde ne prend point *ne.*

*Il* n'*est* pas plus riche, moins riche qu'*il étoit.*
*Je* ne *pense* point autrement que *je parle.*

Voyez, page 185, ce que nous avons dit sur la répétion de l'article.

### Répétition des pronoms.

Les pronoms régimes se répètent avant chaque verbe.

*Les ennemis des Juifs* m'*ont trahi,* m'*ont trompé.*

*Dieu fit choix de Cyrus avant qu'il vît le jour,*
*L'appela par son nom,* le *promit à la terre,*
Le *fit naître, et soudain* l'*arma de son tonnerre.*

*Il crut que dans son corps elle avoit un trésor :*
*Il* la *tua,* l'*ouvrit, et* la *trouva semblable*
*A celles dont les œufs* ne *lui rapportoient rien.*

Les pronoms sujets se répètent quand l'un des verbes est accompagné d'une négation, et que l'autre est employé affirmativement.

Il n'est pas *riche présentement ;* il *le* deviendra *peut-être bientôt.*

Il est *riche présentement ;* il ne *le* sera pas *toujours.*

On répète les pronoms sujets, lorsque les phrases expriment des choses opposées.

Elle *croit plaire ;* elle *déplaît souverainement.*

Il *veut,* il *ne veut plus ;* il *accorde,* il *refuse.*

Les pronoms sujets se répètent avant les verbes qui sont à des temps différents.

> *Le roi, qui.....*
> *M'envoya dans ces lieux éloignés de l'orage.*
> *J'y vins : j'y suis encor.*

Il espère *vaincre ; et* il vaincra. *Quelle est l'incurable maladie de Théophile ?...* Il a voulu, il veut *et* il voudra *gouverner les grands.*

On ne répète pas le pronom sujet, lorsque les verbes sont au même temps, et surtout lorsqu'ils expriment des actions successives et tendantes au même but.

*Mentor ne perdit pas un moment :* il alla *dans cette caverne,* trouva *les instruments,* abattit *les peupliers, et* mit *en un seul jour un vaisseau en état de voguer.*

> *Furieuse,* elle vole *, et sur l'autel prochain*
> Prend *le couteau sacré, le* plonge *dans son sein.*
>
> *L'ours venant là-dessus, on crut qu'il s'alloit plaindre.*
> *Tant s'en faut : de sa forme il se loua très-fort,*
> *Glosa sur l'éléphant,* dit *qu'on pourroit encor*
> *Ajouter à sa queue, ôter à ses oreilles....*

Ces deux dernières règles ne sont pas telles qu'on ne

puisse s'en écarter. Plusieurs exemples autorisent à ne pas répéter les pronoms sujets, quoique les verbes soient à des temps différents, ou à les répéter, quoique les verbes soient au même temps.

On lit dans Racine :

> J'ignore *tout le reste*,
> *Et* venois *vous conter ce désordre funeste.*

Dans Fénélon : Il ( l'Amour ) pleuroit *de dépit, et* alla *trouver Calypso errante dans les sombres forêts.*

Dans La Fontaine :

> J'avois franchi *les monts qui bornent cet état,*
> *Et* trottois *comme un jeune rat.*

> *Qu'un ami véritable est une douce chose !*
> Il cherche *vos besoins au fond de votre cœur ;*
> Il *vous* épargne *la pudeur*
> *De les lui découvrir vous-même.*

> Elle (la tortue) part, elle *s'évertue,*
> Elle *se* hâte *avec lenteur.*

> . . . . . . Il ( le lièvre ) broute, il *se* repose,
> Il *s'amuse à toute autre chose*
> *Qu'à la gageure.* . . . .

### Répétition des prépositions.

On doit communément répéter les prépositions avant chaque complément.

> . . . . . . . *Je demeure en Epire :*
> *Je renonce à la* Grèce , à Sparte, à *son* empire ,
> A *toute ma* famille.

*Un homme s'est rencontré... capable* de *tout* entreprendre *et* de *tout* cacher, *également actif et infatigable* dans *la* paix *et* dans *la* guerre, *qui ne laissoit rien à la fortune de ce qu'il pouvoit lui ôter* par conseil *et* par prévoyance... *Il fut donné à celui-ci* de tromper *les peuples et* de prévaloir *contre les rois.*

Les prépositions doivent surtout se répéter après les conjonctions *ni, ou, que...*

*Il n'a pu lui faire changer de résolution* ni par *ses* caresses, ni par *ses* promesses, ni par *ses* menaces.

*Si vous savez, ô déesse, ce que les destinées ont fait* pour sauver ou pour perdre *Ulysse, daignez en instruire son fils Télémaque.*

*Il est plus beau* de vaincre *ses passions* que de vaincre *ses ennemis. Il n'y a personne* sur qui *nous comptions plus* que sur vous. *Quelque habile que soit cet artiste, il est plus estimé* pour *ses* vertus que pour *ses* talents.

On ne répète pas ordinairement les prépositions avant les mots qui ont à peu près la même signification.

*Comme il* ( M. de Turenne ) *ne perdit pas ses jeunes années* dans *la* mollesse *et la* volupté , *il n'a pas été contraint de passer les dernières dans l'oisiveté.*

*Je ferai tout mon possible* pour mériter *sa confiance et me* rendre digne *de son amitié.*

### *Répétition de l'adverbe* si *( tellement ).*

Lorsque l'adverbe *si* ( tellement ) modifie un adjectif, les adjectifs qui suivent dans la même phrase doivent être modifiés par le même adverbe.

*Il est* si sage , si savant , *qu'il n'a pas son pareil.*

*Cet enfant est* si indocile , si opiniâtre , si mutin , *qu'il sera très-difficile de le réduire.*

### *Répétition de la conjonction* que.

Quand la conjonction *que* est à la tête d'un premier

membre de phrase, on doit la répéter dans les membres
suivants.

*N'attendez pas, messieurs,* que *j'ouvre ici une scène
tragique ;* que *je représente ce grand homme étendu sur
ses propres trophées ;* que *je découvre ce corps pâle et
sanglant auprès duquel fume encore la foudre qui l'a
frappé ;* que *je fasse crier son sang comme celui d'Abel,*
et que *j'expose à vos yeux les tristes images de la
religion et de la patrie éplorées.*

### Répétition du verbe.

On doit répéter le verbe lorsque l'un des membres
de la phrase est affirmatif, et que l'autre est négatif.

*Dieu* ne veut pas *la mort du pécheur ;* il veut *qu'il
se convertisse et qu'il vive.*

*Le fidèle* attend *tout de la grâce ; il* n'attend rien *des
forces de la nature.*

Il faut répéter le verbe lorsque, sans cela, il y auroit
un double sens, comme dans cette phrase : *Il m'aimoit
aussi tendrement que son père ;* Voulez-vous dire : *Il
m'*aimoit *aussi tendrement que son père m'*aimoit, ou
*il m'*aimoit *aussi tendrement qu'il* aimoit *son père ?*
répétez le verbe conformément au sens que vous avez
en vue ; et il n'y aura plus d'amphibologie.

# APPENDICE

## SUR LES VOYELLES ET LES CONSONNES.

L<small>A</small> lettre *a* est muette dans *aoriste*, *août*, *aoûteron*, *taon*, *Saône*. Ces mots se prononcent comme s'ils étoient écrits sans *a*. On prononce cependant cette lettre dans *aoûté* (mûri par la chaleur du mois d'août).

Les deux lettres *ai* se prononcent comme *e muet* dans *faisant*, *faisons*, *faisois*.... du verbe *faire* (Voy. p. 113).

*E* ne se prononce point dans *Caen*, *Caenois* : on dit *Can*, *Canois*.

On ne prononce point *o* dans *faon*, *paon*, *paonne*, *paonneau*, *Laon*, *Laonois;* prononcez *fan*, *pan*, *panne*, *panneau*, *Lan*, *Lanois*.

*Em* ont le son de l'*a* dans *femme*, *femmelette*, et dans la terminaison *emment* des adverbes : on prononce *fame*, *famelette*, *prudament*, *négligeament*.

*En* ont le son de l'*a* dans *solennel*, *solennité*..... prononcez *solanel*, *solanité*.

*Em* ont le son de *è* dans *lemme*, *dilemme*, *gemme* (adjectif qui se dit d'une sorte de sel).

*Em* composent *e nasal* dans *Memphis*, *Sempronius*.....

A la suite d'une consonne, *en* composent *e nasal* dans *Agen*, *agenda*, *appendice*, *Bengale*, *Benjamin*, *benjoin*, *Mendès*, *Mentor*, *pensum* (où *um* composent un *o nasal*), *retentum*.

Dans *abdomen*, *examen*, *hymen*, l'*n finale* se fait sentir comme si elle étoit suivie d'un *e muet*.

A la fin des noms et des adjectifs, *en*, précédés de *i*,

forment un *e nasal. Bien*, *lien*, *maintien*, *soutien*, *Galien*....
*ancien*, *quotidien*.... ( Voy. p. 4. )

Mais dans les noms, les adjectifs, lorsque *ien* sont suivis
d'une consonne, alors *en* forment un *a nasal. Client*, *expé-
dient*, *ingrédient*, *orient*, *quotient*, *récipiendaire*.... *efficient*,
*patient*, *émollient*....

*U* a le son de l'*o*, et *um* se prononcent *ome* à la fin de
plusieurs noms. *Album*, *decorum*, *forum*, *geranium*, *lauda-
num*, *maximum*, *minimum*, *opium*, *palladium*, *pallium*,
*post-scriptum*, *retentum*, *sternum*, *te Deum*, *ultimatum*,
*veni mecum*, se prononcent *albome*, *décorome*....

La même prononciation des lettres *um* a lieu lorsque, dans
le même mot, elles sont suivies de la consonne *v. Triumvir*,
*triumvirat*, *duumvir*, *centumvir*....

*Um*, *un* composent l'*o nasal* dans *junte*, *nuncupatif*,
*résumpté*, *rumb*, *le Sund* (on doit faire entendre *p*, *b* et *d*).

Tous les *e muets* qu'on prononce ne sont pas écrits. Il y
en a qui se font nécessairement entendre après toute consonne
qui se prononce sans être suivie, dans le même mot, d'une
voyelle écrite. Par exemple, il y a un *e muet* de prononcé à
la fin de chacun des mots *animal*, *mer*, *coq*.

Il y en a aussi un, très-peu sensible à la vérité, après *b*,
dans *bras*; après *d*, dans *admirer*; après *f*, dans *flux*; après
*g*, dans *gloire*; entre *m* et *n*, dans *Mnémosyne*, et après *p*,
dans *psaume*....

*Résumpté*, *rumb*, *le Sund*, se prononcent comme s'il y
avoit *résompeté* (on fait sentir très-peu l'*e* pénultième),
*rombe*, *sonde*.

*B* se prononce dans les noms propres *Achab*, *Caleb*, *Jacob*,
*Joab*, *Job*; dans *radoub*, *rob* (suc épaissi d'un végétal),
*rumb*, à l'aide de l'*e muet* qui ne s'écrit pas, et que nous
supposons placé après *b final*.

On ne prononce point cette lettre dans *plomb*, et l'on ne
prononce qu'un *b* dans *abbé*, *rabbin*, *sabbat*, leurs dérivés,
et *Abbeville*.

*C* final ne sonne point dans *accroc*, *broc*, *croc*, *escroc*, *clerc*, *franc*, *jonc*, *marc*, *tabac*, *tronc*.

*C* est muet dans *lacs*.

Dans le corps d'un mot, *c*, suivi d'un *c dur*, ne se prononce point. *Accablement*, *accompagner*, *accourir*, *acquitter....* prononcez *acablement.... aquitter.*

Mais suivi d'un *c doux*, *c* se prononce *dur*. *Accessoire*, *accident.*

*C* de *donc* se prononce comme *k* au commencement d'une phrase, ou lorsque ce mot est suivi d'une voyelle. *J'ai raison*, donc *vous avez tort. Votre affaire est* donc en bon état.

Si le mot qui suit *donc* commence par une consonne, le *c* ne se prononce point. *Votre affaire est* donc *sur le point d'être terminée*; prononcez: *votre affaire est* don *sur le point d'être terminée*.

*C* se prononce comme *g dur* dans *seconde* (nom), *second*, *secondaire* (adjectifs), *seconder* (verbe).

*D* se fait entendre à la fin des noms propres *Joad*, *Obed*, *David*; dans *Éphod*, *Talmud*; mais il ne sonne point dans *gond*, *muid*, *nid*.

*D* final ne sonne point quand le mot suivant commence par une consonne; mais il se lie comme *t* avec la voyelle qui seroit la première lettre du mot suivant. *Il* entend à *demi-mot*, *vous lui parlerez* quand il *reviendra*; prononcez : *Il entent à demi-mot*, *vous....* quant il *reviendra.*

Quand deux *d* sont écrits de suite, on les prononce. *Addition.... adducteur*, *reddition.*

*F* ne se prononce point dans *clef*, *cerf*, *nerfs* (pluriel de *nerf*), *bœufs* (plur. de *bœuf*), *œufs* (plur. de *œuf*), *neufs* (adj. plur.).

Quand deux *f* sont écrites de suite, on n'en prononce qu'une. *Affaire*, *effacer*, *raffiner*, *raffoler*, *sifflet.*

Nous avons vu, p. 9, que *u*, placé entre *g* et l'une des voyelles *e*, *i*, donne au *g* le son dur qu'il a avant *a*, *o*, *u*.

Cependant dans quelques mots, à la suite de *g*, la lettre *u* a sa valeur propre comme voyelle. C'est ce qui a lieu dans *aigu, aiguë, ambigu, ambiguë, ambiguïté, argüer, rédargüer, ciguë, contigu, contiguë, contiguïté, exigu, exiguë, exiguïté.*

*U* a encore sa valeur propre, comme faisant partie de la diphthongue *ui*, dans *aiguillade, aiguille, aiguillée, aiguillier, aiguillette, aiguilletter, aiguillettier, aiguillon, aiguillonner, aiguiser, aiguisement, consanguinité* (1), *sanguification, Le Guide, Guise, inguinal.*

*G* final se prononce comme *g dur* dans *Agag, Doeg*, dans *zigzag*, et un peu moins dur dans *joug.*

*G* est muet dans *doigt, legs, signet, vingt.*

*G* final est muet dans *étang, hareng, faubourg, poing, rang, sang, seing.*

Quand dans *long, rang, sang*, on doit lier *g* avec une voyelle qui suit, on donne au *g* le son du *k. Le* long (lonk) *hiver!*

*L* finale se prononce ordinairement. On ne prononce point cette lettre dans *baril, chenil, coutil, fournil, fusil, outil, persil, soûl, sourcil*, ni dans *gentil*, quand ce mot est suivi d'une consonne : *genti garçon.* Mais si cet adjectif est suivi d'une voyelle, on mouille *l. Gentil enfant, gentilhomme.*

Dans le pluriel de ce nom composé et dans *fils*, la lettre *l* est muette. *Gentilshommes* et *fils* se prononcent *gentishommes, fis.*

Dans un très-grand nombre de mots, on ne prononce qu'une *l* sur deux qui composent l'articulation. *Balle, halle, stalle, libelle, pelle, sentinelle, codicille, pupille, ville, colle, collier, bulle....* Voici les mots où les deux *l* se prononcent.

---

(1) Quoique dans les autres mots de la même famille l'*u*, absolument muet, ne serve qu'à donner au *g* le son dur. *Sanguin, sanguinaire, sanguinolent* (Voy. p. 9).

Quand *ill* commencent le mot, on prononce les deux *l*. *Illégal*..... *illégitime*..... *illettré*, *illicite*, *illimité*, *illumination*.... *illusion*.... *illustre*....

On prononce aussi les deux *l* dans *allégorie*.... *allocution*, *allusion*, *appellatif*, *belligérant*, *belliqueux*, *collaborateur*, *collateur*.... *collatéral*, *collationner*, *collecte*, *collecteur*, *collectif*, *collision*, *collocation*, *colloque*..... *collusion*..... *constellation*..... *gallicane*, *millénaire*, *nullité*, *parallaxe*, *pellicule*, *sibyllins*, *vaciller*.....

*M* est muette dans *automne*, *damner* et ses dérivés. Prononcez *autone*, *daner*....

Dans beaucoup de mots où deux *m* sont écrites de suite, on n'en prononce qu'une. *Commander*, *commencer*, *communauté*, *dommage*.....

*M* finale conserve le son nasal dans quelques mots ( Voy. pag. 5 ).

A l'aide de l'*e muet* qui se fait entendre sans être écrit, *m* finale se prononce dans *Abraham*, *Amsterdam*, *Harlem*, *hem*, *idem*, *item*, *Jérusalem*, *requiem*, *tu autem*, *Ephraïm*, *intérim*, *platatim*, *Sélim*.

A l'aide du même *e*, les deux *m* se prononcent dans les noms propres *Ammien*, *Ammon*, *Emmanuel*, et dans les mots qui commencent par *imm* : *immaculé*, *immanquable*, *immémorial*, *immense*, *immobile*, *immoler*.....

A l'aide du même *e*, *m* se prononce dans *amnistie*, *Agamemnon*, *Clytemnestre*, *décemvir*, *décemvirat*, *gymnase*.... *hymne*, *automnal*, *calomnie*.... *somnambule*, *somnifère*, *indemnité*, *indemniser* (dans ces deux mots, l'*e* qui précède *m* a le son de l'*a* ).

Dans beaucoup de mots où deux *n* sont écrites de suite, on n'en prononce qu'une. *Année*, *annoncer*, *banni*, *canonner*, *étonnement*, *honneur*, *pensionnaire*....

On prononce les deux *n* dans *annales*, *annate*, *annexe*.... *annihiler*, *annuité*, *annuler*, *cannibale*, *connivence*......

*connotatif, empenné, ennéagone, inné, innover.... triennal, décennal....*

*P* est muet dans *baptême, baptiser; baptistaire, exempt, exempter, compte, prompt* (dans ce mot et ses dérivés, c'est le second *p* qui est muet), *sept.... temps....*

Dans plusieurs mots où deux *p* sont écrits de suite, on n'en prononce qu'un. *Appartenir, approuver, frapper, nappe, rappel.....*

*P* se prononce dans *baptismal, exemption, contempteur, impromptu, rédempteur, scepticisme.... septante, septembre, septenaire, septentrion..... septuagénaire, septuagésime, septuple, somptueux.... symptóme....*

Le *p* de *dompter* et de ses dérivés ne se fait sentir que dans la prononciation soutenue.

Dans *camp, champ, drap, galop, loup, sirop, p* final ne se fait point entendre. Ce *p* sonne dans *Alep, cap, cep, Gap, jalap, julep;* il se prononce dans *beaucoup* et *trop,* suivis d'une voyelle.

*R* finale, précédée de l'une des voyelles *a, ai, i, o, u, eu, ou,* ou de la diphthongue *oi,* se prononce toujours. *Char, air, soupir, trésor, azur, rigueur, labour, devoir.* Il n'y a d'excepté que *monsieur,* où *r* est absolument muette.

Quant aux noms où *e* précède *r,* cette consonne se prononce dans *Abner, amer, belvéder, cancer, cher, cuiller, enfer, Esther, éther, fer, fier, frater, gaster, hier, hiver, Jupiter, Lucifer, mâchefer, magister, mer, Munster, le Niger, outremer, taler, pater, ver.*

Mais dans les noms *archer, bûcher, clocher, cocher, danger, fouiller, groseillier, maraîcher, nocher, oranger, oreiller, pailler, péager, pêcher, plancher, porcher, potager, poulailler, rocher, verger,* dans quelques mots ayant le féminin comme *berger, boucher, boulanger, horloger, passager.....* dans plusieurs centaines de noms en *ier* et dans le présent de l'infinitif de tous les verbes de la première conjugaison, la lettre finale *r* ne sonne point, et l'*e* qui précède a le son de l'*e fermé*.

Mais dans le discours soutenu et dans les vers, on doit faire sentir *r* lorsque le mot suivant commence par une voyelle ou une *h muette*.

Les noms précédens, employés au pluriel, sont terminés en *ers* ou *iers*, terminaisons qui ne peuvent donner lieu que de prononcer l'*e fermé*.

*Les* abricotiers *sont en fleur. Les* boulangers *ont reçu l'ordre de cuire.*

Dans la plupart des mots où deux *r* sont écrites de suite, on n'en prononce qu'une. *Arracher, arrangement, arrondir, arrosoir, barreau, barricader, carreau, corridor, corriger, désarroi, guerre, larron, parrain, serrure.....*

On prononce les deux *r* dans les mots qui commencent par *irr*. *Irradiation, irréconciliable, irréductible, irréligion, irréparable, irrésolu.....* dans les mots *aberration, corrégidor, errer..... horreur..... pyrrhonisme..... terreur..... torride;* dans les futurs et dans les conditionnels présents des verbes *acquérir, courir, mourir* ( Voy. p. 106, 107 et 108 ).

Dans la plupart des mots, *s*, placée entre deux voyelles ( celles qu'on représente par *a, e, i, o, u, y* ), représente *z*.

*S* a aussi le son du *z* avant *b* dans *presbytère;* avant *d*, dans *Asdrubal;* après *l*, dans *Alsace...,. balsamine, balsamique;* après *a* nasal, dans *transaction, transalpin, transiger, transit, transition, transitif..... transitoire.*

*S* finale, suivie d'un mot avec lequel elle doit s'unir dans la prononciation, a le son du *z*.

Cette lettre finale est muette, si le mot suivant commence par une consonne.

Quelques mots sont exceptés. *S* finale se prononce toujours dans *as, vasistas, aloès, kermès, diésis, lis* ( l'*s* de *lis* ne se prononce point dans *fleur de lis* ), *pubis, vis, Albinos, pathos, rhinocéros, argus, bibus, blocus, calus, chorus, hiatus, motus, obus, olibrius, palus, Phébus, prospectus, quibus* ( kuibus ), *rébus, sinus, us.*

On prononce de la même manière *s* finale dans les noms propres hébreux, grecs et latins, adoptés dans notre langue. *Joas, Josias, Agésilas, Epaminondas, Pallas, Phidias, Cérès, Périclès, Osiris, Thémis, Atropos, Minos, Paros, Bacchus, Vénus, Momus, Romulus, Fabius, Marius.....*

*Sc*, suivis d'un *e* ou d'un *i*, ont le son du *c doux*. *Scène, science.*

Quand *sc* sont suivis de *a*, de *o*, de *u* ou d'une consonne, toutes les lettres du mot se prononcent. *S* sonne à l'aide de cet *e muet*, dont nous avons parlé pag. 309, que l'on prononce sans qu'il soit écrit. *Scabieuse, scorbut, sculpture, scribe.*

Le *t* initial conserve toujours sa prononciation propre; mais, dans le corps des mots, *t*, suivi de *i* et d'une autre voyelle, a le son du *c doux* dans les adjectifs en *tial, tieux* : *initial, partial, nuptial.... captieux, contentieux, séditieux....* dans les mots en *atie, étie, itie, utie* : *théocratie, démocratie, suprématie..... prophétie, facétie..... impéritie..... minutie.....* dans *Béotie, ineptie* et *inertie ;* dans les verbes *balbutier, initier*, et leurs dérivés; dans presque tous les noms en *tion ;* il n'y a d'exceptés que ceux où la terminaison *tion* est précédée de *s* ou de *x*.

Ainsi, *t* a la prononciation du *c doux* dans plusieurs centaines de noms en *tion*, et ne conserve sa prononciation propre que dans douze noms. *Bastion, gestion, congestion, digestion, indigestion, suggestion, mixtion, immixtion, question, ustion, adustion, combustion.*

*T* se prononce encore comme *c doux* dans les noms propres en *tien*. *Capétien, Dioclétien, Egyptien, Gratien, Potentien, Rogatien, Vénitien ;* dans les noms communs : *quotient, patience*, et ses dérivés, *patient, patiemment, patienter....*

Dans beaucoup de mots où deux *t* sont écrits de suite, on n'en prononce qu'un. *Attribut, battoir, quitter, trottoir....*

mais on prononce les deux *t* dans *Attique*, *atticisme*, *batto-logie*, *guttural*, *pittoresque*.

*T* final est muet dans *aspect*, *circonspect*, *respect*, *suspect*; mais il se fait entendre dans *aconit*, *brut*, *correct*, *direct*, *dot*, *fat*, *granit*, *indult*, *lest*, *prurit*, *rapt* (le *p* et le *t* se font entendre), *rit*, *zénith*, *zist*, *zest*, et dans *accessit*, *déficit*, *introit*, mots purement latins.

Dans *le Christ*, on prononce *st*.

Si le mot *Christ* est précédé de *Jésus*, les deux lettres *st* sont muettes.

### Remarques sur x.

Nous n'avons point mis *x* au nombre des consonnes, parce que cette lettre n'a point de son qui lui soit propre.

Nous considérerons *x* au commencement, à la fin et dans le corps des mots.

*X* initial doit être prononcé avec sa valeur primitive *cs*. *Xantippe*, *Xercès*.

Il faut excepter quelques mots devenus plus communs, où la prononciation a été adoucie par l'usage, comme *Xavier*, *Xénophon*, qui se prononcent *Gzavier*, *Gzénophon*.

Tantôt *x* final ne se prononce point. *Deux ducats*, *six francs*, *chevaux fringants*, *beaux meubles*.

Tantôt *x* final se prononce comme *z*. *Chevaux ombrageux*, *heureux enfants*, *six aunes*.

Tantôt *x* final se prononce comme *c doux*. *Coccix* (coccice), *six*, *dix et un font* dix-sept (sice, dice et un font dice-sept).

Mais *x* final a sa valeur primitive dans *Ajax*, *Astyanax*, *borax*, *Essex*, *index*, *larynx*, *lynx*, *onyx*, *phénix*, *Pollux*, *préfix*, *sphinx*, *Styx*, *thorax*....

Dans le corps des mots, *x* a différentes valeurs.

*X* a le son du *z* dans *deuxième*, *sixain*, *sixième*, *dixième*, *dix-huit*, *dix-neuf* (*deuzième*.... *diz-huit*, *diz-neuf*).

*X* équivaut à *c doux* dans *soixante*, *soixantaine*, *soixan-*

*tième*, *Auxerre*, *Auxonne*, *Bruxelles*; prononcez *soiçante*....
*Aucerre*..... (cependant *Auxerrois* se prononce *Aucserrois*).

*X*, suivi du *c doux*, a le son du *c dur*.

*Excellence*, *exciter*..... prononcez *eccellence*, *ecciter*.

*X* est l'équivalent de *gz*, quand, précédé de *e* initial, il est suivi d'une voyelle ou de *h*.

*Examen*, *exercice*, *exorde*, *exhalaison*, *exhumer*..... prononcez *egzamen*.... *egzhalaison*.

La lettre *h* et les particules *in*, *co*, qui précéderoient *ex*, n'empêchent pas que *x* ne doive être prononcé comme *gz*.

*Hexamètre*, *inexact*, *coexistence*, se prononcent *egzamètre*, *inegzact*, *coegzistence*.

Lorsque, dans le corps d'un mot, *x* ne tient lieu ni de *z*, comme dans *deuxième*, ni de *c doux*, comme dans *soixante*, ni de *c dur*, comme dans *excellence*, ni de *gz*, comme dans *examen*, il a sa valeur primitive, et tient lieu de *cs*.

*Auxiliaire*, *axe*, *excuse*, *exploit*, *sexe*..... qu'on prononce *aucsiliaire*, *acse*, *ecscuse*, *ecsploit*, *secse*....

### *De la prononciation des adjectifs numéraux.*

Qu'on se rappelle ici que *g* est muet dans *vingt*, que *p* est muet dans *sept*, et qu'ainsi ces adjectifs numéraux peuvent être considérés comme s'ils étoient écrits *vint*, *set*.

Quand, après l'adjectif numéral, il suit un nom qui commence par une consonne, on ne prononce pas la consonne finale de l'adjectif numéral. *Cinq guinées*, *sept louis*, *huit ducats*, *neuf roubles*, *dix francs*, *vingt sous*, se prononcent *cin guinées*, *sè louis*, *hui ducats*, *neu roubles*, *di francs*, *vin sous*.

Quand il suit un nom qui commence par une voyelle, on prononce la consonne finale de l'adjectif numéral. *Cinq écus*, *sept écus*, *huit écus*, *dix écus*, *vingt écus*.

Quand l'adjectif numéral *neuf* est suivi d'un nom qui commence par une voyelle, ce n'est pas *f* qui se lie avec la voyelle;

*f* se change en *v*. *Neuf écus* , *neuf heures ;* prononcez *neuv écus* , *neuv heures.*

La consonne finale de l'adjectif numéral se fait entendre quand il n'est pas suivi d'un substantif, ou qu'il est employé comme substantif lui-même. *Argent placé à* cinq *pour cent.* *Le* sept *de carreau manquoit à ce jeu. Ils étoient* huit *à table ; sur la fin du repas , ils se sont trouvés* dix. *Posez le* six *sous le* neuf.

On prononce *vingt* comme *vin* dans ces phrases : *Placer son argent au denier* vingt. *C'est trop de gagner* vingt *pour cent.*

Mais *t* se fait entendre depuis *vingt-et-un , vingt-deux* (vinte-deux).... jusqu'à *vingt-neuf* inclusivement.

Ensuite *t* redevient muet dans *quatre-vingt, quatre-vingt-un , quatre-vingt-deux....*

### DIPHTHONGUES DE LA LANGUE FRANÇOISE.

*Remarque sur les diphthongues* ié, ion, *considérées dans les temps des verbes.*

Lorsque l'*i* qui précède l'*e fermé* ou l'*o nasal* n'appartient pas à la terminaison, comme cela a lieu au présent de l'infinitif, au participe, au présent de l'indicatif et à l'impératif, les deux voyelles consécutives *i é, i on,* font deux syllabes en vers, et ne font diphthongue qu'en prose. *Etudi er, étudi é; n. étudi ons , v. étudi ez ; étudi ons , étudi ez ; n. ri ons , v. ri ez ; ri ons , ri ez.*

Mais lorsque l'*i* qui précède l'*e fermé* ou l'*o nasal* appartient à la terminaison, comme cela a lieu à l'imparf. de l'indicatif, au conditionnel présent, au prés. et à l'imparf. du subjonctif, les deux voyelles consécutives *i é, i on,* ne font qu'une syllabe en vers et en prose.

*N. li sions , v. li siez ; n. li rions , v. li riez ; que n. li sions, que v. li siez ; que n. lus sions, que v. lus siez.*

*N. étudi ions, v. étudi iez ; n. étudi rions , v. étudi riez ; que*

*n.* étudi ions, que *v.* étudi iez ; que *n.* étudias sions, que
*v.* étudias siez.

Cependant lorsque deux consonnes doivent être prononcées avec cet *i*, comme cela arrive à l'imparfait de l'indicatif,
*n.* ouvri ons, *v.* offri ez, et au conditionnel, *n.* recevri ons,
*v.* rendri ez, il ne peut plus y avoir de diphthongue.

*IA.* Diable, fiacre, liard, Naïade, payable.

*IÉ.* Amitié, métier, pied, piéton, *v.* donniez, *v.* donneriez...

*IÈ.* Assiette, avant-hier, bréviaire, ciel, fièvre, lumière,
pièce, miel, nièce, siècle.

*IO.* Babiole, fiole, pioche.

*IÓ.* Loyauté, royaume.

*IEU.* Cieux, Dieu, lieu, monsieur, mieux, pieu, vieux.

*IAN.* Faïence, fiente, viande.

*IEN.* Bien, chrétien, maintien, il tient, il vient.

*ION.* Rayon, *n.* donnions, *n.* donnerions.

*OÈ.* Moelle, poéle, poêlon.

*OI.* Le premier son qui se fait entendre dans cette diphthongue est le son de l'*o*, le second est celui de l'*a* ou celui
de l'*e ouvert*, approchant du son de l'*a. Mois, noix, oiseau,
roi, soie.

*OIN.* Besoin, coin, foin, jointure, poing, pointer.

*UA*, représentant le son de la voyelle *ou* et celui de l'*a.
Aquatique, équateur, équation, quadrupède, quadruple.....
qu'on prononce *akouatique*.....

*UÉ.* Liquéfaction, où *qué* se prononce *kué*.

*Nota.* Dans *liquéfier*, *qué* se prononce *ké*.

*UÈ.* Ecuelle, équestre, questeur, mots où *que* se pron. *kuè*.

*UI.* Aiguille, aiguillon, aiguiser, cuir, étui, huit, luisant, pituite, puits.

*UIN.* Juin, quintuple, où *quin* se prononce *kuin*, suinter.

*OUA.* Fouailler.

*OUÈ.* Fouet, girouette, ouest, ouais !

*OUI.* Cambouis, fouine, oui.

*OUIN.* Babouin, baragouin, chafouin.

Entre ces combinaisons de voyelles, la combinaison *oi* est la seule qui puisse être toujours diphthongue, lorsque la première voyelle est précédée de deux consonnes qui doivent être prononcées avec cette première voyelle. Ainsi *oi* est diphthongue dans *Blois*, *cloison*, *croix*, *droit*, *froid*, *ployer*, *proie*, *trois*.

Dans plusieurs mots, la combinaison *ui* est diphthongue après deux consonnes qui doivent être prononcées avec *u*. *Ui* est diphthongue dans *bruit*, *construire*, *fruit*, *pluie*, *truie*.

Mais dans *dru i de*, *flu i de*, *ui* font deux syllabes.

Il ne peut y avoir de diphthongue dans *il oublia*, *triage*, *bouclier*, *sanglier*, *v. recevriez*, *v. rendriez*, *prière*, *brioche*, *industrieux*, *client*, *friand*, *Bactrien*, *triomphe*, *n. recevrions*, *n. rendrions*, *troëne*, *groin*, *obstrué*, *bluette*, *brouet*, *ébloui*.

Souvent même les combinaisons de voyelles *ia*, *iè*..... ne sont pas diphthongues, quoiqu'elles ne soient précédées que d'une seule consonne dans la même syllabe.

Par exemple, *ia* n'est pas diphthongue dans *diamètre*, *vicariat*; il en est de même de *iè* dans *hier*, *kyrielle*, de *oë* dans *Noël*, de *oin* dans *coïncider*, de *uè* dans *annuel*, de *ui* dans *annuité*, *continuité*, *contiguïté*, *ingénuité*, *perpétuité*.

Dans plusieurs mots, les combinaisons de voyelles consécutives *ia*, *ié*, *iè*, *io*, *ieu*, *ian*, *ien*, *ion*..... ne sont diphthongues qu'en prose. Chacun des mots *diamant*, *piété*, *essentiel*, *niaiserie*, *violette*, *violon*, *miauler*, *officieux*, *pieux*, *précieux*, *patience*, *science*, *lien*, *académicien*, *lion*, *passion*, *nuage*, *casuel*, *luette*, *ruine*, *rouage*, *alouette*.... fournit en vers une syllabe de plus qu'en prose.

## DES SIGNES ORTHOGRAPHIQUES.

Oɴ appelle ainsi certaines figures qui sont relatives à l'orthographe.

Nous mettons au nombre des signes orthographiques de la langue françoise, les accents, le tréma, l'apostrophe, la cédille, les consonnes euphoniques, le trait d'union, les lettres capitales, les différentes marques qui servent à la ponctuation.

### Des accents.

Les accents sont des signes orthographiques qui indiquent ordinairement des variations dans la prononciation des lettres destinées à représenter les voyelles. Par exemple, à l'aide des accents, on prononce de trois manières différentes la syllabe *gres* dans *tigres*, *degrés*, *progrès*.

### Emploi de l'accent aigu.

On met ordinairement l'accent aigu sur l'*e fermé*. *Dé*, *déshabillé*, *éclat*, *écrit*, *pensée*, *réunion*, *vérité*.

### Exceptions.

On n'accentue point l'*e fermé* lorsque, dans la même syllabe, il est immédiatement suivi de *d*, de *f*, de *r*, de *z*, comme dans *pied*, dans *clef*, dans *effacer*..... *métier*, *nez*, *assez*, *donnez*....

On ne met pas non plus l'accent aigu sur l'*e fermé*, lorsqu'il est immédiatement suivi de *ss* ou de *sc*, comme dans *descendre*, *ressusciter*, *ressuyer*.

21

Nous pensons qu'il vaudroit mieux accentuer le premier *e* de ces mots; l'accent aigu empêcheroit qu'on ne le prononçât comme l'*e muet* des mots *ressembler*, *ressort*, *ressource*.

*Emploi de l'accent grave et de l'accent circonflexe sur l'*e ouvert.

Dans un grand nombre de mots, l'*e ouvert* prend l'accent grave ou l'accent circonflexe, avec cette différence que l'accent circonflexe se met sur l'*e ouvert* de quelque manière qu'il soit représenté, ou par *e*, ou par *ai*, ou par *oi*, et seulement lorsqu'il est long, au lieu que l'accent grave se met sur l'*e ouvert*, seulement lorsqu'il est représenté par *e*.

*Emploi de ces accents sur l'*e ouvert *représenté par* e *dans les monosyllabes et les dernières syllabes.*

On met l'accent grave sur l'*e ouvert* dans les quatre monosyllabes *grès*, *dès*, *près*, *très*, et dans les dernières syllabes de tous les mots où cette voyelle est suivie de *s*. *Abcès*, *accès*, *aloès*, *après*, *auprès*, *Cérès*, *congrès*, *cyprès*, *décès*, *excès*, *exprès*, *Hermès*, *kermès*, *procès*, *profès*, *progrès*, *regrès*, *succès*.

On met l'accent circonflexe sur *e ouvert* dans les mots suivants, où cette voyelle est suivie de *t final*. *Apprêt*, *arrêt*, *benêt*, *forêt*, *genêt*, *intérêt*, *prêt* ( nom ), *prêt* ( adjectif ), *protêt*, *têt*.

*Emploi de ces accents sur l'*e ouvert *représenté par* e *au commencement et dans le corps des mots.*

1° Au commencement et dans le corps des mots, on n'accentue point cette voyelle lorsqu'elle n'est point la dernière lettre de sa syllabe.

*Den* tel *le*, *es* pace, *reg* nicole, *sa* ges *se*, *trom* pet *te*.

C'est par suite de cette règle que l'on ne met jamais d'accent sur *e* suivi de *x*, parce que des deux consonnes auxquelles *x* équivaut, l'une appartient à la syllabe où se trouve l'*e* qui précède *x*.

Les mots *sexe*, *examen*, sont la même chose que *sec se*, *eg zamen*.

Ainsi l'*e ouvert* ne se trouve pas la dernière lettre de sa syllabe.

2° On accentue l'*e ouvert* quelconque représenté par *e*, lorsqu'il est ou la seule lettre, ou la dernière lettre de sa syllabe.

Ainsi on l'accentue dans è *re*, *mo* dè *le*, *pla* nè *te*, rè *gne*, et dans ê *tre*, grê *le*, *tem* pê *te*.

On voit qu'il est facile de savoir si un *e ouvert* doit être accentué ou non : mais quand faut-il mettre l'accent circonflexe? quand faut-il employer l'accent grave? On pourra s'aider des règles suivantes :

1° On met l'accent circonflexe sur l'*e ouvert* long représenté par *e*, lorsque la syllabe qui le suit immédiatement commence par *ch*, *l*, *m*, *n*, *p*, *pr*, *qu*, *t*, *tr*, *v*, comme dans *bêche*.... *dépêche*.... *empêcher*.... *évêché*.... *pêche* ( fruit ).... *pêche* ( action de pêcher ) .. *pimbêche*, *prêcher*.... *revêche*, *bêler*... *fêler*, *frêle*, *grêle* ( nom ).... *grêle* ( adj. ), *mêler*, *pêle-mêle*, *poêle*.... *vêler*, *baptême*, *blême*.... *carême*..., *chrême* ( saint ), *extrême*, *même*, *suprême*, *alêne*, *chêne*.... *frêne*, *gêner*.... *pêne*, *rêne*, *troêne*, *crêpe*.... *guêpe*.... *vêpres*, *évêque*... *apprêter*, *arête*, *arrêter*, *bête*...... *conquête*, *crête*, *enquête*, *fête*.... *honnête*.... *prêter*.... *quête*.... *requête*, *tempête*.... *tête* ... *vêtir*.... *ancêtres*, *champêtre*, *chevêtre*.... *empêtrer*, *dépêtrer*, *être*, *fenêtre*.... *guêtre*.... *hêtre*, *prêtre* ... *salpêtre*.... *endêver*, *rêve*....

On excepte les noms propres terminés en *ème* ou en *ène*, comme *Polyphème*, *Athènes*, *Diogène*, *Mécène*; le nom commun *zèle*, et quelques autres communs en *ème* et en *ène*, où l'*e ouvert* long ne prend que l'accent grave.

Dans tous les mots où *e ouvert* représenté par *e*, seule ou

dernière lettre de sa syllabe, ne prend point l'accent circonflexe, il prend l'accent grave.

*Ils donnèrent, bibliothèque, caractère, célèbre, collègue,
diamètre, ébène, fièvre, glèbe, lèpre, mètre, nèfle, orfèvre,
phénomène, réverbère, sphère, thèse, visière....*

*Emploi de l'accent grave sur d'autres voyelles que l'e ouvert.*

On met l'accent grave sur *à* ( préposition ), pour distinguer
cette préposition de *a* du verbe *avoir.*

On met l'accent grave sur *a* dans *çà* ( interj. ou adverbe).
*Çà, travaillons bien. Venez çà.*

On met l'accent grave sur *a* de l'adverbe *là*, pour distinguer ce mot de *la* ( article ou pronom ).

*Vous n'avez pas vu la procession. Allez là; vous la verrez
passer.*

Les adverbes *çà, là*, se joignent par *et*. *Çà et là* signifient
*de côté et d'autre.*

*Remarque.* *A* dans *là* prend l'accent grave presque partout
où cette particule entre dans la composition des mots. Il n'y
a d'excepté que le pronom démonstratif *cela.*

On écrit avec l'accent grave *celui-là, celle-là..... de là,
au-delà, voilà, holà* ( interjection, adverbe ou nom ), *déjà*
et *jà*, vieux mot qu'on employoit pour *déjà.*

La lettre *u* prend l'accent grave dans *où* ( pronom ou adv.
de lieu ).

*Le siècle où nous vivons. Où allez-vous* (1)?

Mais on écrit sans accent grave *ou* ( conj. ). *Vous ou moi.
La ville ou la campagne.*

---

(1) Lorsqu'on doit accentuer une voyelle représentée par deux
lettres, c'est sur la seconde que l'accent doit être placé, à moins
que cette seconde lettre ne soit *n*, comme dans les nasales longues
*fûmes, fûtes, fût.*

*Emploi de l'accent circonflexe sur l'e ouvert représenté par* ai, oi.

On met l'accent circonflexe sur *e ouvert* représenté par *ai, oi,* dans les verbes en *aître,* en *oître,* lorsque cette voyelle est suivie de *tr.* On met aussi l'accent circonflexe sur *ai, oi,* à la troisième personne du singulier du présent de l'indicatif des mêmes verbes et des verbes *plaire, complaire, déplaire,* où l'*e ouvert* long est suivi du *t* final.

*Si vous vous en mêlez, il y* paroîtra. *Le troupeau* paît *dans la plaine. Cet homme se* connoît *en tableaux. Quand on se* complaît *dans tout ce qu'on dit, on* déplaît *à tout le monde.*

On met encore l'accent circonflexe sur *e ouvert* long, représenté par *ei,* dans *reître;* par *ai,* dans *aîné... chaîne.... faîne, faîte, fraîcheur.... maître.... traîner.... traître.*

*Emploi de l'accent circonflexe sur les autres voyelles longues.*

La pénultième longue des terminaisons propres au parfait défini prend l'accent circonflexe : *âmes, âtes; îmes, îtes; ûmes, ûtes; înmes, întes.*

A l'imparfait du subjonctif, on met l'accent circonflexe sur la voyelle longue suivie de *t final : ât, ît, ût, înt.*

On met l'accent circonflexe sur la voyelle longue, suivie de *t final,* dans *appât, bât, dégât, mât;* dans *il gît, il clôt, il éclôt;* dans *dépôt, entrepôt, impôt, suppôt, prevôt.... rôt.... tôt,* et ses composés, *aussitôt, bientôt, tantôt;* dans *affût, fût* (nom), *août, coût, goût, moût.*

On met l'accent circonflexe sur *u* dans *dû* (nom ou participe), *mûr* (adjectif), *sûr* (adj. qui signifie *certain*)... et *soûl* (adj.).

*Emploi de l'accent circonflexe sur les autres voyelles longues,*
*au commencement ou dans le corps des mots.*

### REMARQUE PREMIÈRE.

Au commencement et dans le corps des mots qui ont plus d'une syllabe, on ne met guère l'accent circonflexe sur une voyelle longue, à moins que, seule, elle ne fasse une syllabe, comme *â* dans *âge*, ou qu'elle ne soit la dernière lettre de sa syllabe, comme *ô* dans *détrôner*.

Ainsi, on n'accentue point *a* long dans *affres*, *barre*, *basse*, *casse*, *classe*, *damner*, *condamner*, *flamme*, *manne*, *nasse*, *tasse*; ni *o* long dans *endosser*, *fosse*, *grosseur*.

Il n'y a d'exceptés que les mots suivants : *bâiller*, *bâillement*, *bâillon*, *bâillonner*, *châsse*, *enchâsser*, *enchâssure*, *châssis*, où *a* long prend l'accent circonflexe, quoique cette voyelle ne soit pas la dernière lettre de sa syllabe.

On met cet accent sur l'*a* de *bâiller*, sur celui de *châsse*, pour empêcher qu'on ne confonde ces mots avec *bailler* (donner), *chasse* (action de *chasser*).

### REMARQUE SECONDE.

Dans un grand nombre de mots, on ne met aucun accent sur les voyelles longues, quoiqu'elles soient les dernières lettres des syllabes où elles se trouvent. Par exemple, *a* est long dans *cadre*, *délabrement*, *fable*, *gagner*, *miracle*, *rafle*, *rare*, *sable*, *sabre*; *o* est long dans *alcove*; *u* est long dans *verdure*. Toute pénultième suivie de *ze* ou de *se* est longue : *gaze*, *extase*, *vase*, *bise*, *surprise*, *dose*, *rose*, *muse*, *ruse*, *brodeuse*, *scabieuse*, *pelouse*, *ventouse*; et cependant aucune de ces voyelles longues n'est accentuée.

Puisque toute voyelle longue, ayant la condition requise pour être accentuée, ne prend point l'accent circonflexe, trouvons les mots où les voyelles longues prennent cet accent.

*A* long prend l'accent circonflexe lorsque la syllabe qui suit immédiatem ent commence par *ch*, *l*, *m*, *n*, *p*, *pr*, *qu*, *t*, *tr*, *v*, comme dans *fâcher*.... *gâcher*.... *lâche*.... *mâcher*... *rabâcher*, *tâcher*.... *hâle*. .. *mâle*, *pâle*.... *râle*.... *blâme*.... *pâmer*.... *âne*.... *crâne*, *mânes*, *râpe*.... *âpre*... *câpre*, *Pâques*, *la Pâque*, *bâtard*.... *appâter*.... *bâter*, *bâtir*.... *bâton*.... *châtaigne*.... *château*.... *châtier*.... *gâteau*, *gâter*, *hâte*.... *mâter*, *mâtin*, *pâte*.... *pâtir*, *pâtis*, *pâton*, *pâture*.... *tâter*.... *acariâtre*, *albâtre*, *âtre*, *châtrer*, *douceâtre*, *emplâtre*, *folâtre*.... *idolâtre*.... *marâtre*, *mulâtre*, *opiniâtre*.... *pâtre*, *plâtre*.... *saumâtre*, *théâtre*.... *blanchâtre*, *bleuâtre*, *grisâtre*, *jaunâtre*, *noirâtre*, *olivâtre*, *rougeâtre*, *roussâtre*, *verdâtre*, *hâve*.

On met encore l'accent circonflexe sur *a* long dans *câble*.... *râble*.... *grâce* (cette voyelle est brève dans les dérivés *graciable*, *gracieux*, *disgracier*), *débâcie*.... *âcre*, *bâfre*.... *âge*.

*I* long prend l'accent circonflexe dans *île*.... *dîme*.... *dîner*.... *gîte*.... *épître*.

*O* long prend l'accent circonflexe lorsque la syllabe qui suit immédiatement commence par *l*, *t*, *tr*. *Contrôle*.... *drôle*.... *enjôler*.... *enrôler*.... *fiôler*.... *geôlier*.... *pôle* (*o* n'est pas long dans le dérivé *polaire*), *rôle*.... *tôle*, *trôler*, *clôture*.... *côte*.... *côté*, *hôte*.... *maltôte*, *ôter*, *Pentecôte*, *rôtir*... *apôtre*, *le nôtre*, *le vôtre*, *patenôtre*.

On met encore l'accent circonflexe sur *o* long dans *rôder*.... *dôme*, *fantôme*, *symptôme*, *aumône*, *cône* (*o* n'est pas long dans le dérivé *conique*), *prône*.... *Rhône*, *Saône*, *trône*.... *hôpital*, *il éclôra*....

*U* long prend l'accent circonflexe dans *bûche*.... *embûches*, *brûler*.... *dûment* (adv.), *affûter*, *flûte*.... *mûre* (fruit), *piqûre*.

*Eu* long prend l'accent circonflexe dans *jeûner*....

*Ou* long prend l'accent circonflexe dans *coûter*.... *croûte*.... *goûter*.... *voûte*....

*Emploi de l'accent circonflexe sur les diphthongues longues.*

Comme dans les diphthongues le son de la première voyelle se perd, pour ainsi dire , dans le son de la seconde , il n'y a que cette seconde voyelle qui puisse être longue; aussi c'est sur la seconde voyelle que l'accent circonflexe doit être placé. *Boîte.... cloître.... croître.... goître.... huître , puîné.*

### Du tréma.

Nous avons vu ci-dessus que *ai, ei , oi , au , eu , ou , ain , ein ,* représentent des voyelles ou sons simples, comme dans *haine, peine , foiblesse , Paul , creuset, pelouse , Vulcain , frein.*

Nous avons aussi vu que *oi*, signe composé d'une voyelle , sont aussi le signe d'une diphthongue , comme dans *loi, froidure.*

Mais il arrive souvent que les premières lettres *a , e , o ,* appartiennent à une syllabe, tandis que les secondes lettres *i* et *u* appartiennent à la syllabe suivante.

Or, pour marquer que ces lettres doivent, quand elles appartiennent à des syllabes différentes , être prononcées séparément , on met sur l'*i* ou sur l'*u* (si la première lettre n'est pas un *e*) deux points horizontaux. Exemple : *Haïr, héroïque, Saül, Pirithoüs, Caïn.*

Ces deux points horizontaux sont ce qu'on appelle *tréma.*

Le même mot sert à qualifier la lettre couronnée de deux points : *ï, ü,* s'appellent *i tréma, u tréma.*

Si la première lettre est un *e*, comme cet *e* est toujours *fermé* lorsque les lettres appartiennent à des syllabes différentes, l'accent aigu suffit pour indiquer la séparation. Exemple : *Obéissance, réussite, réintégrer.*

Le *tréma* se met sur *e* dans *Noël*, sur *i* dans *coïncider, ambiguïté.... annuité.... ouïe....* pour faire prononcer ces mots autrement que *moelle, coin, aiguille, s'annuiter, oui.*

Le *tréma* couronne aussi l'*e muet* à la fin des mots *aiguë*, *ambiguë*, *ciguë*, *contiguë*, *exiguë*, afin qu'on ne prononce pas *gue* comme dans *fatigue*.

Comme l'usage ne veut point qu'il y ait d'*a tréma*, ni d'*o tréma*, on se trouve obligé de placer les deux points sur la première voyelle dans *ïambe*, *ïambique*, *ïonique*, *ïota*.

On est aussi obligé de placer les deux points sur la première voyelle dans les verbes *argüer*, *rédargüer*.

En effet, puisque ni la lettre *a*, ni la lettre *o*, ne prennent le *tréma*, il faut que nous écrivions *j'argüai*, *nous argüons*, *je rédargüai*, *nous rédargüons*, pour qu'on ne prononce pas comme dans *je narguai*, *nous narguons*.

Les participes des mêmes verbes doivent aussi être écrits avec l'*u tréma*; car il est clair que dans *argüé*, *rédargüé*, l'accent aigu seul seroit insuffisant pour indiquer la séparation des voyelles *u*, *é*. Si l'on écrivoit sans *u tréma argué*, *rédargué*, ou pourroit prononcer la dernière syllabe comme dans *nargué*.

Placé sur la seconde voyelle, comme dans *haïr*, *héroïque*, *Caïn*, *Noël*, *ouïe*, *aiguë*, le *tréma* détache cette voyelle de la précédente.

Placé sur la première voyelle, comme dans *ïota*, *argüé*, le tréma détache la voyelle qu'il couronne de celle qui suit.

### De l'apostrophe.

Nous savons ce que c'est que l'apostrophe, et nous connoissons l'emploi de ce signe orthographique pour la suppression de *a*, de *e muet*, dans *le*, *la* (article ou pronom); dans *je*, *me*, *te*, *se* (pronoms personnels); dans *ce* (pronom démonstratif); dans *que* (pronom relatif ou absolu).

On remplace aussi par l'apostrophe *e muet* de la préposition *de*, de la particule négative *ne*, de la conjonction *que*, et des autres conjonctions qui se terminent par cette syllabe *que*, comme *lorsque*, *puisque*.... quand le mot qui doit suivre commence par une voyelle ou une *h muette*. J'ai *besoin* d'un *homme qui* n'hésite *point à me suivre* lorsqu'il *me faudra partir.*

*A, e muet*, ne s'élident point dans *le, la* (article), *ce, que*, avant les mots *huit, huitième, huitaine*, et *oui* employé comme nom.

*On nous a remis à* la huitaine. Le huit *du mois*. Puisque huit *ducats vous suffisent, vous les aurez. On a eu bien de la peine à lui faire dire* ce oui-*là.*

*A, e muet*, ne s'élident point dans *le, la* (article), *de, que*, avant les mots *huit, onze, onzième.*

La onzième *année de son règne.* De onze *qu'ils étoient, il n'en est revenu* que huit.

*A, e muet*, ne s'élident pas dans *le, la* (pronom), lorsque ces mots suivent un impératif.

*Renvoyons*-le à *la maison. Accompagnez*-le à *la campagne.*

Mais si le pronom doit être suivi des particules *y*, *en*, l'élision a lieu.

*Puisqu'il veut aller à Paris, faites* l'y *conduire, mais faites* l'en *revenir bientôt.*

*E muet* s'élide dans la préposition *entre*, lorsqu'il suit un des mots *elle, eux, elles.*

*Il y a une grande différence* entr'elle *et sa sœur. Ils se sont partagé la somme* entr'eux.

On dit aussi *entr'acte, s'entr'aimer, entr'ouvrir....*

*E muet* s'élide dans *jusque*, suivi de *à, au, aux, ici, où.*

Jusqu'à *Rome. J'ai veillé* jusqu'au *jour. Il n'est pas* jusqu'aux *enfants qui ne s'en mêlent. Je suis venu* jusqu'ici. Jusqu'où *irons-nous?*

*E muet* s'élide après *quelque*, lorsqu'il suit *un* ou *autre.* Quelqu'un, *quelqu'autre.*

*I* s'élide dans *si*, suivi de *il* ou de *ils.* S'il *vient.* S'ils *viennent.*

Mais il n'y a point d'élision lorsque *si* est mis pour *cependant. Il est très-savant*, et si il *est modeste.*

## De la cédille.

La cédille ( ¸ ) est un signe orthographique qui indique une variation dans la prononciation de la lettre *c*.

On emploie la cédille pour marquer que le *c* doit avoir dans le mot dérivé la même prononciation douce qu'il a dans le mot primitif.

Par exemple, les mots *façade, glaçon, menaçant*, ont pour mots primitifs *face, glace, menacer*.

Sans la cédille, ou il faudroit prononcer dur le *c*, et dire : *facade, glacon, menacant*; ou il faudroit écrire : *fassade, glasson, menassant*.

Avec la cédille, la prononciation et l'étymologie sont conservées, et l'on reconnoît que les mots sont de la même famille.

### Consonnes euphoniques.

Les consonnes euphoniques sont *l, s* ou *t*, que l'on place entre deux mots, dont l'un finit et l'autre commence par une voyelle, afin d'éviter la mauvaise consonnance qui résulteroit de la prononciation consécutive des deux voyelles.

*L* se place souvent devant le mot *on*, spécialement après les mots *si, où, et*.

Si l'on *désire de se promener, on peut aller* où l'on *veut. On ne cesse de faire des imprudences*, et l'on *veut se bien porter*.

Il faudroit écrire *on* sans *l* euphonique, si ce mot devoit être suivi d'une syllabe qui commenceroit par *l*. *La torpille a une singulière propriété*; si on la *touche, aussitôt la main est engourdie*.

Quand la seconde personne du singulier de l'impératif est terminée par une voyelle, et que cette personne est immédiatement suivie de l'une des particules relatives *en, y*, on lie cette seconde personne et la particule par *s* euphonique

*Vas-y*, vas-en *chercher. Je te recommande mon affaire;*

donnes-y *tes soins. Descends dans le jardin;* cueilles-y *des fruits, et* portes-en *quelques-uns des plus mûrs au malade.*

*S* est euphonique, mais sans qu'on l'écrive, entre l'adjectif numéral *quatre* et le nom *yeux.*

Si les phrases : *On va, il arrive, elle demanda,* devenoient interrogatives, il faudroit que le sujet suivît le verbe, ce qui ne pourroit avoir lieu à cause de la rencontre des voyelles.

A la phrase *il arrive,* je substitue *il vient,* dont je fais commodément la phrase interrogative *vient-il?* Cela m'indique ce que j'ai à faire pour les autres phrases : je mettrai entre les voyelles un *t,* que j'appellerai euphonique, parce qu'il me sauvera l'hiatus.

*On va; où* va-t-on? *Il arrive; d'où* arrive-t-il? *Elle demanda; que* demanda-t-elle?

On emploie aussi le *t* euphonique dans les incises. *Hélas! s'écrie-t-il, que vais-je devenir?*

*N* est aussi une consonne euphonique; mais on ne l'écrit jamais.

Les mots *enivrer, enivrement, enorgueillir,* se prononcent comme s'il y avoit *ennivrer, ennivrement, ennorgueillir.*

*On apprend en étudiant; on en a parlé; on a beau dire;* toutes ces phrases se prononcent comme s'il y avoit : *On n-apprend en n-étudiant; on n-en n-a parlé; on n-a beau dire.*

Lorsqu'un adjectif qui finit par un son nasal est suivi d'un nom qui commence par une voyelle, on prononce l'*n* euphonique entre les deux.

*Mon ami, mon n-ami; un enfant, un n-enfant; bon homme, bon n-homme; commun accord, commun n-accord.*

Il n'en est pas de même si le nom précède l'adjectif. On ne fait pas entendre d'*n* euphonique entre le nom et l'adjectif dans *tyran odieux, entretien honnête.*

### Du trait d'union.

Nous avons parlé de plusieurs usages du trait d'union. On

s'en sert pour joindre les particules *ci*, *là*, à des mots précédents.

*Ce livre-ci, celui-ci, celui-là....*

Quelquefois les mêmes particules précèdent les mots au lieu de les suivre.

*Ci-dessus, ci-après, là-haut, là-bas.*

On emploie le trait d'union pour joindre les différentes parties dés noms composés.

*Oui-dire, passe-partout, chef-lieu, arc-en-ciel, haut-le-corps, contre-danse, contre-ordre.*

Pour joindre les adjectifs *nu*, *demi*, lorsqu'ils précèdent le nom qu'ils qualifient.

*Demi-heure, nu-tête, nu-pieds.*

Pour joindre au verbe le pronom qui suit l'impératif.

*Donnez-moi, voyez-les, parlez-leur, mangez-en, allez-y.*

Pour joindre le pronom sujet au verbe qui le précède.

*Que* répond-elle *à cela? Les* admettrons-nous? Avez-vous peur?

Quand on ne peut écrire un mot tout entier à la fin d'une ligne, on place au bout de cette ligne la partie du mot qui peut y entrer, et on y ajoute le tiret, pour avertir que le reste du mot se trouve au commencement de la ligne suivante.

Voici ce qu'il faut éviter dans la coupe des mots.

Il ne faut pas mettre une lettre unique d'un mot à la fin d'une ligne. Ce seroit une faute de diviser les mots suivants de cette manière : *a liment*, *é tourderie*, à moins que cette lettre unique ne compose une syllabe de deux lettres au moins avec quelque autre mot, par le moyen de l'apostrophe. Exemple :                                   *Le bois est* l'a-liment *du feu.*

La division suivante des mots *ind igné*, *dest ruction*, ne vaut rien. Ces mots peuvent être divisés ainsi : *In digné* ou *indi gné*, *des truction* ou *destruc tion.*

Lorsque dans le corps d'un mot une même consonne est écrite deux fois, la première lettre fait syllabe avec la voyelle qui précède, et la seconde lettre appartient à la syllabe suivante.

Dans les mots *accessible*, *accommodemment*, *báillon*, *périlleux*, les syllabes peuvent être partagées comme il suit :

*Ac ces si ble, ac com mo de ment, báil lon, pé ril leux.*

Comme *y* équivaut souvent à deux *i* qui appartiennent à différentes syllabes, il est rare qu'un mot où se trouve cette lettre puisse se partager avant ou après *y*.

On ne peut écrire ni *appu yer*, ni *appuy er*, ni *pa ys*, ni *pay s*.

On pourra cependant écrire *pay san*, parce que la première partie *pay* renferme les deux *i* (équivalent de *y*), et que la seconde *san* fait une syllabe complète.

### Des lettres capitales.

Les capitales sont des lettres d'une dimension plus grande, dont on se sert pour composer les titres des ouvrages, pour commencer le premier mot de chaque phrase, le premier mot de chaque vers, ne fût-il pas le premier de sa phrase.

On commence par une capitale le nom de *Dieu*. Il en est de même des autres mots par lesquels on désigne l'*Être suprême*. Par cette raison, on écrit l'*Éternel*, le *Créateur*, le *Ciel*, le *Seigneur*, la *Providence*.

Les noms *Souverain*, *Pape*, *Empereur*, *Roi*, *Reine*, commencent aussi par une lettre capitale quand il est spécialement question de ceux à qui appartiennent ces titres suprêmes.

On commence aussi par une capitale non-seulement les titres d'honneur qui se donnent à ces puissances, mais même les adjectifs qui accompagnent ces titres. On écrira : *Sa Sainteté*, en parlant du Souverain Pontife ; *Votre Majesté Impériale*, en s'adressant à un empereur ; *Votre Majesté*, en s'adressant à un Roi ou à une Reine.

Les titres d'honneur qu'on donne aux particuliers, en leur

adressant un écrit, doivent aussi commencer par une capitale. *Nous vous prions*, Monseigneur, *de remarquer....* *Votre* Excellence *verra que* (1)....

On commence toujours par une capitale le nom propre des personnes, des choses personnifiées, des fêtes, des lieux, contrées, villes, villages, rivières ou montagnes. *Charles*, *Caroline*, *Henri*, la *Renommée*, *Noël*, *Pâques*, *Fête-Dieu*, la *Saint-Louis*, la *France*, *Paris*, *Bordeaux*, *La Rochelle*, *Saint-Cloud*, la *Seine*, la *Gironde*, les *Pyrénées*....

Les noms des sciences, des arts.... doivent aussi commencer par une capitale lorsqu'ils font le sujet principal du discours.

Il faut être très-réservé sur l'emploi des capitales. Trop fréquemment employées, elles ne font pas un bon effet dans l'écriture.

### De la ponctuation.

La ponctuation est la manière de marquer les endroits où l'on doit faire des pauses, pour faire distinguer facilement les parties du discours, et en même temps pour soulager la respiration.

Les caractères usuels de la ponctuation sont la virgule ( , ), le point ( . ), le point avec la virgule, ou la virgule ponctuée ( ; ), les deux points ( : ), le point d'interrogation ( ? ), le point admiratif ( ! ).

Quand une proposition est simple, et qu'elle n'excède pas la portée de la respiration, on l'écrit de suite sans virgule.

*Il est plus honteux de se défier de ses amis que d'en être trompé.*

---

(1) *Excellence* est un titre d'honneur qu'on donne aux ambassadeurs et à quelques autres personnes titrées. On donne le titre d'*Altesse* aux princes, aux princesses du rang le plus distingué. *Eminence* est le titre d'honneur qu'on donne aux cardinaux ; *Grandeur* est celui qu'on donne aux évêques.

*En ce monde il se faut l'un l'autre secourir.*

La virgule sert, 1° à séparer tous les sujets d'un verbe.

*La* richesse, *le* plaisir, *la* santé, deviennent *des maux pour ceux qui ne savent point en user.*

> *Dis-lui que* l'amitié, *l'alliance, l'amour,*
> *Ne* pourront *empêcher que les trois Curiace*
> *Ne servent leur pays contre les trois Horace.*

2° à séparer plusieurs adjectifs qui se rapportent au même sujet.

> Captive, *toujours* triste, importune *à moi-même,*
> *Pouvez-vous souhaiter qu'*Andromaque *vous aime ?*

3° à séparer les différents régimes d'un même verbe.

*Toutes les passions différentes qui* avoient agité Hercule, Philoctète, Ulysse, Néoptolème, *paroissoient tour à tour sur le visage naïf de Télémaque.*

4° à séparer plusieurs compléments d'un même verbe.

*D'autres encore plus anciens* apprirent *aux hommes à se* nourrir *de blé,* à se vêtir, *à se faire des habitations,* à se procurer *les besoins de la vie,* à se précautionner *contre les bêtes féroces.*

5° à séparer les verbes qui ont le même sujet.

> *L'attelage suoit, souffloit, étoit rendu.*

*Sans perdre un moment,* Mentor alla *dans cette caverne,* trouva *les instruments,* abattit *les peupliers, et* mit *en un seul jour un vaisseau en état de voguer.*

Lorsqu'une phrase est divisée en parties principales, dont chacune est subdivisée en parties subalternes, les parties subalternes doivent être séparées entr'elles par une simple virgule, et les parties principales par le point avec la virgule.

*Il (*Turenne*) parle, chacun écoute ses oracles ; il commande, chacun avec joie suit ses ordres ; il marche, chacun croit courir à la gloire.*

*Qu'un vieillard joue le rôle d'un jeune homme, lorsqu'un*
*jeune homme joue celui d'un vieillard ; que les décorations*
*soient champêtres , quoique la scène soit dans un palais; que*
*les habillements ne répondent pas à la dignité des person-*
*nages; toutes ces discordances nous blesseront.*

La virgule ponctuée distingue les phrases partielles qui
dépendent d'une autre par une même conjonction.

*Que vous dit cette loi ? —*
             *Que Dieu veut être aimé ;*
*Qu'il venge tôt ou tard son saint nom blasphémé ;*
*Qu'il est le défenseur de l'orphelin timide ;*
*Qu'il résiste au superbe , et punit l'homicide.*

Les deux points se mettent après une phrase qui semble
finie : ces deux points la séparent d'une autre qui sert comme
d'éclaircissement et de preuve à ce qui précède.

*Travaillez , prenez de la peine :*
*C'est le fonds qui manque le moins.*

Le point placé après le dernier vers, marque que le sens
est tout-à-fait terminé.

Tout discours direct qu'on cite comme ayant été tenu, doit
être précédé de deux points.

*Le Chêne un jour dit au Roseau :*
*Vous avez bien sujet d'accuser la nature.*

Il y a dans la même fable l'exemple d'une incise placée
entre deux virgules.

*Votre compassion , lui répondit l'arbuste ,*
*Part d'un bon naturel.....*

On emploie aussi la même ponctuation pour distinguer les
vocatifs dans les phrases.

*Il ne tiendra qu'à vous , beau sire ,*
*D'être aussi gras que moi, lui repartit le chien.*

Comme le sens est fini, un point termine la phrase, et l'incise est ici distinguée du reste de la phrase par ce point et la virgule précédente.

Le point d'interrogation se place à la fin des phrases interrogatives.

> *Et que reproche aux Juifs sa haine envenimée?*
> *Quelle guerre intestine avons-nous allumée?*
> *Les a-t-on vus marcher parmi vos ennemis?*
> *Fut-il jamais au joug esclaves plus soumis?*

Le point admiratif se met à la fin des phrases qui expriment admiration ou exclamation.

> *Qu'un ami véritable est une douce chose!*

> *Oh! combien de Césars deviendront Laridons!*

## HOMONYMES ET HOMOPHONIQUES.

LES homonymes sont des mots pareils qui expriment des choses différentes. Ex. : *coin.*

Nous appelons homophoniques les mots qui, différant de signification, diffèrent encore d'orthographe. Dans ceux-ci, les yeux voient des lettres différentes; mais l'oreille est frappée des mêmes sons. Ex. : *tante, tente.*

### A.

Accord, nom m.

Accort, adj.

Acquis, participe.

Acquis, nom m. d'*acquérir.*

Acquit, nom m. d'*acquitter.*

Adhérant, gér.

Adhérent, adj.

Aide (celui qui aide un autre), m.

Aide (secours, assistance), f.

Aigle (oiseau de proie), m.

Aigle (pupitre en forme d'aigle), m.

Aigle (constellation), f.

Aigle (enseigne des légions chez les Romains), f.

Aigle (t. d'armoiries), f.

Aile, nom f.

Elle, pron. personnel.

Aimant, nom m.

Aimant, gér. ou adj.

Air (qu'on respire), m.

Air (manière, façon), m.

Air (ressemblance), m.

Air (suite de tons qui composent un chant), m.

Aire (espace qu'une figure renferme), f.

Aire (place où l'on bat les grains), f.

Aire (nid des oiseaux de proie), f.

Ère (t. de chronologie), f.

Alène (outil), f.

Haleine (air attiré et repoussé par les poumons), f.

Amande (fruit), f.

Amende (peine pécuniaire), f.

An, nom m.

En, particule pronom.

En, prép.

Ancre ( ce qui sert à arrêter et à fixer les vaisseaux ), f.

Encre ( liqueur noire dont on se sert pour écrire ), f.

Antre, nom m.

Entre, prép.

Appas (charmes), m.

Appât ( ce dont on se sert pour attirer dans un piége ), m.

Après, prép.

Apprêt, nom m.

Aune ou Aulne ( arbre ), m.

Aune (mesure), f.

Autant, adv.

Autan, nom m.

Autel ( où l'on offre des sacrifices ), m.

Hôtel ( où on loge), m.

Avant, prép.

Avent, nom m.

## B.

Baie ( s. de golfe ), f.

Baie ( tromperie ), f.

Baie, fém. de bai.

Bal (assemblée de danse), m.

Balle ( corps de forme sphérique ), f.

Balai ( ustensile de ménage ), m.

Ballet (danse figurée), m.

Balais, adj. qui qualifie rubis.

Ban (annonce publique), m.

Banc (long siége), m.

Barbe ( poil du menton et des joues ), f.

Barbe ( cheval de Barbarie ), m.

Barbeau (s. de plante), m.

Barbeau (s. de poisson), m.

Barre ( pièce de bois, de métal , étroite et longue ), f.

Barre (trait de plume), f.

Barres (jeu de courses), f.

Bas ( vêtement), m.

Bas, adj.

Bât ( selle pour les bêtes de somme ), m.

Baux, pl. de bail.

Beau, adj.

Bière (boisson ), f.

Bière (cercueil), f.

Bonace, nom f.

Bonasse, adj.

Bond, nom m.

Bon, adj.

Bout ( extrémité d'une chose en tant qu'étendue en long ), m.

Bou, adj. qui qualifie thé.

Brocard (raillerie piquante), m.

Brocart (étoffe brochée soie, or ou argent ), m.

Broquart ( bête fauve d'un an ), m.

Buter (tendre à quelque but).

Se buter (se fixer).

Buter (t. de maçonnerie et de jardinage).

## C DUR.

Cahot (saut que fait une voiture en roulant sur un chemin raboteux), m.

Chaos (confusion de toutes choses), m.

Camp (lieu où l'on campe), m.

Kan (chef des Tartares), m.

Quand, conjonction.

Cane, femelle du *canard*.

Canne (roseau séché dont on se sert pour s'appuyer en marchant), f.

Car, conj.

Quart, nom m.

Carte (à jouer. — de géographie), f.

Quarte (mesure. — t. de musique. — t. d'escrime), f.

Cartier (celui qui fait, qui vend des cartes), m.

Quartier (la quatrième partie de certaines choses), m.

Cartouche (s. d'ornement de sculpture ou de peinture), m.

Cartouche (charge d'une arme à feu), f.

Clair, adj.

Clerc, nom m.

Clause, nom f.

Close, fém. de *clos*.

Chœur (troupe de personnes qui chantent ensemble), m.

Cœur (partie du corps humain), m.

Coche (voiture de terre ou d'eau), m.

Coche (entaille faite dans du bois), f.

Coche (femme extrêmement grosse), f.

Coi, adj.

Quoi, pron.

Coin (angle), m.

Coin (pièce de fer propre à fendre du bois), m.

Coin (fruit), m.

Col (la partie du vêtement qui embrasse le cou), m.

Colle (à coller), f.

Colon, nom commun, m.

Colomb, nom propre.

Compte (calcul), m.

Comte (titr. de distinction), m.

Conte (récit ordinairement d'invention), m.

Compter (calculer).

Comté (titre d'une terre), m.

Conter (faire un conte).

Coq (oiseau), m.

Coque (écale d'œuf ou de noix), f.

Corps (substance étendue), m.

Cor (durillon), m.

Cor (trompe de chasse), m.

Cors (t. de vénerie), pl. m.

Cotte (s. de vêtement), f.

Quote, adjectif qui qualifie *part.*

Cou (partie du corps), m.

Coup (impression que fait un corps sur un autre en le frappant), m.

Couple (deux choses de même espèce qui ne vont pas nécessairement ensemble : *couple d'œufs*, *de poulets* ), f.

Couple (deux personnes unies ou qui doivent être unies par le mariage), m.

Cour (espace découvert enfermé de murs.— Les principaux seigneurs qui accompagnent ordinairement le souverain. — Siége de justice où l'on plaide), f.

Cours (mouvement des choses liquides emportées par leur poids sur un plan incliné. — Mouvement des corps célestes.—Succession du temps, des années), m.

Cri (voix poussée avec effort), m.

Cric (s. de machine), m.

Christ (Jésus).

Cure ( bénéfice ayant charge d'ames ), f.

Cure ( soin. — Traitement de quelque maladie), f.

Quadrille ( s. de jeu de cartes), m.

Quadrille ( troupe de chevaliers d'un même parti dans un carrousel), f.

## C DOUX.

Céans, adv.

Séant, adj. ou gérondif.

Saigneur (médecin qui aime à ordonner la saignée), m.

Seigneur (maître d'une terre), m.

Ceint, participe.

Sain, saine, adj.

Saint, sainte, adj.

Sein ( partie du corps humain), m.

Seing (signature), m.

Sceller (mettre le sceau).

Seller (.... un cheval).

Celle, pron. dém.

Selle (.... d'un cheval), f.

Selle (évacuation....), f.

Sel (substance propre aux assaisonnements), m.

Cellier (lieu où l'on serre le vin....), m.

Sellier (ouvrier qui fait des selles), m.

CÈNE (le souper que J.-C. fit avec ses apôtres la veille de sa passion), f.

SCÈNE (partie d'une action dramatique), f.

CENSÉ (réputé), adj.

SENSÉ (qui a du jugement), adj.

CENT, adj. num.

SENS (faculté de sentir. — Faculté de juger selon la droite raison. — Signification), m.

SANG (liqueur qui coule dans les veines), m.

SANS, prép.

CERF (s. de bête fauve), m.

SERRE (lieu où l'on serre les orangers....), f.

SERRE (pied des oiseaux de proie), f.

CESSION (transport de droit), f.

SESSION (séance d'un corps délibérant), f.

CIRE (matière où les abeilles déposent leur miel), f.

SIRE (titre qu'on donne aux rois, m.

CITÉ, nom f.

CITER, verbe.

CYCLE (t. d'astronomie), m.

SICLE (s. de monnoie en usage chez les Hébreux), m.

CYGNE (oiseau aquatique), m.

SIGNE (marque), m.

SABBAT (fête chez les Juifs), m.

SABBAT (grand bruit. — Criailleries), m.

SALE, adj.

SALLE, nom f.

SATYRE (s. de demi-dieu chez les païens).

SATIRE (ouvrage fait pour censurer le vice, le ridicule, les mauvais ouvrages), f.

SAUT (action de sauter), m.

SCEAU (grand cachet), m.

SEAU (vaisseau propre à puiser, porter de l'eau), m.

SEOIR, verbe.

SOIR, nom m.

SEREIN (vapeur froide qui tombe au coucher du soleil), m.

SEREIN, adj.

SERIN (petit oiseau), m.

SIMPLE, nom m.

SIMPLE, adj.

SOL (terroir), m.

SOL (note de musique), m.

SOLE (s. de poisson), f.

SOMME (quantité d'argent. — total), f.

SOMME (sommeil), m.

SON, adj. poss.

SON (ce qui frappe l'ouïe), m.

SON (partie grossière du blé moulu), m.

Sou, nom m.

Sous, prép.

Souci (soin accompagné d'inquiétude), m.

Souci (s. de fleur), m.

Soufflet (instrument à faire du vent), m.

Soufflet (coup de la main sur la joue), m.

Souffleur (celui qui secourt la mémoire troublée), m.

Souffleur (alchimiste).

Je souffre, de souffrir.

Je soufre, de soufrer.

Soufre, nom m.

Souris (petit quadrupède), f.

Souris (sourire), m.

Je suis, de être.

Je suis, de suivre.

Sur, prép.

Sur (qui a un goût acide, aigret), adj.

## CH.

Chaîne (sorte de lien), f.

Chêne (arbre), m.

Chair (substance molle et sanguine), f.

Cher, adj.

Chaire (tribune élevée), f.

Chère (ce qui regarde la quantité, la qualité, l'assaisonnement des mets), f.

Champ (pièce de terre), m.

Chant (inflexion de voix sur différents tons), m.

Charme (attrait), m.

Charme (arbre), m.

Chaud, adj. et subst.

Chaux (pierre calcinée), f.

Chaussée (levée de terre), f.

Chaussée, f. du participe chaussé.

## D.

Dais (poêle fait en forme de ciel de lit), m.

Des (de les).

Dès, prép.

Dey (chef du gouvernement d'Alger).

Dam (dommage), m.

Dent (petit os qui sert à la mastication), f.

Dans, prép.

Danse, nom f.

Dense, adj.

Date (ce qui marque le temps et le lieu où une lettre a été écrite), f.

Datte (fruit du palmier), f.

Derrière, nom m.

Derrière, prép. et adv.

Dessein (projet, résolution), m.

Dessin (représentation au crayon, à la plume), m.

DEVANT, nom m.

DEVANT, prép. et adv.

DIFFÉRANT, gér.

DIFFÉRENT, adj. et subst.

DOM ou DON (titre d'honneur).

DON (présent), m.

DONT, pron. relatif.

DOYENNÉ (dignité dans un chapitre), m.

DOYENNÉ (s. de poire).

DU (de le).

DÛ, nom m.

## E.

ÉCHO (nymphe), f.

ÉCHO (réfléchissement et répétition du son), m.

ÉCOT (quote-part d'un repas commun), m.

ÉLAN (mouvement subit avec effort), m.

ÉLAN (s. de quadrupède), m.

ENSEIGNE (tableau attaché au-dessus d'une boutique. — Indice de quelque chose qu'on vend. — Drapeau d'infanterie), f.

ENSEIGNE (officier porte-drapeau), m.

ENVERS, nom m.

ENVERS, prép.

ÉQUIVALANT, gér.

ÉQUIVALENT, adj. et subst.

ÉTAIM (la partie la plus fine de la laine cardée), m.

ÉTAIN (métal), m.

EUX, pron. personnel.

ŒUFS, pl. de Œuf.

EXAUCER (écouter favorablement).

EXHAUSSER (rendre plus élevé).

EXCÉDANT, gér.

EXCÉDANT, adj. et subst.

EXCELLANT, gér.

EXCELLENT, adj.

EXEMPLE (ce qui peut servir de modèle, m.

EXEMPLE (modèle donné par un maître d'écriture), m.

EXTRAVAGANT, adj.

EXTRAVAGUANT, gér.

## F.

FABRICANT, nom m.

FABRIQUANT, gér.

FAIM (besoin de manger), f.

FIN (terme, but), f.

FIN, adj.

FATIGANT, adj.

FATIGUANT, gér.

FAUX, nom f.

FAUX, adj.

FAÎTE (comble, sommet), m.

FÊTE (jour de réjouissance ou de repos), f.

23

Feu, nom m.

Feu, adj.

Fil (ce qui sert à coudre, à faire de la toile), m.

File (longue suite de personnes ou de choses rangées l'une après l'autre), f.

Flan (s. de tarte), m.

Flan (métal préparé pour en faire des pièces de monnoie), m.

Flanc (côté).

Fond (l'endroit le plus bas d'une chose creuse), m.

Fonds (.... de terre.—Somme d'argent...), m.

Fonts (..... baptismaux), plur. m.

Fort, nom m.

Fort, adj.

Fausse, f. de *faux*.

Fosse, nom f.

Foudre (tonnerre), ordinairement f.

On dit d'un grand capitaine : *Ce* foudre *de guerre.* — d'un grand orateur : *Ce* foudre *d'éloquence.*

Frai (action de frayer), m.

Frais (dépense), pl. m.

Frais, adj.

Fret (louage d'un vaisseau), m.

Franc, nom m.

Franc, adj.

G DUR.

Gai, adj.

Guet, nom m.

Gale (maladie de la peau), fém.

Galle (noix de...).

Garde (la charge, la commission de garder. — La partie de l'épée entre la poignée et la lame), f.

Garde (homme destiné à faire la garde auprès de quelqu'un), m.

Ce mot est féminin quand il désigne collectivement tous les gardes.

Garde (.... malade), f.

Glace (eau congelée), f.

Glace (cristal plan dont on fait des miroirs), f.

Goutte (la moindre partie d'une chose liquide), f.

Goutte (maladie), f.

Grace, nom f.

Grasse, f. de *gras*.

Graisse, nom commun f.

Grèce, nom propre f.

Greffe (lieu où se gardent les registres d'une cour de justice), m.

Greffe (t. de jardinage), f.

Grosse ( nom collectif qui réunit douze douzaines de certaines marchandises), f.

Grosse, f. de *gros*.

Guide (celui qui accompagne pour montrer le chemin ), m.

Guide ( lanière de cuir attachée à la bride pour diriger le cheval), f.


## G doux.


Geai (oiseau), m.

Jais ( substance solide d'un noir luisant), m.

Jet ( .... d'eau), m.

Gent (*la...*), sing. du mot

Gens. V. p. 243.

Jan ( t. de trictrac), m.

Jean, nom propre.

Geste (action du corps dans la déclamation), m.

Gestes, au pluriel, signifie *belles, grandes et mémorables actions*.


## H.


Haire (chemise de crin qu'on porte par mortification), f.

Hère (homme sans considération, un pauvre....), m.

Héliotrope ( s. de plante ), m.

Héliotrope (esp. de jaspe), f.

Héraut ( officier chargé de diverses fonctions dans les cérémonies publiques ) , m.

Héros (homme qui s'est distingué par une grande valeur, par une grande noblesse d'âme), m.

Hymne ( cantique en l'honneur de la Divinité. — S. de poëme chez les Païens en l'honneur de leurs dieux), m.

Hymne ( ce mot est f. quand il se dit des hymnes qu'on chante à l'église).


## I.


Intrigant, nom m.

Intriguant, gér.


## L.


Lac (grand amas d'eaux dormantes ), m.

Laque ( s. de gomme), f.

Laque ( vernis de la Chine), m.

Lacer (serrer avec un lacet).

Lasser (fatiguer).

LAI ( s. de poésie plaintive ), m.

LAI (laïque), adj.

LAID, adj.

LAIT (liqueur blanche), m.

LAS! interjection.

LAS, adj.

LEGS ( don laissé par testament ), m.

LES, article ou pron.

LICE ( lieu préparé pour des courses, des combats, des tournois ), f.

LICE ( chienne de chasse ), f.

LISSE, adj.

LIVRE ( volume ), m.

LIVRE ( poids ), f.

LIVRE ( ancienne monnoie de compte ), f.

LOK ( s. d'électuaire ), m.

LOQUE ( pièce, morceau ), fém.

LUSTRE ( éclat qu'on donne à une chose, à une étoffe.... ), m.

LUSTRE ( chandelier de cristal, de bronze, à plusieurs branches, qu'on suspend au plancher ), m.

LUSTRE (espace de cinq ans), m.

LUT (enduit propre à boucher un vase ), m.

LUTH ( instrument de musique ), m.

## M.

MAILLE ( la moindre partie d'un tissu tricoté ), f.

MAILLE ( mot dont on se sert pour exprimer quelque chose de peu de valeur ), f.

MAIN, nom f.

MAINT, adj.

MAL ( l'opposé du bien ), m.

MALLE ( s. de coffre ), f.

MANCHE ( la partie d'un instrument par où on le prend pour s'en servir ), m.

MANCHE (partie d'un vêtement dans laquelle on met le bras ), f.

MÂNES (âmes des morts chez les anciens ), pl. m.

MANNE (nourriture des Israélites dans le désert ), f.

MANNE (drogue ), f.

MANŒUVRE, nom de chose, f.

MANŒUVRE, nom de personnes, m.

MARC (demi-livre), m.

MARC ( ce qui reste de plus grossier de quelque fruit dont on a exprimé le suc ), m.

MARI, nom m.

MARRI, adj.

MARTYRE, nom de chose, m.

MARTYRE, féminin de *martyr.*

MASQUE ( faux visage avec quoi on se déguise. — La personne qui porte un masque ), m.

MASQUE (injure qu'on dit à une femme laide et méchante ), f.

MÉMOIRE (faculté de se souvenir ), f.

MÉMOIRE (écrit fait sur quelque affaire. — Etat sommaire ), m.

MANTE ( s. de vêtement ), f.

MENTHE ( s. de plante ), f.

MAIRE ( chef du corps municipal ), m.

MER ( grand amas des eaux qui environnent la terre), f.

MÈRE celle qui a enfanté ), fém.

MAIS, conj.

MES , adj. poss.

MIE ( partie du pain ), f.

MIE ( bonne d'enfant ), f.

MIE ( t. d'amitié, diminutif d'amie ), f.

MIL ( premier mot d'un millésime qui commence par plus de mille ).

MILLE, adj. num.

MILLE ( mesure itinéraire dont la longueur varie selon les divers pays ), m.

MINE ( l'air du visage. — Contenance ), f.

MINE ( lieu où se forment les métaux, les pierres précieuses ), f.

MINE (cavité souterraine pratiquée sous un rempart pour le faire sauter ), f.

MIRE ( l'endroit d'une arme à feu qui sert à mirer ), f.

MYRRHE ( s. de gomme odorante ), f.

MODE ( t. de grammaire. — t. de musique ), m.

MODE ( ce qui est du plus grand usage.... ), f.

MOI, pron. pers.

MOIS, nom m.

MÔLE ( masse informe de chair ), f.

MÔLE ( jetée de pierres à l'entrée d'un port ), m.

MON, adj. poss.

MONT, nom m.

MORS (ce qui se place dans la bouche d'un cheval pour le gouverner ), m.

MORT ( cessation de la vie ), fém.

MOU ( poumon de veau, d'agneau ), m.

MOU, adj.

MOUCHE ( insecte ailé ), f.

MOUCHE ( petit morceau de taffetas noir que l'on se met sur le visage, pour cacher quelques élevures ), f.

Moule ( petit poisson à co-
quille ), f.

Moule ( matière creusée et
préparée où l'on fait cou-
ler du bronze.... pour donner au métal une forme
déterminée ), m.

Mousse ( petit garçon qui sert
sur un vaisseau ), m.

Mousse ( s. de petite herbe
épaisse qui vient sur les
écorces d'arbres , sur des
pierres. — Ecume qui se
forme sur les liqueurs ), f.

## N.

Négligeant , gér.

Négligent , adj.

Ni , conj.

Nid , nom m.

Nœud , nom m.

Neufs , pl. de *neuf.*

Nom , substantif.

Non , particule négative.

None , partie de l'office divin ), f.

Nones ( t. du calendrier ro-
main ), pl. f.

Nonne ( religieuse ).

Noyer , nom m.

Noyer , verbe.

Nue ( nuée ) , f.

Nue , fém. de *nu.*

## O.

Aulx , pl. de *ail.*

Eau ( le plus connu des liquides ), f.

Os ( partie dure du corps ), m.

Œuvre ( ce qui subsiste
après avoir été fait ), f.

Œuvres ( productions d'esprit ), pl. f.

Œuvre ( le banc des mar-
guilliers ), f.

Œuvre ( *le grand....* la pierre
philosophale ) , m.

Œuvre ( recueil des ouvrages
d'un artiste ), m.

Office ( devoir , charge ,
emploi. — Service divin ,
m.

Office ( lieu où l'on prépare
les desserts.... ) , f.

Or , nom m.

Or , conj.

Orangé ( couleur ) , m.

Oranger ( arbre ) , m.

Ordinand ( celui qui se présente pour être promu aux
ordres ).

Ordinant ( l'évêque qui con-
fère les ordres ).

Août , nom m.

Ou , conj.

Où , particule relative.

OUBLIEUR ( marchand d'ou-
blies ).

OUBLIEUX ( sujet à oublier ).

OUTRE, nom f.

OUTRE, prép.

## P.

PAGE ( côté d'un feuillet ), f.

PAGE ( jeune gentilhomme au
service d'un prince ), m.

PAIN ( aliment connu ), m.

PIN ( arbre ), m.

PAIX ( concorde ), f.

PET ( vent ), m.

PAL ( pieu aiguisé ).

PALE ( carton carré garni de
toile, servant à couvrir le
calice ), f.

PALAIS ( maison de prince ), m.

PALAIS ( partie supérieure de
la bouche ), m.

PALET ( s. de jeu ), m.

PALME ( mesure ), m.

PALME ( branche de pal-
mier ), f.

PAN ( .... de mur, .... de vêtement ), m.

PAN ( le dieu.... ).

PAON ( oiseau ), m.

PÂQUE ( principale fête des
Juifs ), f.

PÂQUES ( fête de la résurrec-
tion de J.-C. ), m.

PÂQUES ( devoir pascal ), pl. f.

PAR, prép.

PART, nom f.

PARALLÈLE, adj.

PARALLÈLE ( ligne.... ), f.

PARALLÈLE ( cercle.... à l'é-
quateur ), m.

PARALLÈLE ( comparaison ),
m.

PARANT, adj.

PARENT, nom m.

PARI, nom commun.

PARIS, nom propre.

PAS, nom m.

PAS, particule négative.

PAUME ( le dedans de la main ),
fém.

PAUME ( s. de jeu ), f.

PAUSE ( suspension ), f.

POSE ( l'action de poser ),
fém.

PÉCHÉ ( transgression ), m.

PÉCHER ( transgresser ).

PÊCHER ( arbre fruitier ), m.

PÊCHER ( prendre du pois-
son ).

PÊCHE ( fruit ).

PÊCHE ( l'action de pêcher ),
fém.

PENDANT, nom m.

PENDANT, prép.

PENDULE ( horloge ), f.

PENDULE ( poids attaché à une
verge dont les vibrations
règlent les mouvements
d'une horloge ), m.

Pensée (opération de l'âme), fém.

Pensée (s. de fleur), f.

Panser (soigner une plaie), verbe.

Penser (former dans son esprit l'idée de quelque chose), verbe.

Pair (membre du premier corps de l'Etat), m.

Pair, adj.

Père (celui qui a un ou plusieurs enfants), m.

Période (révolution d'un astre.—d'une fièvre réglée), f.

Période (t. de rhétorique), f.

Période (le plus haut point où une chose puisse arriver), m.

Perpendiculaire, adj.

Perpendiculaire, nom f.

Peste (contagion), f.

Peste (on dit d'un petit méchant garçon que c'est un petit .... ).

Pic (instrument de fer propre à casser des morceaux de rocher et à ouvrir la terre), m.

Pic (t. du jeu de piquet), m.

Pic (t. de géogr., qui se dit de montagnes très-hautes), m.

Pique (s. d'arme), f.

Pique (brouillerie), f.

Pique (t. du jeu de cartes), m.

Pie (oiseau), f.

Pie, adj. qui qualifie *œuvre*.

Pivoine (s. de plante), f.

Pivoine (s. d'oiseau), m.

Plain (qui est uni), adj. PLAIN CHAMP. PLAIN CHANT.

Plein (rempli), adj.

Plaine (plate campagne), f.

Plaine, fém. de *plain*.

Pleine, fém. de *plein*.

Plainte (gémissement), f.

Plinthe (t. d'architecture), f.

Plan (surface plane. — Dessin d'un ouvrage sur le papier), m.

Plan, adj.

Plant (.... d'arbre), m.

Plane (arbre appelé autrement *platane*), m.

Plane (outil à deux poignées), f.

Poêle (drap mortuaire. — dais portatif), m.

Poêle ou Poille (s. de fourneau de terre ou de fonte) m.

Poêle (ustensile de cuisine), f.

Poids (pesanteur), m.

Pois (légume), m.

Poix (matière gluante), f.

Poing (main fermée), m.

Point (.... à l'aiguille.—T. de géométr.—Marq. de ponct. — Douleur au côté), m.

Point, particule négative.

Polissoir (instrument pour polir), m.

Polissoire (décrottoire douce), f.

Pompe (magnificence), f.

Pompe (machine), f.

Poste (emploi. — Lieu où des militaires sont placés. — Corps de militaires en ce lieu), m.

Poste ( .... aux chevaux.... aux lettres), f.

Pou (vermine), m.

Pouls (mouvement des artères), m.

Pouce (le plus gros doigt de la main. — Mesure), m.

Pousse (la .... des arbres), f.

Poucier (doigtier propre au pouce), m.

Poussier (poussière de charbon), m.

Pourpre (s. de maladie), m.

Pourpre (couleur rouge), m.

Pourpre (teinture propre à l'habillement des souverains. — Figurément, dignité des rois....), f.

Précédant, gér.

Précédent, adj.

Prémices (premiers fruits de la terre ou du bétail), pl. f.

Prémisses (les deux premières propositions d'un syllogisme), pl. f.

Présent, nom m.

Présent, adj.

Présidant, gér.

Président, nom m.

Près, prép. et adv.

Prêt, nom m.

Prêt, adj.

Puis, adv.

Puits, nom m.

# R.

Raie (trait tiré de long. — Ligne), f.

Raie (poisson), f.

Rais (rayons d'une roue), m.

Rets (filet), pl. m.

Ras (s. d'étoffe), m.

Ras, adj.

Rat (animal incommode), m.

Régale (un des jeux de l'orgue), m.

Régale (un des droits du Roi), f.

Reine (femme de roi, ou celle qui règne de son chef), f.

Renne (quadrupède qui naît en Laponie), m.

Relâche ( interruption. — repos), m.

Relâche ( lieu propre aux marins pour y relâcher), fém.

24

REMISE ( s. de carrosse de louage ), m.

REMISE ( lieu où l'on met un carrosse à couvert ), f.

REMISE ( délai, diminution, rabais ), f.

RÉSIDANT, adj.

RÉSIDENT, nom m.

RIS ( rire ), m.

RIZ ( s. de grain ), m.

RUE ( chemin entre des maisons ), f.

RUE ( s. de plante ), f.

## T.

TA, adj. poss.

TAS, nom m.

TANTE (sœur du père ou de la mère ), f.

TENTE ( s. de pavillon ), f.

TEIGNE ( s. de gale ), f.

TEIGNE (insecte qui ronge les étoffes ), f.

TEINT ( coloris du visage ), m.

TAIN ( feuille d'étain qu'on met derrière des glaces pour en faire des miroirs ), m.

TENEUR ( ce qui est contenu mot à mot dans un écrit ), fém.

TENEUR ( .... de livres ), m.

TERME ( mot.—Fin.—Temps préfix de payement ), m.

THERMES (bâtiments destinés aux bains chez les anciens), pl. m.

TIRANT ( cordon d'une bourse ), m.

TYRAN (celui qui a usurpé la puissance souveraine. — Celui qui l'exerce avec cruauté ), m.

TOI, pron. pers.

TOIT, nom m.

TON, adj. poss.

TON ( certaine inflexion de la voix ), m.

TAON (grosse mouche ), m.

THON (poisson ), m.

TORS, adj.

TORT, nom m.

TOUR ( bâtiment élevé, rond ou carré ), f.

TOUR ( mouvement en rond. — Circuit.—Trait de ruse. —Trait d'adresse de main. — Armoire ronde et tournante qui sert aux religieuses. — Machine des tourneurs ), m.

TOUT, adj., nom et pron.

TOUX, nom f.

TRIBU ( une des parties dont un peuple est composé ), fém.

TRIBUT ( impôt ), m.

TRIOMPHE (honneur rendu à un vainqueur), m.

TRIOMPHE (s. de jeu de cartes), f.

TROMPETTE (instr. à vent), f.

TROMPETTE (celui qui sonne de la ....), m.

TROP, adv.

TROT, nom m.

## V.

VACANT, adj.

VAQUANT, gér.

VAGUE, nom f.

VAGUE, adj.

VASE (ustensile), m.

VASE (bourbe qui est au fond de l'eau), f.

VAINE) fém. de *vain*.

VEINE, nom f.

VAN (instrument d'osier propre à séparer le grain d'avec la paille), m.

VENT (air poussé plus ou moins violemment), m.

VANTER (priser outre mesure), verbe.

VENTER (faire vent), verbe.

VER (insecte rampant), m.

VERRE (corps transparent et fragile), m.

VERS (paroles mesurées), m.

VERS, prép.

VERT, adj. et nom m.

VESCE (s. de grain), f.

VESSE (ventosité), f.

VICE (défaut. — L'opposé de la vertu), m.

VIS (pièce faite pour entrer dans un écrou), f.

VIL, adj.

VILLE, nom f.

VAIN, adj.

VIN, nom m.

VINGT, adj. num.

VOILE (toile, étoffe, destinées à cacher quelque chose....), m.

VOILE (toile forte que l'on tend dans les vaisseaux pour recevoir le vent), fém.

VOL (mouvement de l'oiseau), m.

VOL (action de celui qui dérobe), m.

VEAU (le petit de la vache), m.

VOS, adj. poss.

## Z.

ZÉPHIRE (divinité de la fable), m.

ZÉPHYR (vent doux et agréable), m.

# ESSAI

## SUR LES GENRES D'UN GRAND NOMBRE DE SUBSTANTIFS.

Tous les noms qui sont propres aux hommes sont masculins, quelle que soit leur terminaison.

Exceptions : *Estafette*, *mazette*, *sentinelle*, *vedette*, sont du genre féminin, quoiqu'ils désignent des hommes.

Une *estafette* est une espèce de courrier.

Le nom *mazette*, qui se dit d'un mauvais cheval, se dit aussi d'un homme maladroit, malhabile à quelque jeu.

*Sentinelle* et *vedette* se disent d'un militaire chargé de faire le guet.

Malgré leur terminaison féminine, les mots *cornette*, *trompette*, sont masculins lorsqu'ils désignent, l'un un officier chargé de porter l'étendard, l'autre celui dont la fonction est de sonner de la *trompette*.

Tous les noms qui sont propres aux femmes sont féminins.

Les mots pris substantivement sont des noms masculins. Voy. des exemples, pag. 149 et 150.

*Noms en* a , as , at.

Les noms communs terminés par *a , as , at ,* sont tous du genre masculin.

*Noms en* é , ée , er , ier , *où* er *se prononcent* é *fermé*.

Le plus grand nombre des mots terminés par *é fermé* le sont par *té*.

*Aparté*, *bénédicité*, *comité*, *comté* (1), *côté*, *député*, *été*, *pâté*, *précipité*, *té* (t. de mineur), *traité*, sont masculins.

Quelques noms féminins ont l'*e muet* après *té*. *Assiettée*, *battée* (terme de relieur), *charretée*, *dentée*, *futée* (sorte de mastic), *hottée*, *jattée*, *jetée*, *jointée*, *montée*, *nuitée*, *pâtée*, *pelletée*, *portée*, *potée*.

Les autres noms en *té*, au nombre de plus de quatre cents, sont tous du genre féminin.

On compte une centaine de mots où la terminaison masculine *é*, et plus de cent quatre-vingts où la terminaison féminine *ée* se trouvent précédées d'une articulation différente, savoir : *Abrégé*, *avé*, *blé*, *café*, *canapé*, *clergé*, *duché*, *gré*, *gué*, *jubé*, *jubilé*, *lé*, *marché*, *orangé* (couleur d'orange), *pré*, *récépissé*, *raisiné*, *ripopé*, *scellé*, *thé*, *toisé*.... noms masculins.

*Aiguillée*, *année*, *becquée*, *centaurée*, *coudée*, *destinée*, *enjambée*, *fée*, *giroflée*, *huée*, *mêlée*, *ondée*, *panacée*, *ripopée*, *risée*, *saignée*.... noms féminins.

Quoique la terminaison *ée* paroisse convenir mieux aux noms féminins, cela n'empêche pas qu'elle ne soit la terminaison de plusieurs noms masculins.

On termine par *ée* les noms communs *apogée*, *athée*, *caducée*, *camée*, *Colisée*, *coryphée*, *empyrée*, *lycée*, *mausolée*, *musée*, *périgée*, *périnée*, *pygmée*, *scarabée*, *spondée*, *trochée*, *trophée*, et les noms propres *Alcée*, *Androgée*, *Asmodée*, *Borée*, *Briarée*, *Capanée*, *Égée*, *Élysée*, *Énée*, *Épiméthée*, *Hyménée*, *Machabée*, *Mélibée*, *Morphée*, *Nérée*, *Orphée*, *Pélée*, *Persée*, *Pitthée*, *Pompée*, *Prométhée*, *Protée*, *Sichée*, *Thésée*, *Zachée*....

Par une espèce de compensation, la terminaison masculine *é* est celle de quelques noms propres féminins.

---

(1) Ce mot est féminin dans *Franche-Comté*.

*Agavé, Aglaé, Arachné, Astarbé, Callirrhoé, Chloé, Circé, Danaé, Daphné, Glaucé, Hébé, Leucothoé, Niobé, Psyché, Séléné, Sémélé, Thisbé....*

Tous les noms communs où la terminaison *er* se prononce *e fermé*, comme dans *bûcher, clocher, danger, oranger* (arbre).... sont masculins.

*Pied* et plusieurs centaines de mots où la diphthongue finale *ier* se prononce *ié*, sont tous masculins.

On ne compte que trois noms féminins terminés par la diphthongue *ié*, savoir : *amitié, moitié, pitié.*

*Noms en* ai, aie, ais, aix, aît, ès, êt, et.

Il y a plus de deux cent quarante noms dont le son final fait entendre *e ouvert* représenté par *ai, ais, aix, ait, ès, êt, et.*

Tous ces noms sont masculins à l'exception de deux, *forêt, paix*, qui sont du genre féminin.

Mettez un *e muet* à la suite de *ai*, vous aurez les noms féminins *baie, braie, claie, craie, étaie, futaie, haie, ivraie, laie, orfraie, plaie, raie* (ligne), *raie* (poisson), *saie, taie.*

Sont terminés en *aie* et sont féminins plusieurs noms dont on se sert pour désigner les lieux plantés d'arbres de la même espèce, comme *aunaie* (lieu planté d'aunes), *boulaie* (.... bouleaux), *cerisaie* (..... cerisiers), *châtaigneraie* (..... châtaigniers), *chênaie* (.... chênes)....

*Noms en* i, ie, is, ix, it.

*I, is, ix, it*, sont la terminaison de plus de cent noms masculins. Cependant *fourmi, merci* (miséricorde, discrétion), *brebis, souris* (petit quadrupède), *perdrix*, sont féminins.

Il y a six noms communs masculins qui ont la terminaison féminine *ie.*

*Aphélie, périhélie, génie, incendie, parapluie, scolie.*

Quelques noms propres, *Élie*, *Malachie*, le *Messie*, *Zacharie*, ont aussi la même terminaison.

*Noms dont la dernière syllabe ne laisse à entendre que le son o bref ou long.*

*O*, *oc*, *op*, *os*, *ôt*, *ot*, *au*, *eau*, *aud*, *aut*, *aux*, terminent plus de trois cents mots dont la dernière syllabe ne donne à entendre que le son *o* bref ou long.

Ces noms sont masculins, à l'exception d'un très-petit nombre, *eau*, *peau*, *surpeau*, *chaux*, *faux* (nom), qui sont féminins.

*Remarque sur la représentation de la voyelle o par au, eau.*

Quelques mots où *au* représentent la voyelle *o* ont un rapport de dérivation avec quelque autre mot de la même famille où, à la même place, on trouve *al* ou seulement *a*.

*Assaut*, *assaillir*; *baume*, *balsamique*; *chaud*, *chaleur*; *chaux*, *calciner*; *épaule*, *paleron*; *joyau*, *joaillier*; *nautonier*, *navire*; *psaume*, *psalmiste*; *paume*, *palme* (mesure chez les Romains); *royauté*, *royal*; *sauveur*, *salut*; *taux*, *taxer*; *vaux*, *vallées*....

Beaucoup de mots où *eau* représentent la voyelle *o* ont un rapport de dérivation avec quelque autre mot de la même famille où, à la même place, on trouve *el* ou seulement *e*.

*Berceau*, *bercer*; *boisseau*, *boisselier*; *cerveau*, *cervelle*; *chameau*, *chamelier*; *château*, *châtelain*; *couteau*, *coutelier*; *manteau*, *mante* ou *mantelet*; *marteau*, *marteler*; *museau*, *muselière*; *niveau*, *niveler*; *oiseau*, *oiseleur*; *peau*, *peler*; *ruisseau*, *ruisseler*; *sceau*, *scellé*; *tombeau*, *tombe*; *tonneau*, *tonnelier*; *troupeau*, *troupe*....

*Eau* terminent beaucoup de noms qui désignent des diminutifs, des petits d'animaux.

*Arbrisseau*, *brigandeau*, *chêneau*, *friponneau*, *jambonneau*, *larronneau*, *soliveau*, *vermisseau*, sont des diminutifs.

*Carpeau*, *chevreau*, *dindonneau*, *faisandeau*, *lapereau*, *lionceau*, *louveteau*, *souriceau*, sont des petits d'animaux connus.

On emploie *levraut* pour désigner un *jeune lièvre*.

### Noms en u, ue, us, ut.

Les noms terminés par *u*, *us*, *ut*, sont masculins, à l'exception de trois : *glu*, *tribu* (une des parties dont un peuple est composé), *vertu*.

Les autres féminins ont la terminaison féminine.

Ce sont les suivants : *avenue*, *berlue*, *bévue*, *bienvenue*, *charrue*, *ciguë*, *crue*, *étendue*, *grue*, *issue*, *laitue*, *massue*, *morue*, *mue*, *nue*, *recrue*, *retenue*, *revue*, *rue*, *sangsue*, *statue*, *tortue*, *verrue*, *vue*.

### Noms en eu, œu, eue.

Les noms terminés par la voyelle *eu* sont tous masculins.

La terminaison féminine n'a que les trois noms féminins suivants : *banlieue*, *lieue*, *queue*.

### Noms en ou, oue, out, oux.

Les noms *coup*, *loup*, *pouls*, ceux en *ou*, *out*, *oux*, sont masculins, à l'exception, parmi ces derniers, de *toux*, quoique ce mot n'ait point la terminaison des noms féminins, *bajoue*, *boue*, *gadoue*, *houe* (instrument de labourage), *joue*, *moue*, *proue*, *roue*, *toue* (s. de bateau).

### Noms en abe.

*Syllabe* est le seul nom en *abe* qui soit du genre féminin.

Tous les autres sont masculins, même ceux dans la composition desquels entre le féminin *syllabe*.

### Noms en ade.

Parmi les noms de chose, il n'y a guère que les mots *grade*, *jade* (s. de pierre), *stade*, qui soient du genre masculin.

Les autres noms en *ade*, au nombre de plus de cent vingt, sont du genre féminin.

### Noms en ude.

*Prélude* est le seul nom masculin de cette terminaison. Les autres en *ude*, au nombre de vingt-huit, sont féminins.

### Noms terminés par f.

Entre un grand nombre de noms qui sont terminés par *f*, il n'y a que *nef, soif*, qui soient du genre féminin; les autres, dont la plupart sont en *if*, sont du genre masculin.

### Noms en age, ège, ige, uge.

Les noms en *age* sont presque tous masculins. Parmi plus de deux cents noms, on n'en compte que cinq du genre féminin. *Cage, image, page, plage, rage.*

Les noms en *ège* sont masculins : il n'y a de féminin que le substantif *neige.*

Parmi les noms en *ige*, il n'y a que *tige et volige* qui soient du genre féminin.

Les noms en *uge* sont tous masculins.

### Noms terminés par l mouillée.

L'orthographe des noms féminins de cette terminaison diffère de celle des noms masculins en ce qu'au féminin *l* finale se double et est suivie d'un *e muet*.

Noms m. *Détail, éveil, péril, deuil, fenouil.*

Noms f. *Maille, treille, bille, feuille, rouille.*

Exceptions. *Codille* ( t. de jeu ), *drille, soudrille* et *quadrille*, sont masculins, quoiqu'ils aient la terminaison féminine.

Il ne faut connoître que l'orthographe ou le genre de la

25

plupart des noms terminés par *l* mouillée, pour en connoître le genre ou l'orthographe.

*Exemple.* Si je connois l'orthographe du nom *écaille*, la terminaison *aille* m'indique que le nom est féminin. Si je sais que le mot *vermeil* doit être employé comme adjectif féminin, je sais qu'il faut écrire *vermeille*.

Il n'y a de noms féminins en *euille* que *feuille* et son composé *quinte-feuille* ( s. de plante ).

*Chèvrefeuille* et *portefeuille*, autres composés de *feuille*, sont masculins.

Les autres mots où la voyelle *eu* est suivie de *l* mouillée finale sont masculins. On met au nombre de ces noms, *accueil*, *cercueil*, *écueil*, *œil*, *orgueil*, *recueil*, où *eil* se prononcent comme *euil*.

*Fenouil* est le seul nom masculin où la voyelle *ou* est suivie de *l* mouillée finale.

Quatorze autres noms, comme féminins, sont terminés par *ouille*.

### Noms en ar, ard, art.... are.

Les noms dont la terminaison fait entendre le son *ar* représenté par *ar*, *arc*, *ard*, *art*.... sont masculins, à l'exception de *hart* et de *part*.

Il y a des noms où l'articulation *r* est suivie d'un *e muet*. Quelques-uns sont masculins : les suivants sont du genre féminin. *Arrhes*, *bagarre*, *barre*, *barres*, *fanfare*, *gabare*, *guitare*, *jarre*, *mare*, *simarre*, *tare*, *tiare*.

### Noms en ir, yr, ire, yre.

Les noms en *ir*, *yr*, sont masculins. Quant aux noms en *ire*, *yre*, les uns sont masculins, les autres sont féminins. *Cire*, *hégire* (ère des mahométans), *ire*, *lyre*, *mire*, *myrrhe*, *satire*, *tire-lire*, sont féminins.

### *Noms en* or, ord, ort, ors... ore.

Les noms dont la terminaison fait entendre le son *or* représenté par *or*, *ord*, *ort*, *ors*.... sont du genre masculin. *Mort* est le seul qui soit du genre féminin. Quant aux noms où l'articulation *r* est suivie d'un *e muet*, quelques-uns sont masculins ; les suivants : *amphore*, *mandore*, *mandragore*, *métaphore*, *pécore*, *pléthore* ( t. de médecine ), sont du genre féminin.

### *Noms en* ur, ure.

Les trois noms masculins *azur*, *futur*, *mur*, sont les seuls qui aient la terminaison masculine *ur*.

*Ure* terminent les noms masculins *arcture*, *augure*, *colure*, *mercure*, *murmure*, *parjure*, *phœnicure* ( s. d'oiseau ), *ure* ( s. de buffle ).

Tous les autres noms ont le genre indiqué par leur terminaison. Deux cent soixante-quinze noms environ, terminés par *ure*, sont tous féminins.

### *Noms en* oi, ois, oid, oit, oix.

La plupart des noms en *oi* sont masculins. On ne compte que trois noms féminins : *foi*, *loi*, *paroi*. Ce dernier nom est peu usité au singulier ; au pluriel, on dit : *Les* parois *de l'estomac*, *d'un vase*.

*Poids* et les noms en *ois*, *oid*, *oit*, sont tous masculins.

Sur cinq noms en *oix*, *choix* est le seul qui soit masculin ; les quatre autres, *croix*, *noix*, *poix*, *voix*, sont féminins.

### *Noms en* ase, aze.

Les noms en *ase*, *aze*, sont féminins, à l'exception des noms masculins *gymnase*, *vase* ( ustensile propre à contenir quelque liqueur ).

*Noms en* aise, èse.

Les noms en *aise, èse*, sont féminins, à l'exception des noms masculins *dièse, diocèse, diapédèse* (t. de médecine), *malaise, mésaise*.

Le substantif *trapèze* est aussi masculin.

*Noms en* ise.

Les noms en *ise* sont presque tous féminins. Il n'y a guère que le nom *remise*, lorsque ce mot signifie *carrosse de remise*, qui soit du genre masculin.

*Noms en* ose, ause, use, euse, ousè, oisè.

Les noms en *ose, use, euse, ouse, oise*, sont tous du genre féminin. Il faut compter au nombre de ces féminins les noms *cause, clause, pause*, où l'o long est représenté par *au*.

*Noms terminés par* a nasal.

Les noms terminés par *a nasal*, par *am, an, ant, ent*, sont masculins, à l'exception de *dent, surdent, jument, gent* ( singulier de *gens*).

Le substantif *enfant* est ordinairement masculin. On le fait quelquefois féminin en parlant d'une fille fort jeune. *La jolie enfant. La pauvre enfant.*

*Noms terminés par* ance, anse, ence, ense.

Les noms terminés par *ance, anse, ense*, sont tous féminins. Parmi ceux qui le sont par *ence, silence* est le seul qui soit du genre masculin.

*Noms terminés par* e nasal.

Un très-grand nombre de noms de choses terminés par

*e nasal* représenté par *aim, ain, ein, ien, in, ym, yn,* sont presque tous masculins, à l'exception des trois noms féminins *faim, main, fin.*

### *Noms terminés par* o nasal.

Tous les noms dont la dernière syllabe fait entendre *o nasal* précédé de l'une des articulations suivantes : *b, c dur, ch, d, f, g dur, g doux, l, l mouillée, m, n, gn* ou *n mouillée, p, r, t, v,* sont masculins.

*Savon* est le seul nom où l'*o nasal* est précédé de l'articulation *v*.

Il y a plus de mille noms de choses en *sion, xion, ction* et *tion,* dont le *t* se prononce comme *c doux.*

Ces mots sont tous du genre féminin.

FIN.

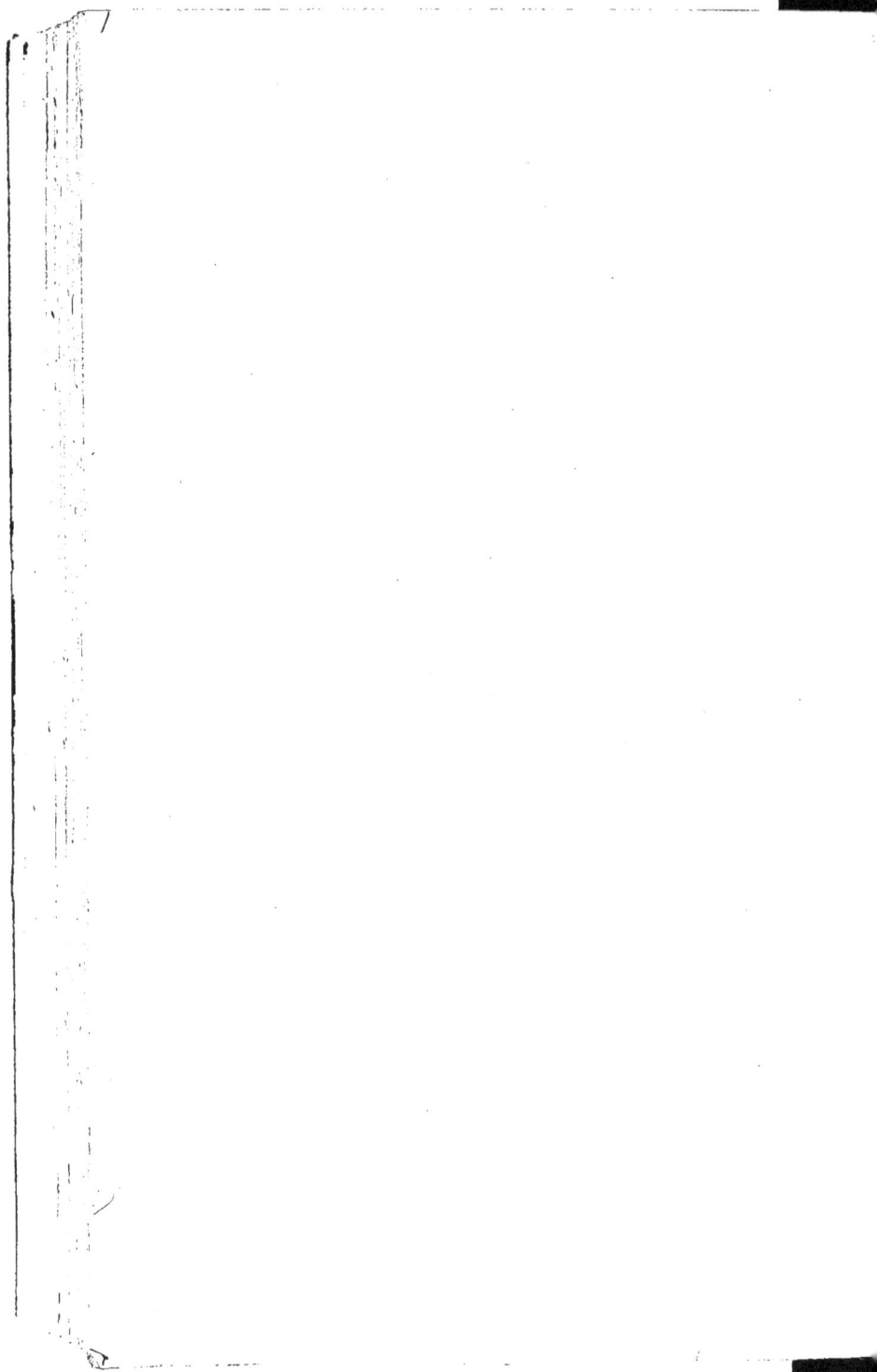

# TABLE

## DES MATIÈRES.

---

## G DUR.

## T.

28

FIN DE LA TABLE DES MATIÈRES.

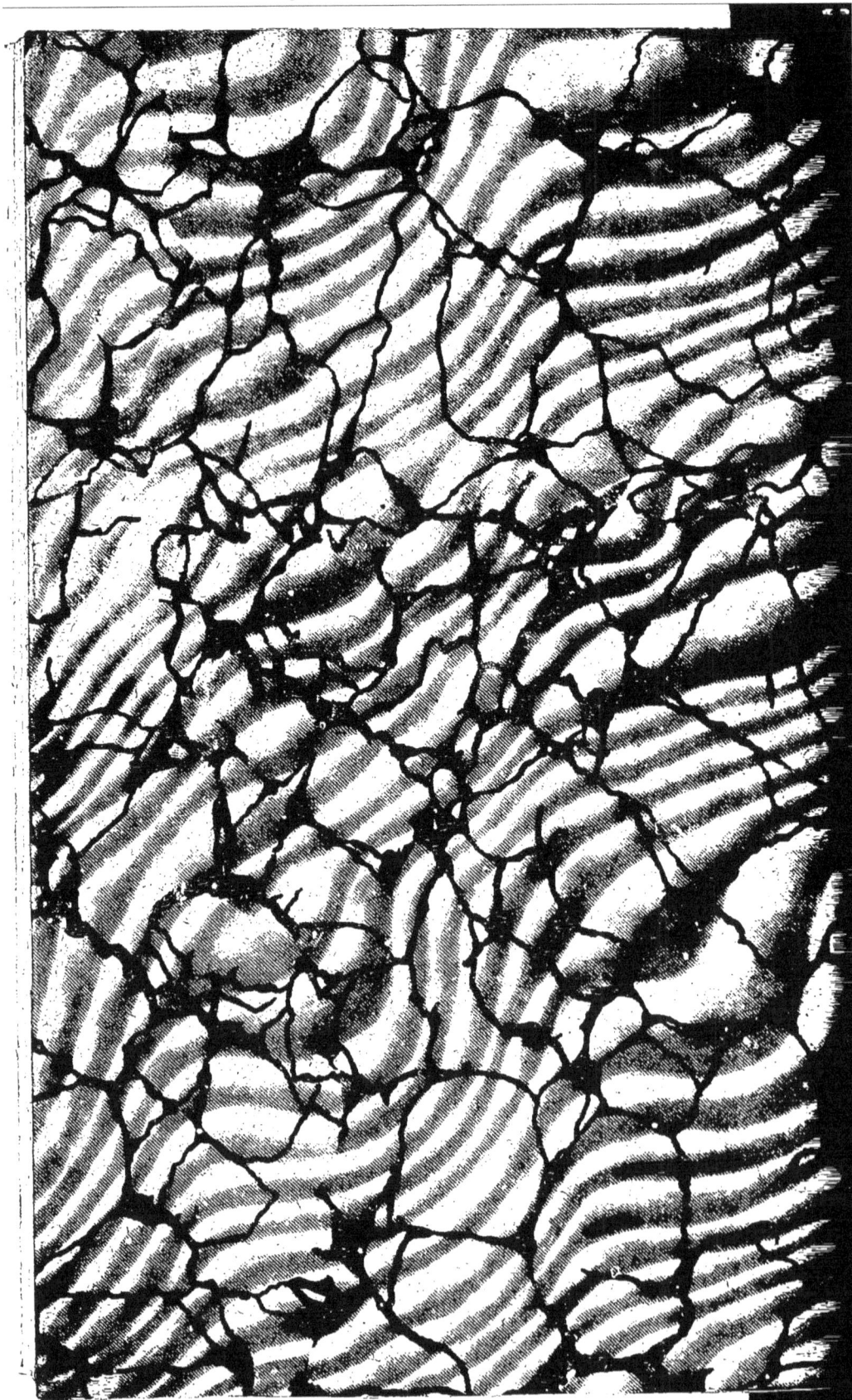

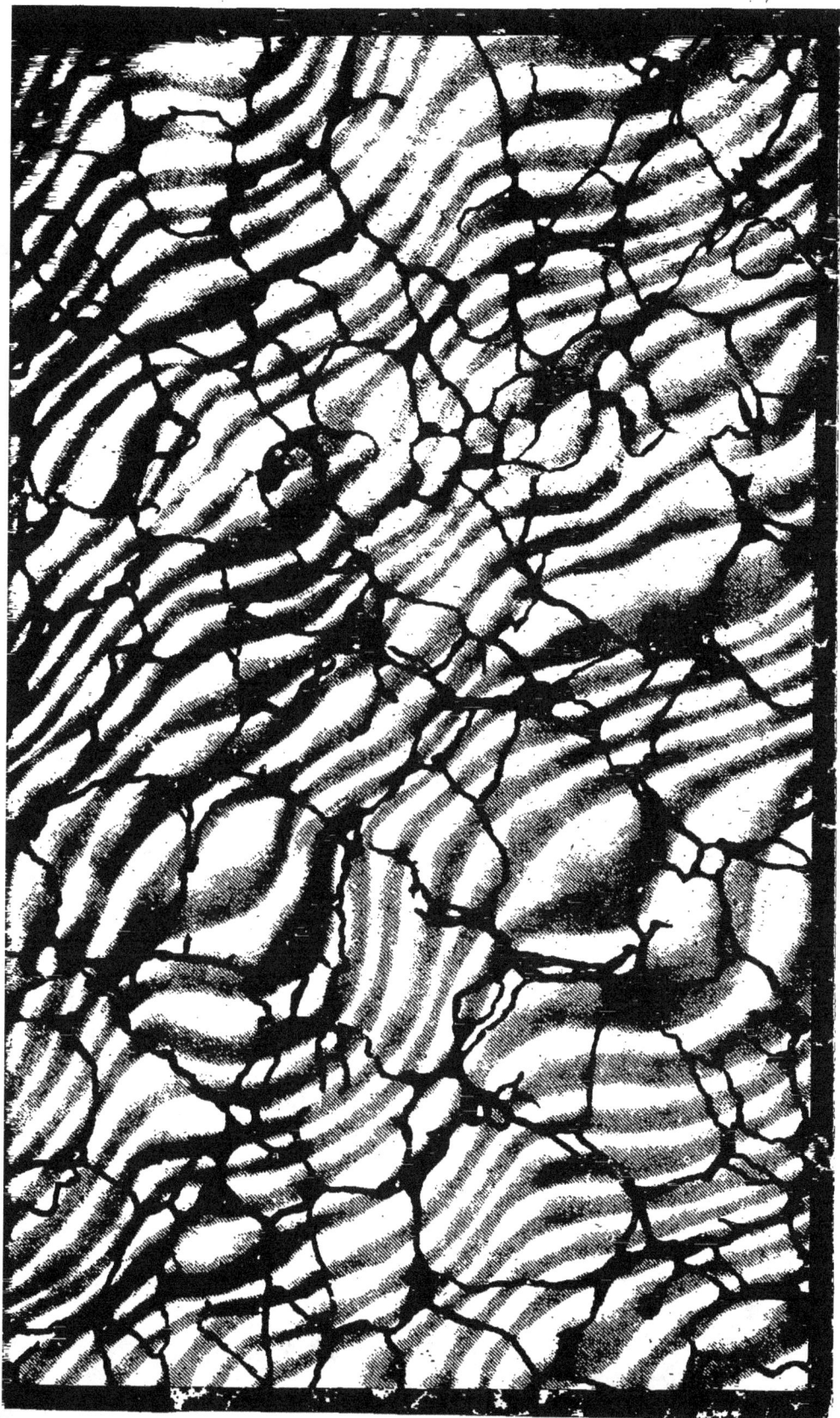

www.ingramcontent.com/pod-product-compliance
Lightning Source LLC
Chambersburg PA
CBHW072005270326
41928CB00009B/1553